LOUIS SOULÉ

La Vie de Jaurès

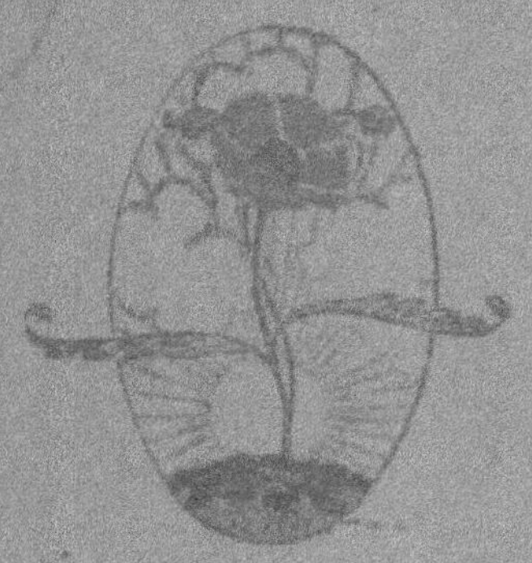

ÉDITIONS FLORÉAL
95, BOULEVARD RASPAIL, 95
PARIS-VIe

LA VIE DE JAURÈS

I. — Portrait de Jaurès (1889).

LOUIS SOULÉ

La Vie de Jaurès

1859-1892

PARIS

L'ÉMANCIPATRICE (Imprimerie Coopérative)
3, Rue de Pondichéry, 3

1921

AVANT-PROPOS

J'ai publié en 1916, à la librairie de « *La Dépêche* », de *Toulouse*, un premier volume sur La Vie de Jaurès.

Dans ce livre, qui n'était en réalité qu'un chapitre de l'histoire locale de son existence, je m'étais borné à parler de l'universitaire, du journaliste et du conseiller municipal.

Jaurès avait débuté, dans l'Université et le Journalisme, à Toulouse; il y avait exercé, pendant quelques années, les fonctions de conseiller municipal et d'adjoint au maire. A ces divers titres, il avait écrit et parlé et, comme cette époque était celle de la formation de sa pensée et de son adhésion publique au socialisme, j'avais vu un intérêt historique à publier les renseignements que j'avais recueillis et à noter, en quelques pages rapidement écrites, les premières manifestations de sa vie politique.

L'accueil fait à cet ouvrage et les encouragements venus d'un peu partout m'ont entraîné, malgré moi, à élargir le plan primitif de ce travail.

J'étais sur les lieux, à deux pas de sa ville natale, de sa circonscription et de son tombeau (1), dans la ville même où il avait professé, où il avait écrit ses premiers articles, sa thèse de doctorat sur le socialisme allemand: Luther, Kant, Fichte et Hegel, où il avait en quelque sorte étudié, compris et partagé la doctrine dont il devint plus tard le glorieux apôtre. J'avais l'occasion d'interroger ses amis d'enfance, ses professeurs, ses élèves, ses électeurs, témoins oculaires de ses premiers actes,

---

(1) Le corps de Jaurès repose provisoirement dans le Dépositoire du cimetière d'Albi.

aujourd'hui presque tous disparus, je n'ai pas hésité malgré l'énormité de la tâche et le prétentieux désir de la réaliser, car, par là, j'avais conscience d'apporter ma petite part à l'œuvre de ceux qui, plus tard, écriront son histoire.

Mon but n'est pas d'écrire, tout seul, toute l'histoire de Jaurès.

Les hasards de la vie m'ont placé dans un milieu où j'ai eu le loisir de glaner quelque chose sur son enfance, sa jeunesse et les premières années de sa carrière politique. J'ai noté tout ce que l'on m'a dit, je l'ai classé et je le publie aujourd'hui sous la forme d'une sorte de monographie dans laquelle j'ai tout sacrifié aux exigences rigoureuses de l'histoire.

Ce travail nécessitera la publication de plusieurs volumes.

Le premier, celui-ci, qui va de 1859 à 1892, embrasse la période comprise entre sa naissance et son départ de Toulouse (sa jeunesse, ses études, son professorat, ses débuts dans le journalisme, sa première élection, sa première législature, son séjour à Toulouse, son élection au Conseil municipal.)

Le deuxième (1893-1895), qui paraîtra sous peu, sera presque entièrement consacré aux grèves de Carmaux et à la Verrerie ouvrière d'Albi.

Le troisième comprendra la fin de la législature (1896-1898) et les débuts de l'Affaire Dreyfus.

Les autres suivront, dans l'ordre chronologique, jusqu'à sa mort.

Toulouse, le 6 janvier 1921.

L. S.

LA VIE DE JAURÈS

PREMIÈRE PARTIE

Sa jeunesse ; ses études

I

L'acte de naissance de Jaurès. — Sa famille. — Son enfance.

Jaurès est né à Castres (Tarn), le 3 septembre 1859, dans une modeste maison de la rue Réclusane, aujourd'hui rue Sœur-Richard.

Sa naissance a été enregistrée à la mairie de cette ville, le 4 septembre 1859.

L'acte de l'état civil indique qu'il est le fils de Jean-Henri-Jules Jaurès, négociant, et de Marie-Adélaïde Barbaza. Le voici d'ailleurs tel qu'il a été transcrit :

L'an mil huit cent cinquante-neuf et le quatre septembre, à neuf heures du matin, par devant nous, Louis-Constant Babaran, officier de la Légion d'honneur, chef d'escadron d'artillerie en retraite, adjoint, remplissant par délégation du maire les fonctions d'officier de l'état civil de la commune de Castres, département du Tarn, est comparu M. Jean-Henri-Jules Jaurès, négociant, âgé de 38 ans, demeurant à Castres, rue Réclusane, lequel nous a présenté un enfant du sexe masculin né le jour d'hier, à midi, dans sa maison d'habitation, sise audit lieu, de lui déclarant, et dame Marie-Adélaïde Barbaza, son épouse, sans profession, âgée de 36 ans, demeurant avec lui et auquel il a déclaré vouloir donner les prénoms de Auguste-Marie-Joseph-Jean.

Présents et témoins les sieurs Mathieu Estadieu, âgé de 38 ans, et Isidore Benazech, âgé de 49 ans, employé à la mairie de Castres, y demeurant, lesquels et le déclarant ont signé avec nous le présent acte après lecture.

Ont signé: Estadieu, Jaurès, Benazech, Babaran, adjoint.

Il était l'aîné de la famille. Son frère Louis, né onze mois plus tard, est actuellement l'amiral Jaurès, préfet maritime de Cherbourg. Sa sœur, Adèle, ne vécut que quelques mois.

Jean, Louis et Adèle portent le prénom de Marie, comme la mère, par respect d'une vieille coutume en usage dans les familles catholiques du pays.

Le nom de Jaurès est assez répandu dans la région. Il paraît descendre d'une famille de la vallée du *Jaur*, dans la Montagne-Noire; mais le père et la mère de Jean sont originaires de Castres.

Son grand-père paternel était négociant en drap à Castres en 1819. Son arrière-grand-père maternel est né dans cette ville en 1758.

Les deux branches de la famille comptent des collatéraux dont les noms sont connus. Du côté du père: l'amiral Charles Jaurès et l'amiral Benjamin-Constant Jaurès, député du Tarn et ambassadeur de France à Saint-Pétersbourg, ses cousins au second degré; du côté de la mère: Jules Salvayre, professeur honoraire du Collège de Castres, son cousin germain. Le grand-père de Mme Jules Jaurès, Joseph Salvayre, a été maire de la ville et professeur de philosophie à l'Institution Bonhomme, devenue le Collège en 1840.

La famille de Jean Jaurès habitait une campagne située à 3 kilomètres de la ville, à *Says*, à droite du chemin dit du Caporal; mais elle avait un pied-à-terre à Castres, allée des Corbières, derrière la statue de la vierge, où elle occupait le premier étage d'une vieille maison.

L'enfance de Jaurès, a écrit Lévy-Bruhl (1), s'est passée dans cette ville, et le spectacle qu'il avait chaque jour sous les yeux n'a pu manquer de laisser une trace sur son imagination. Castres est une ville de travail, industrielle et commerçante, animée par beaucoup de circulation et de charroi. Deux régiments d'artillerie y tiennent garnison. L'activité est ce qu'on y remarque d'abord. On est ensuite frappé par une certaine impression de gravité et d'austérité. Ses maisons, hautes et bien bâties, ne paraissent pas gaies et roses, avec les tons chauds de la brique, comme à Albi et à Toulouse; elles sont en pierre grise. Les cafés n'y sont pas non plus, comme dans ces villes, vastes et attirants; ils servent plutôt de lieux de rendez-vous pour les affaires que de lieux au désœuvrement. Il y a bien à Castres, sur les bords de l'Agout, un coin pittoresque et bariolé avec des balcons et des façades rapportées de bois multicolores. Mais là encore l'eau noire et dormante de la rivière, les ponts de pierre grise et le fond de montagnes laissent une impression grave. Castres enferme aussi beaucoup de couvents aux grandes façades presque sans fenêtres, plus gris encore que les maisons modernes. L'horizon, borné de plusieurs côtés par la Montagne-Noire, d'un bleu très sombre, s'harmonise avec le reste. Le climat, qui se ressent du voisinage des montagnes, est plus rude et plus salubre que celui d'Albi dont l'altitude est exactement la même. Bref, pas d'influences amollissantes: de l'activité industrieuse, du travail, du sérieux, quelque chose de tonique et de sain. On peut, si l'on veut, trouver quelque reflet de tout cela dans le caractère de Jean Jaurès.

Son père est mort en 1882. Intelligent mais insouciant et sans idée bien arrêtée. Il n'exerça aucune influence sur ses fils.

(1) *Bulletin de l'Association Amicale de Secours des Anciens Elèves de l'Ecole Normale Supérieure* (1916).

C'est M⁽ᵐᵉ⁾ Jaurès, pour laquelle tout le monde s'accorde à dire que Jean avait un culte profond, qui fut par sa remarquable intelligence, toute de mesure, de simplicité et de bon sens, l'âme de la famille et la véritable éducatrice de ses enfants.

Très pratiquante, mais au-dessus de tout fanatisme, elle s'efforça d'inspirer à ses fils la plus large tolérance et le respect de toutes les opinions.

II

Ses premières études. — A la pension Séjal. — Au Collège. — Ses professeurs. — « L'inventeur » de Jaurès. — Ses camarades. — Au Concours général des Collèges de France. — Le palmarès du Collège de Castres.

Les frères Jaurès commencèrent leurs études dans une petite institution libre, la pension Séjal, tenue par un prêtre et ses deux sœurs, Claudine et Lisotte.

Les élèves y étaient peu nombreux et peu studieux. Louis y fut renommé pour les niches, Jean pour le travail. L'abbé Rémy Séjal, qui s'était spécialisé dans l'enseignement du latin, était fier de son élève et fondait sur lui les plus grandes espérances.

Comme Jaurès l'a souvent dit lui-même, l'enseignement de ce brave abbé ne fut pas étranger aux succès scolaires qui marquèrent plus tard son passage dans les grands établissements unversitaires.

**

En 1868, à la rentrée d'octobre, Jean et Louis entrèrent au Collège de Castres (1).

Jean avait obtenu une bourse d'internat; mais, grâce aux démarches de l'amiral Jaurès, alors député, celle-ci fut transformée en deux demi-bourses, ce qui permit aux deux frères de faire ensemble leurs études secondaires.

---

(1) Je dois aux recherches personnelles de mon excellent ami Jean Miégeville, professeur d'allemand au Collège de Castres, la plupart des renseignements sur le passage de Jaurès au Collège de cette ville.

La plupart des professeurs qui connurent Jaurès au Collège ont aujourd'hui disparu.

Quelques-uns seulement, MM. Dor, professeur de mathématiques, Delpech, sous-principal, plus tard sénateur radical de l'Ariège, Imart, professeur d'histoire, âgé de 86 ans, Carayon, répétiteur, Surre, professeur de physique, aujourd'hui directeur du Laboratoire municipal de Toulouse, sont vivants (1). Nous avons tenu à leur demander leur impression sur le passage de Jaurès dans leur classe. Ils ont répondu avec un empressement qui témoigne de l'excellent souvenir qu'ils ont tous conservé de leur ancien élève.

Ces deux élèves (Louis et Jean), nous a dit M. Dor, ont été les plus brillants parmi les meilleurs rencontrés pendant les 39 années de ma carrière universitaire. Le cours de mathématiques, que j'étais chargé de faire aux élèves de l'enseignement classique, était la branche la moins importante de la classe des lettres. Les deux frères y montrèrent des aptitudes remarquables. Louis l'a bien justifié en entrant à l'Ecole Navale avec le numéro 2 et cela avec une préparation bien insuffisante, préparation que le Collège de Castres ne pouvait faire qu'à bâtons rompus.

M. Delpech, qui était au Collège de Castres en 1875, nous a écrit une longue lettre pleine de souvenirs et de faits. Nous y ferons plus d'une fois allusion au cours de cet ouvrage, car elle nous permettra de préciser certains détails et de fixer certains points jusqu'ici ignorés ou mal définis.

Au sujet des études de Jaurès, M. Delpech nous écrit:

De tous les hommes que j'ai connus, aucun ne possédait, bien s'en faut, un pareil trésor de qualités intellectuelles et morales comparable à celui de Jaurès. Je m'honore d'avoir été, peut-être et très probablement, le premier (vous en trouverez plus loin le témoignage) à le pousser vers l'arène politique. Je remplissais les fonctions de sous-principal au Collège

---

(1) M. Surre est mort depuis.

de Castres, alors que Jean Jaurès y était élève de réthorique et son frère Louis élève de troisième. Les deux frères m'inspiraient un très vif intérêt. Élèves modèles, ils se distinguaient singulièrement par un rare ensemble des dons du caractère et de l'esprit. Bien souvent, pendant la récréation de quatre heures, je me rendais dans la cour des grands pour causer avec Jean, c'est-à-dire pour le faire causer et chaque fois je sortais de ces conversations avec une admiration croissante pour cette nature d'élite où la maturité du jugement, la profondeur de la pensée, la facilité et la sûreté de l'expression, l'extraordinaire étendue des connaissances déjà acquises, étaient rehaussées par une candide modestie. L'histoire, la philosophie, la littérature fournissaient à ces conversations leurs matières variées. Je posais des questions, je provoquais des développements et j'écoutais avec la persuasion que ce jeune homme ferait, un jour, un remarquable maître de conférences, un historien, un littérateur ou un philosophe de grand talent. Il en possédait toutes les aptitudes, mais avec tant de réserve, une allure si timide, que j'étais loin de prévoir l'ampleur de son génie et l'éclat de son rôle sur le théâtre où s'agitent les destinées humaines.

M. Imart, âgé et infirme, nous fait écrire par Mme Imart :

Élève hors ligne, intelligence remarquable, amour du travail, application soutenue, modestie touchante, conduite exemplaire...

Pour son ancien répétiteur, M. Carayon, il fut « toujours le modèle des bons élèves et ne donna jamais lieu à la moindre observation ».

M. Surre a conservé de son premier contact avec Jaurès une impression inoubliable :

J'ai été nommé, nous a-t-il dit, professeur de sciences physiques au Collège de Castres au commencement de novembre 1875. Parmi mes élèves de la classe de philosophie se trouvait Jean Jaurès. La veille de mon contact avec les élèves, mes collègues me dirent: vous aurez un élève des plus brillants; il se nomme Jaurès.

Le lendemain matin, au cours, ne sachant pas sur quelles matières devait porter ma leçon, je dus me borner à interroger les élèves. Je priai l'un d'eux, au hasard, de passer au tableau et je l'interrogeais sur les « lois de la pesanteur ». Je fus émerveillé de la clarté et de la précision de ses réponses et je me dis: est-il possible que Jaurès puisse mieux répondre. Je remerciai l'élève et lorsqu'il eût repris sa place, j'appelai M. Jaurès au tableau. C'est le même élève que je venais d'interroger qui se leva. J'étais fixé.

Selon M. Surre, les sciences étaient aussi familières à Jaurès que les lettres vers lesquelles il bifurqua, sur les conseils de l'Inspecteur général Deltour.

M. Surre fut navré de cette décision et il pense encore que Jaurès aurait certainement acquis dans les sciences une place aussi prépondérante que celle qu'il occupa dans les lettres.

Un détail assez curieux: même au cours de physique, Jaurès ne prenait jamais de notes et cependant on pouvait l'interroger plusieurs mois après sur une partie quelconque du cours, rien ne manquait à ses réponses, pas même les détails les plus secondaires.

Il dessinait mal. Il s'ensuivait que, dans les compositions de physique, jamais un dessin ou un croquis d'appareil n'accompagnait la description ou la démonstration qui était pourtant, par un véritable tour de force, un modèle de logique et de clarté.

A propos de l'intervention de l'Inspecteur général Deltour, qui a joué dans la carrière universitaire de Jaurès un rôle décisif, nous avons le devoir de préciser un détail et de mettre les choses au point.

Pour M. Lévy-Bruhl, pour M. Gustave Téry et pour bien d'autres, M. Deltour aurait « découvert Jaurès au Collège de Castres, dès la quatrième ou la troisième ».

Le fait ainsi présenté est inexact: Lors de l'inspection de M. Deltour, Jaurès était non en troisième ou en quatrième, mais en réthorique et, comme il arrive toujours en pareil cas, ce sont le principal et le sous-principal du Collège qui, pour montrer à l'Inspecteur général que leur établissement formait de bons élèves, mirent en évidence le meilleur d'entre eux, c'est-à-dire Jaurès.

Voici d'ailleurs comment le sous-principal de l'époque, M. Delpech, nous a raconté l'incident:

...Pour que cette nature si richement douée pût produire tout son fruit, il fallait que Jaurès allât compléter ses études dans l'un des grands lycées de Paris. Je m'en entretenais fréquemment avec le principal, M. Seignotte, un homme excellent. L'occasion se présenta en 1875. On m'annonce l'arrivée de l'Inspecteur général Deltour, me dit M. Seignotte, c'est le moment de mettre Jean Jaurès en évidence et de lui ouvrir l'accès d'un lycée de Paris en qualité de boursier. Jaurès fut signalé à l'attention de M. Deltour. Ce dernier s'empara de Jaurès dès son entrée dans la classe de réthorique et le fouilla pendant deux heures, lui faisant commenter ou expliquer successivement un texte français, un texte latin et un texte grec. A la sortie de la classe, M. Deltour disait: « Au cours de ma carrière, je n'ai rencontré nulle part un élève offrant un pareil ensemble de hautes qualités intellectuelles. C'est une magnifique organisation. Je vais m'occuper de lui ».

Si M. Deltour ne fut pas « l'inventeur » de Jaurès, comme certains le croient, il n'en fut pas moins son bienfaiteur, puisqu'il obtint pour lui une bourse à Sainte-Barbe et qu'il lui permit ainsi d'entrer à l'Ecole Normale.

D'ailleurs, Jaurès a toujours gardé à l'ancien inspecteur général une profonde reconnaissance, non seulement pour le service qu'il lui avait rendu en lui ouvrant les portes des lycées de Paris, mais encore pour toutes les attentions paternelles dont il fut entouré par M. et M\u1d50\u1d49 Deltour lors de son passage à Sainte-Barbe.

M. Deltour aimait beaucoup Jaurès et le considérait un peu comme un fils adoptif. Il le faisait sortir chaque dimanche et le gardait souvent à déjeuner. Ils lisaient ensemble les auteurs favoris, commentaient les vers d'Homère et de Virgile, discutaient familièrement sur toutes choses. Dans la famille Deltour, Jaurès était comme chez lui et faisait l'admiration de tous.

M⁰ Deltour et la vieille gouvernante Zizi ne lui connaissaient qu'un défaut: celui de manger le fromage comme à la campagne, en tenant d'une main le morceau de gruyère et de l'autre le morceau de pain.

*
* *

Nous avons eu la curiosité de rechercher les anciens camarades de Collège de Jaurès. Un seul, M. Babaud, aujourd'hui vice-président du Tribunal civil de Marseille, qui était son concurrent le plus sérieux dans toutes les classes, nous a paru susceptible de nous renseigner.

Dans une lettre charmante dont nous tenons à reproduire les passages essentiels, M. Babaud a bien voulu résumer ses souvenirs, qui remontent à quarante ans, sur l'enfance de son ami:

J'ai été, écrit-il, le condisciple et l'ami de Jaurès. Nous avons fait ensemble toutes nos études de lettres au Collège de Castres, de 1869 à 1876, époque à laquelle nous passâmes, le même jour, notre baccalauréat à Toulouse. Nous avons vécu, pendant ces sept années, très intimement. Tous les jours, Jaurès venait chez moi, ou j'allais chez lui, principalement après dîner, en été. Nous nous promenions le long des haies jusqu'au moment où sonnait l'heure de rentrer au logis.

Jaurès, déjà, portait l'empreinte de sa personnalité. Tout en étant, pour les garçons de son âge, le meilleur camarade, il n'aimait pas leurs jeux bruyants. Sa pensée suivait son rêve intérieur. Il aimait causer de ce que les leçons de ses professeurs avaient suggéré à son cerveau toujours en travail. Trois ou quatre de ces professeurs, surtout, ont contribué à former le bon élève, l'élève supérieur qu'il était devenu, et c'est pour moi-même un devoir de reconnaissance que de leur rendre cet hommage, car ils ont tous disparu; c'étaient M. Guiraud, professeur de quatrième, M. Meyran, professeur de seconde; MM. Germa et Brinon, professeurs de réthorique et de philosophie. Dans ces dernières classes, où sa vaste intelligence se mûrissait peu à peu, il était devenu le collègue de ces derniers qui le sentaient déjà supérieur... Naturellement, Jaurès était toujours premier, *en tout*, et un de mes souvenirs d'*orgueil* de ces jeunes années, est d'avoir, par trois fois seulement en sept ans, obtenu cette place qui lui appartenait de droit. Je me rappelle, si cela peut vous intéresser, que le sujet du Concours général de Philosophie (probablement en 1876), dans lequel il obtint le prix d'honneur, était le commentaire de la maxime stoïcienne *Abstine, Sustine*. Jaurès avait débuté par une peinture magistrale du monde antique; il était tout imprégné de la moëlle de ses classiques...

Vous aurez sans doute trouvé à Castres même, certains de ses anciens camarades; mais la plupart, industriels ou commerçants, étaient devenus ses ennemis politiques, et, loin de rendre un culte à sa mémoire, ont, peut-être, dans le temps, contribué à propager bien des calomnies ou bien des erreurs. Jaurès était un poète, une âme ardente, un cœur généreux, *dont les mobiles n'ont jamais été intéressés.*

Au Collège, Jaurès ne s'amusait jamais avec ses camarades. Il se promenait toujours seul, le long d'un mur, plongé dans de longues méditations.

A l'étude, il était souvent l'objet de taquineries; mais il les supportait sans se plaindre et reprenait son travail un moment interrompu.

En classe, il étonnait ses professeurs par la soudaineté et l'imprévu de ses questions.

Un jour, au cours de la leçon religieuse, il posa une question tellement embarrassante à l'aumônier que celui-ci se fâcha et l'accusa de vouloir le mettre dans l'embarras.

« Mais non, répondit timidement Jaurès, c'est pour me rendre compte de ce que vous venez de nous expliquer. »

La classe terminée, il regagnait à pied, avec son frère, la petite campagne familiale et, le long du chemin, il récitait à haute voix de longues tirades de vers.

Un de ses voisins de Sayx m'a raconté que les paysans qui le rencontraient le prenaient pour un fou.

D'autres fois, en traversant le jardin Frascaty, à la sortie du collège, il montait sur un banc et haranguait ses amis.

Il se rendait au collège en sabots, la cravate hors du col de la chemise, de mise désordonnée, crotté jusqu'aux genoux, même quand il faisait beau.

Pendant l'hiver, quand la famille habitait la ville, il profitait des jours de congé pour accompagner sa mère au marché et l'aider à porter les provisions.

Il a d'ailleurs conservé longtemps cette habitude, même lorsque, élève à Paris ou professeur à Toulouse, il allait passer ses vacances à Castres.

*
**

Jaurès avait peu de livres à lui. Il empruntait ceux de ses camarades et les copiait en entier ou par fragments, ses moyens ne lui permettant pas d'en acheter.

C'est ainsi, m'a-t-on raconté à Castres, qu'il entreprit, un jour, de copier, mot par mot, les douze ou quinze volumes du dictionnaire Littré.

*
**

Le jour où il prit part au concours général, il étonna la Commission de surveillance.

Laissons à M. Dor, qui faisait partie de cette Commission, le soin de nous le raconter :

Je me trouvais, dit M. Dor, à la préfecture d'Albi, en compagnie de l'Inspecteur d'Académie, d'un conseiller général et d'un professeur du lycée. La composition était un discours latin. Les candidats (ils étaient trois) avaient le droit de se servir du dictionnaire. La durée de l'épreuve était de 7 heures à midi. Jaurès se contenta de griffonner quelques lignes

sur un morceau de papier de moins d'un décimètre carré. A 10 heures,
il se mit à écrire sur la feuille de papier ministre que nous lui avions
remise, revêtue de la signature des membres de la Commission. Il écrivit
son discours comme qui écrit une lettre ordinaire à un parent, à un ami,
sans ouvrir une seule fois son dictionnaire. Nous en fûmes tous émerveillés. Nous le fûmes surtout en apprenant, quelques jours après, le
résultat. Il obtint le deuxième prix. Le concours général avait lieu entre
les élèves de tous les lycées et collèges de France, Paris et Versailles
exceptés. (1)

*
**

Pendant les sept années qu'il passa au collège, Jaurès y
occupa presque constamment la première place.

Le palmarès de l'époque nous apprend qu'il obtint les principaux prix pour toutes les matières, même pour l'enseignement
religieux.

Voici d'ailleurs, prise dans le palmarès du Collège de Castres, la liste des succès scolaires de Jaurès :

Année scolaire 1869-70. — Classes élémentaires. — 1er prix d'excellence: version latine, thème latin, de grec; 2e prix de français; 2e accessit, histoire et géographie.

Année scolaire 1871-72. — Classe de quatrième. — 1er prix d'excellence: version grecque, thème latin, français, histoire, géographie, thème
grec, version latine, histoire naturelle, calcul, allemand. — Tous les
premiers prix.

Année scolaire 1873. — Classe de troisième. — 1er prix de tableau
d'honneur, d'excellence, d'examens semestriels, composition française, version latine, version grecque, histoire, mathématiques; 1er accessit: récitation.

Année scolaire 1874. — Classe de deuxième. — 2e prix: instruction
religieuse; 1er prix d'excellence: composition française, narration latine,
version latine, vers latins, thème grec, version grecque, histoire, mathématiques, histoire naturelle, récitation, allemand. — Tous.

____

(1) En 1878, il obtint le premier prix au concours général des Collèges de
Paris et de Versailles. (Voir plus loin le texte de sa composition).

Année scolaire 1875. — Réthorique. — 1ᵉʳ prix: instruction religieuse; prix d'excellence: discours latin, discours français, version latine, vers latins, version grecque; 2ᵉ accessit: histoire et géographie; 1ᵉʳ accessit: mathématiques; 1ᵉʳ prix: allemand. Philosophie. — 1ᵉʳ prix d'excellence: dissertation française, dissertation latine, mathématiques, physique et histoire naturelle; 1ᵉʳ accessit: allemand.

Concours académique entre tous les lycées et collèges de l'Académie.— Classe de quatrième: 2ᵉ accessit d'allemand; classe de troisième: 3ᵉ accessit version grecque; classe de deuxième: 1ᵉʳ prix d'honneur, discours latin, 7ᵉ accessit: histoire; Philosophie: 1ᵉʳ prix, dissertation française.

Concours général entre tous les lycées et collèges de France. — 2ᵉ prix de discours latin; 2ᵉ accessit de dissertation française (philosophie).

III

A Sainte-Barbe. — Le premier prix. — Au concours général des Collèges
de Paris. — A l'Ecole Normale.

A la rentrée de 1876, Jaurès entra à Sainte-Barbe pour
suivre les cours du Lycée Louis-le-Grand et préparer le concours de l'Ecole normale supérieure.

L'impression produite par Jaurès, dès le début, dans ce nouveau milieu, sur les professeurs et sur les élèves fut détestable.
D'aspect inélégant, massif et peu empressé à se mettre en relief,
ce provincial empesé et timide prêtait, à première vue, à des
railleries faciles; mais les premières compositions en version latine
et en discours français révélèrent tout de suite sa supériorité.

Il a souvent raconté à ses intimes ses débuts à Sainte-Barbe.
M. Delpech se rappelle très bien un détail qui vaut la peine
d'être reproduit :

Au Collège de Castres on ne cultivait plus le vers latin depuis que
cet exercice était supprimé des compositions du baccalauréat. Il était
maintenu dans le concours d'entrée à l'Ecole Normale supérieure. Jaurès
manquait totalement de pratique. Ses premiers essais furent laborieux.
Sur ce point, son infériorité était notoire. Il se mit résolument au travail
et il obtint un prompt succès. Un jour de sortie, il resta au collège, s'ins-
talla dans la salle d'étude et mit sur pied une pièce de quatre-vingts vers
à laquelle il apporta tous les soins dont il était capable.

— J'étais assez satisfait du résultat, me disait Jaurès, et j'escomptais
les compliments de mon professeur.

Quelle désillusion! Quand le professeur rapporta les copies corrigées,
il entreprit Jaurès avec une cruelle dureté:

— Monsieur, lui dit-il, je vous croyais sincère et loyal. Je constate avec regret que je me suis trompé. Vous n'êtes qu'un plagiaire. Ces vers ne sont pas de votre composition. Quelle que soit votre intelligence, vous ne pouvez pas avoir fait de tels progrès en si peu de temps.

Ce pauvre Jaurès était navré. Il balbutia une timide défense. Mais le professeur traita encore plus sévèrement son audacieuse obstination, et Jaurès n'insista pas. Il restait couvert de honte aux yeux de ses camarades, et ruiné, pour l'instant, dans l'estime de son maître.

Vint le jour de la composition, le jour de l'épreuve. Quand le professeur rapporta les copies avec son appréciation, il adressa ses excuses à Jaurès. La réalité des progrès, des remarquables progrès obtenus si rapidement, restait incontestable. C'était la réhabilitation. La supériorité de Jaurès s'établissait définitivement.

Avant de quitter Sainte-Barbe, en 1878, Jaurès prit part au concours général des collèges de Paris et de Versailles. Il obtint le premier prix avec un admirable discours français que nous reproduisons en entier. (1)

Sujet : DUCHATEL à FRANÇOIS Ier

Jacques Amyot, étant professeur de grec et de latin à l'Université de Bourges, commença à traduire, après d'autres ouvrages grecs, quelques vies des hommes illustres de Plutarque. François Ier, vers 1546, récompensa ses travaux en lui accordant l'abbaye de Bellozane.

Il est permis de supposer que l'évêque de Tulle, Pierre Duchâtel, lecteur du roi, helléniste très zélé, attira sur Amyot la faveur de François Ier, comme il le fit pour d'autres savants.

Duchâtel fera connaître au roi la vie laborieuse de cet homme, que la plus extrême pauvreté n'a pu empêcher de se livrer aux études nouvelles, qui, l'un des premiers a profité de l'enseignement du grec établi par François Ier dans son Collège royal, et s'est trouvé bientôt l'égal de ses maîtres. Il excitera habilement la bienveillance du roi pour les tra-

---

(1) *Premier prix* (vétérans) : JAURÈS (Marie-Jean-Joseph-Auguste), de Castres (Tarn), Lycée Louis-le-Grand. — *Deuxième prix* (vétérans) : GROUSSET (Louis-Xavier-René), de Paris, Lycée Louis-le-Grand. — *Premier prix* (nouveaux) : HERMANT (Antoine-Joseph-Abel), de Paris, Lycée Fontanes. — *Deuxième prix* (nouveaux) : D'ESTRESSE DE LANZAC DE LABORIE (Marie-Joseph-Etienne-Léon), de Paris, Collège Stanislas.

ducteurs d'auteurs grecs et profitera de son goût un peu romanesque pour les hommes et pour les aventures extraordinaires, lui faisant sentir l'attrait des Vies de Plutarque et les avantages que les Français en retireront par la lecture des exemples que cet auteur met en lumière. Il s'adressera aussi à la passion déclarée de François Ier pour la langue française, lui montrant tout le profit que cette langue peut tirer des traductions d'auteurs anciens faites par des hommes tels qu'Amyot, que la nature a doué du plus heureux génie pour écrire en français.

DISCOURS FRANÇAIS DE JAURÈS

Premier Prix (Vétérans)

Duchâtel à François Ier

Sire, votre zèle pour les lettres me dispenserait de recommander à votre bienveillance Monsieur Amyot, si sa modestie même ne le dérobait à vos regards; ses études, qui feront un jour sa gloire, l'enveloppent aujourd'hui de silence et d'obscurité; il ne songe pas à ses intérêts présents: la science le captive, et je ne presserais pas vos bienfaits d'aller troubler sa retraite, s'ils ne devaient lui apporter, avec l'aisance, plus de loisir pour ses travaux solitaires. Il faut bien que la fortune le cherche un peu, car il n'a jamais cherché la fortune; et s'il a lutté contre la pauvreté, c'est pour lui disputer quelques heures d'étude et d'heureuse liberté; car autrefois la pauvreté ne laissait à l'homme que le regret des plaisirs vulgaires; aujourd'hui, l'amour de la science, soudain réveillé, et souvent contrarié par elle, l'a rendue plus terrible et plus malfaisante. Monsieur Amyot, dès sa jeunesse, a senti ses coups; elle se faisait une arme, pour le blesser, des plus généreux désirs de son intelligence. Partout on entendait comme de joyeuses acclamations: c'était le glorieux réveil des œuvres antiques, heureuses de revoir la lumière et d'être saluées de nouveau par les intelligences surprises et charmées; elles avaient, après leur long sommeil, une fraîcheur, une vivacité de jeunesse qui séduisait et enflammait les jeunes esprits; elles apportaient en abondance des fruits et des fleurs, et au lieu de les suivre, de les admirer, il fallait manier l'outil de l'artisan ou l'épée mercenaire du soldat; tandis que les imaginations étaient en fête, il fallait se courber sur une tâche ingrate et vulgaire. La tentation était trop forte pour un jeune homme; Monsieur Amyot n'y tint pas: il se recommanda à Dieu et aux Muses, et il courut à Paris, où Votre Majesté venait d'ouvrir le Collège royal. La pauvreté l'y avait suivi; il lui sacrifiait quelques heures et il l'écartait un instant, mais elle restait assise à sa porte, toujours prête à le troubler dans les courtes joies de l'étude. Il ne se découragea pas; des premiers il assista aux cours de langues grecques; il étudia la nuit, et bientôt il devint l'égal de ses maîtres. Professeur aujourd'hui de latin et de grec à l'Université de Bourges, il est sorti de la pauvreté sans entrer dans l'aisance et mille préoccupations étrangères gênent encore son travail.

Et pourtant, Sire, c'est pour les autres qu'il travaille; lui, il n'aurait qu'à se reposer aujourd'hui et à jouir en secret de son savoir; la connaissance du grec, si péniblement acquise, lui ouvre les plus rares merveilles de l'antiquité; il pourrait se dédommager de ses peines par une oisive contemplation. Il a vécu dans l'ombre d'une cellule, il n'a pas chevauché à l'air libre et sous le ciel; mais voilà que la poésie d'Homère, large et transparente comme la nature, lui ouvre d'admirables horizons; au loin, les remparts et les hautes tours de Troie, et le figuier près de la porte; dans la plaine, le terrible combat autour de Patrocle mort, sous le nuage mystérieux qui le dérobe à demi, tandis que ça et là, dans d'autres mêlées confuses, les casques et les cuirasses d'or resplendissent au soleil, et que derrière les guerriers la mer bleue et calme balance à peine les vaisseaux aux belles proues. Appliqué au travail austère, il n'a pas connu les plaisirs faciles de la vie; mais voilà qu'une idylle grecque rafraîchit et ranime, par la grâce de ses peintures, sa riante imagination. Il a vécu sous la dure loi de la nécessité et, durant de longues années, il n'a respiré qu'à demi; voilà que les *Vies de Plutarque* déploient à ses yeux la liberté dans sa plénitude et sa richesse et l'associent aux fortes joies des temps lointains.

Encore une fois, Sire, il pourrait laisser ravir son imagination paresseuse à ces spectacles enchanteurs; mais il a appris à l'école de la pauvreté qu'il faut savoir aider les autres, et il nous convie tous à partager à peu de frais des plaisirs qui lui ont coûté si cher. Il traduit les auteurs grecs dans notre langue. On doit beaucoup de reconnaissance aux traducteurs; car pour ouvrir à tous sa science et ses trésors, il faut n'être ni pédant ni avare; mais Monsieur Amyot y a droit entre tous. Par une attention délicate, il a choisi dans le passé ce qui peut le mieux flatter notre génie et nous rappeler le temps présent, je veux dire le tableau des nobles aventures et des grandes âmes, tel que Plutarque l'a tracé; il a négligé l'histoire continue, où tout est enchaîné et où la nécessité paraît conduire les héros eux-mêmes; il a choisi ces récits détachés où les hommes isolés et libres ont de l'espace autour d'eux pour déployer leurs efforts et leurs mérites; là, rien n'est livré ni au destin ni au hasard; les nobles actions sortent naturellement des grandes âmes, et les caprices, les jeux variés de la fortune, jeune alors, errante et hardie comme les hommes, ne servent qu'à mieux illustrer le génie et la vertu. Je sais bien, Sire, qu'il n'est pas besoin de quitter notre pays et notre siècle pour trouver d'héroïques aventures; mais tous les Français n'ont pu passer les Alpes, et ceux qui ne vous ont pas suivi dans les plaines de l'Italie aimeront à suivre Alexandre dans ses lointaines expéditions; ceux-là même, Sire, qui ont combattu sous votre bannière, aimeront à retrouver loin d'eux leur propre histoire et à confondre leurs souvenirs avec les exploits des chevaliers de l'ancien monde, et peut-être un jour vous-même, dans les loisirs que vous laissera une victoire espérée sur un ennemi perfide, vous plairez-vous à écouter vaguement, dans les *Vies de Plutarque*, le récit de ce que vous avez fait et de ce que vous avez vu. En même temps, les exemples qu'elles renferment instruiront d'autant mieux les Français qu'ils les charmeront davantage; ils leur montreront qu'on peut allier la valeur à la prudence, la générosité au respect des lois, la liberté à la règle, et que les bonnes choses ne perdent pas de leur prix pour s'être gardées de tous les excès. Cette lecture même sera utile au foyer domestique. Vous permettrez, Sire, à un ministre de l'Eglise, de songer aussi aux mœurs privées des hommes, et de croire que, si les lois divines et les exemples divins sont supérieurs à tout, il est bon toutefois que la morale s'insinue aussi dans le cœur des hommes par des leçons humaines et des exemples humains. J'espère, Sire, qu'il vous plaira de rendre plus aisé à Monsieur Amyot un travail qui sera aussi utile à tous vos sujets, aux plus grands et aux plus humbles.

Il sera aussi très utile à la langue française, pour les progrès de laquelle Votre Majesté a justement un si grand zèle; nul ne peut la servir aussi bien que Monsieur Amyot. Il est épris dès longtemps d'une véritable passion pour Plutarque; il s'est arrêté bien des fois, avec un charme toujours nouveau, devant les images aimables et familières dont ses œuvres sont semées; il connaît l'allure de son style, il en connaît les moindres détails. Il aime trop son auteur pour le défigurer et l'affaiblir; il nous aime trop pour nous le livrer affaibli et défiguré. Mais son amour même pour Plutarque le préserve d'une exactitude contrainte et illusoire qui n'est pas de la fidélité. Il ne ressemble pas à ces traducteurs imprévoyants qui s'aventurent dans un livre sans le connaître, et qui, surpris sans cesse, forcés dans leur propre style par les tournures mêmes de l'auteur, se traînent sur son chemin sans joie et sans liberté. Monsieur Amyot, au contraire, connaît Plutarque en abrégé avant de le traduire en détail; le texte n'est là que pour guider plus sûrement sa pensée déjà familière avec tous les détours, et pour avertir à propos son imagination nourrie des figures de l'auteur. Un mot, à peine entrevu, rappelle une phrase, et l'œuvre est fidèle comme une traduction, naturelle et charmante comme un ressouvenir. C'est ainsi que notre langue s'enrichit sans être forcée et presque sans le savoir; elle n'a ni les périls d'une indépendance prématurée, ni la faiblesse de la défiance de soi qui naît du sentiment de la servitude; elle respire peu à peu le plaisir de vivre et de se développer sans danger comme sans contrainte. Cette traduction libre et émue servira beaucoup notre langue, parce qu'elle est comme une image de l'esprit français lui-même, dont cette langue est l'instrument. Celui-ci, en effet, avec son contour ferme et délicat, sa forme précise et légère, répugne à toute influence violente du dehors, comme il paraît incapable de toute grande création spontanée. Les Français ne peuvent s'asservir absolument aux œuvres d'autrui, et les poètes qui infligent à notre langue de si rudes travaux d'imitation verront peut-être, malgré leur génie, la langue leur échapper et reprendre, dans des mains plus réservées, son originalité perdue. Mais si nous ne pouvons souffrir un poids qui nous retienne à terre, nous avons besoin d'un point d'appui pour nous élancer; nous nous inspirons des œuvres étrangères, et le sentiment qu'elles éveillent en nous est si léger, si vif, qu'il se détache peu à peu, se soulève et vole de ses propres ailes. Nos traductions sont des créations secrètes, nos créations sont des traductions insensibles; voilà pourquoi la traduction de Monsieur Amyot, qui n'enchaîne pas notre langue à la langue grecque et ne l'égare pas dans les fantaisies de la liberté qui l'assouplit par l'étude et l'anime par l'inspiration, qui lui rend l'originalité par la délicatesse, la liberté par le charme, qui baptise, en quelque sorte, d'une grâce toute française les tours et les images de l'étranger, semble préparer à l'esprit français lui-même son langage naturel. Aussi ne serais-je pas étonné si un écrivain plus libre que Monsieur Amyot, mais qui travaillerait dans le même sens, qui posséderait à fond l'antiquité et en aurait le vif sentiment, qui la traduirait à son tour, mais sans avoir le texte sous les yeux et laisserait son imagination mise en branle pousser plus loin son chemin; qui mêlerait enfin aux pensées, aux images des anciens ses observations, ses fantaisies, ses vivacités de style, sans qu'il y eût dissonance, si cet écrivain ne ferait pas de Monsieur Amyot son guide et son bréviaire. Sire, je n'exagère pas:

l'œuvre qu'a commencée Monsieur Amyot, et dont il a communiqué des fragments à un homme qui aime, comme lui, le grec et le français, sera éminemment utile à notre langue. Permettez donc qu'elle s'achève à l'abri de toute gêne, consacrez les bénéfices de l'abbaye de Bellozane, aujourd'hui vacante, à entretenir la science elle-même dans la personne de Monsieur Amyot, et que Votre Majesté croie à l'éternelle reconnaissance de tous ceux qui aiment les lettres.

Il fut admis la même année, le premier de sa promotion, à l'Ecole normale supérieure. Ses camarades de promotion étaient, pour les lettres :

Baudrillart, Belot, Bergson, Comte, A. Cuvillier, David, Sauvageot, Paul Desjardins, Dez, Diehl, Dorison, Jeanroy, Lemercier, Alfred Leune, Fr. Martin, Mellerio, Monceaux, Moreau, Nélatan, Paul Morillot, Pfister, Puech, Ch. Salomon, L. Sautreaux et Veyries.

Ce qu'il fut, durant son séjour à l'Ecole Normale, nul mieux que son camarade de promotion, M. Morillot, doyen de la Faculté des Lettres de Grenoble, ne saurait le dire. Nous lui empruntons les lignes suivantes déjà reproduites par M. Lévy-Bruhl :

J'ai peu connu d'âme plus simple, plus naturelle. Ce qui me frappait en lui et ce que nous admirions surtout avec sa merveilleuse puissance de parole, c'était le fond de culture classique qu'il possédait, et sa prodigieuse faculté de mémoire. Il lisait facilement le grec, et il débitait avec délices, par cœur, de l'Homère ou du Platon... Il n'écrivait jamais ses leçons, non plus que les somptueux et truculents discours qu'il nous faisait souvent. Il y songeait simplement d'avance, en se promenant: il les ruminait dans sa tête. Je le vois toujours, avec son air rêveur et absorbé, les yeux pétillants d'intelligence, mâchonnant des bouts de papier ou des brins d'herbe, et pensant... C'était sa façon de préparer ses leçons. Il n'avait pas besoin de « voir les mots » comme Hugo, et de mettre du noir sur du blanc; il imaginait tout, il se parlait, se chantait à lui-même ce qu'il devait dire aux autres.

Il adorait le jeu des idées, la discussion, sur n'importe quel sujet. Il avait une grande finesse de dialectique, de sophistique même, comme nous le lui reprochions parfois en riant.

Il s'intéressait à tout, se passionnait pour tous les sujets. Sa facilité d'assimilation était extrême. Il comprenait tout, et il savait déjà, sinon le fond et les détails, du moins le gros et le dehors de bien des choses.

Dès l'Ecole, il se formait et il s'entraînait pour la politique, sans avoir encore d'idée bien arrêtée, ni même d'aspirations définies. Nous l'avons beaucoup poussé dans cette voie; nous avions décidé qu'il serait *député* très vite, qu'il serait *célèbre*, et qu'il prononcerait d'admirables discours.

Ses opinions étaient tout à fait républicaines. Rien cependant ne faisait encore prévoir sa future orientation socialiste. Nous défendions avec lui Jules Ferry contre ses adversaires de gauche... (Clemenceau) et aussi contre ceux de la droite (c'était le moment des décrets et de l'article 7). On le vit rentrer un jeudi soir, après une séance du Sénat à laquelle il avait assisté, répétant à haute voix une période d'un discours de M. Buffet qui l'avait saisi. Mais il admirait l'éloquence de l'orateur de la droite sans partager ses opinions.

Jaurès ignorait absolument la valeur de l'argent: à vrai dire, il vivait heureux comme un roi sans un sou dans sa poche, n'ayant souvent pas de quoi prendre un omnibus. Très généreux avec cela quand, par hasard, il lui arrivait d'avoir quelques pièces blanches. D'ailleurs aussi peu « pratique » que possible, médiocre administrateur, il ne tenait pas de comptes et s'embrouillait facilement dans n'importe quel calcul. Très négligé dans sa mise, toutefois sans affectation aucune. La question « toilette » n'existait pas pour lui; il ignorait de même, dans sa candeur, bien des convenances mondaines, et on peut dire, toutes les élégances extérieures. Ce dédain nous amusait, nous ravissait, et était l'occasion de mainte plaisanterie. Une chanson a conservé longtemps le souvenir d'un « chapeau de Jaurès ». Mais nous avions pour lui une profonde estime; au fond, nous vénérions cette naïveté, cette simplicité de cœur vraiment enfantine.

IV

Pendant les vacances.

Pendant les vacances, à Castres, Jaurès « étudie un peu et il regarde les nuages »; mais il se livre surtout aux grandes et réconfortantes joies du plein air, dans la campagne qui l'a vu naître, au milieu de sa famille qui l'adore et des paysans du Tarn dont il aime tant le robuste bon sens et la franche gaieté.

Écoutez cette page délicieuse écrite durant ces vacances et qu'il adressait à son ami d'école, M. Charles Salomon, aujourd'hui professeur au Lycée Condorcet, qui l'a conservée pieusement :

Castres, le 23 août 1880. — Je vais de temps en temps voir quelque parent ou quelque ami; le plus aimable est de beaucoup mon ancien professeur de philosophie; nous causons une bonne partie de l'après-midi; et quand le soir arrive, il m'accompagne le plus souvent jusqu'ici, à travers le coteau de Peyrous, c'est-à-dire le coteau pierreux, qui est tout couvert de vignes. Ces jours-ci, j'ai couru à Castres de marché en marché et de restaurant en restaurant pour vendre notre petite récolte d'avoine. Je coupais court à toutes les ruses et à toutes les finesses des marchands : « Vous savez, je n'y entends rien : dites-moi du mal de mon avoine, ça m'est égal, j'en veux tant. » On me l'a achetée au prix que je demandais; il est vrai qu'il était modeste. C'est que, vois-tu, les temps sont durs cette année pour les vendeurs. Il y a dans le pays une telle profusion de toutes choses que tout est à vil prix : les greniers, les marchés regorgent de blés superbes et d'avoines; la montagne nous inonde de son seigle et roule sur le pays plat une avalanche de pommes de terre; les fruits se donnent; il

est permis au passant de secouer les pruniers et les pêchers ; ramasse qui
veut. Les vignes promettent beaucoup : on boira du vin, mon ami, et de la
gaieté à plein verre dans notre beau Midi. Les maïs, dont on n'a pas encore coupé le beau panache jaune, me dépassent la tête de deux pans :
quand je les traverse, il me semble que je suis en pleine forêt. Le soir,
quand la lune se lève et qu'il fait un léger souffle, il en sort une odeur
forte et saine qui réjouit la poitrine... Me voilà donc agriculteur. Je n'ai
pas mis pourtant la main à la charrue. J'ai bêché un peu dans le jardin,
mais je dois avouer humblement que pour un paysan je sue trop vite.
Je me promets pourtant de tracer quelques sillons. Il sortira de moi quelque chose, blé, avoine ou maïs ; j'aimerais mieux que ce fût du blé. Je
serais un des nourriciers de l'espèce humaine. Il est vrai que jusqu'ici nos
vaches ont surtout travaillé à l'aire pour battre le grain : c'est en automne,
une fois les maïs coupés, qu'elles feront les grands travaux de labour, et
alors, avec les journées moins chaudes, je commanderai à l'ombre d'agrandir mon geste jusqu'aux étoiles.

Tu devines à peu près, mon cher ami, l'emploi de ma journée. Je me
lève sur les sept heures, je hume l'air frais, je fais le tour de mes terres,
et à neuf heures je me mets à table sur la terrasse, à l'ombre de deux
acacias. Je reste sur la terrasse à causer avec papa et maman, ou je vais
faire chez un de nos voisins une partie de billard. Dans le fort de la cha-
leur, je prends une ombrelle et mon livre de botanique, et je vais m'asseoir à l'ombre dans un vallon frais. J'étudie un peu, ou je regarde les
nuages et je reviens à l'heure du souper à travers bois et vignes en étudiant
au passage quelques racines et quelques fleurs pour vérifier ce que j'ai lu.
Ce petit travail commence à m'intéresser beaucoup. Nous soupons quelquefois dans l'aire pendant qu'on vanne, pour surveiller le grain. Après
dîner, je vais au jardin où l'on arrose, ou je garde les vaches dans le pré
en compagnie de maman, ou je vais causer avec M. Julien.

Le plus souvent, nous nous asseyons en famille devant la porte ; et à
peine le soleil est-il couché que des milliers de grillons font, comme nous :
ils montent de leur trou, et se mettent sur leur porte pour prendre le frais.
Ils sont si heureux qu'ils font une musique à n'en plus finir ; et pourtant,
chose curieuse, le rythme de leur chanson a une tournure mélancolique. Je
pense que c'est parce qu'il n'est pas assez varié ; il en est de même des
chansons de nos paysans. Ils traînent longtemps sur la même note, ils
prolongent le même air, en sorte que leurs chants d'amour ou de gaieté,
quand ils se répondent le soir dans la plaine d'un champ à l'autre, ont

toujours quelque chose d'un peu triste. Voilà les graves problèmes que j'agite et que j'emporte au lit avec moi. Je dors près de la grange, et il y a toujours quelque grillon perdu dans les fourrages secs qui me berce du bruit monotone de sa chanson...

**

A Paris comme à Castres, Jaurès saisissait toutes les occasions de parler en public et de haranguer ses camarades.

Sa réputation de tribun et sa popularité dans le quartier latin étaient telles que pendant les épreuves orales du concours de l'agrégation l'amphithéâtre était archicomble d'étudiants avides d'assister à ses leçons.

V

En 1881, après son agrégation, Jaurès fut nommé professeur de philosophie au lycée d'Albi.

Nous possédons très peu de souvenirs de cette période. Nous avons retrouvé toutefois dans le *Temps* un article d'un de ses anciens élèves, M. Maurel, qu'il nous paraît intéressant de reproduire ici :

Son professorat à Albi, écrit M. Maurel, n'a pas d'histoire. Il fut simplement et immédiatement reconnu que c'était un *type épatant*. Le cours était fait sans notes, dans une langue impeccable. Jaurès parlait lentement, et en martelant les mots. Le geste était rare. J'ai cependant reconnu à la Chambre le geste qui lui était déjà familier à cette époque, et qui consistait à couper l'espace de haut en bas avec la paume de la main un peu fermée. La part de l'improvisation devait être à peu près nulle. Il lui arrivait en effet, parfois, de reprendre une partie de la leçon qu'il reproduisait exactement dans les termes identiques. Jaurès venait devant ses élèves en ayant arrêté la forme de la leçon, et la possédait par cœur. La leçon était coupée par des pauses de quelques minutes, pendant lesquelles Jaurès s'entretenait avec nous familièrement.

**

A la distribution des prix de 1883 — le 5 août — Jaurès fut appelé, comme professeur de philosophie, à prononcer le discours d'usage.

La cérémonie était présidée par le préfet du Tarn, M. Léon Bourgeois et par M. Gabriel Compayré, député. Le discours de Jaurès n'a pas été reproduit. Le public le confond généralement avec le discours à la Jeunesse, qu'il prononça à la distribution des prix du même lycée d'Albi en 1903, alors qu'il était vice-président de la Chambre des Députés.

M. Malard, inspecteur d'Académie à Albi, que nous avons mis à contribution pour rechercher ce document a été assez heureux pour en retrouver le texte.

J'ai eu grand peine, nous écrit-il, à vous trouver ce que vous désiriez. Le discours de Jaurès en 1903 a été imprimé; mais, de celui de 1883, il ne *restait qu'une copie manuscrite*, très défectueuse... Tel quel, ce discours d'un jeune homme de 22 ou 23 ans, est une véritable merveille, et je vous sais gré de me l'avoir signalé, car j'en garde une copie pour mon compte.

Nous le reproduisons *in-extenso :*

Mesdames, Messieurs, Chers Elèves,

La bienveillance a plusieurs formes ; il en est une, la principale, dont je voudrais vous entretenir : la bienveillance dans les jugements soit intérieurs, soit exprimés, que nous formons sur les hommes ; les deux choses n'en font qu'une, car on finit le plus souvent par dire des hommes le bien ou le mal qu'on en pense, et par en penser le bien ou le mal qu'on en dit.

La bienveillance n'est pas une complaisance d'esprit et de cœur qui s'étende également et aveuglément à tous ; elle ne serait qu'une variété de la sottise la plus rare, il est vrai, et la plus aimable de toutes. Il y a dans le monde des sots et des méchants : pourquoi l'oublier de parti-pris, puisqu'à tout instant ils se chargent de nous le rappeler eux-mêmes ? La vérité n'est pas seulement la loi de nos pensées ; elle est aussi la loi de nos affections, et la bonté, la tendressse de cœur, les meilleures choses qui soient au monde, ne peuvent pas se passer de vérité. Encore si par une illusion généreuse sur les hommes on avait quelque chance de les amender, si par une estime excessive on les forçait presque à les mériter !

Le bon roi Robert jetait son manteau sur les pauvres pêcheurs qu'il prenait en faute ; je l'en louerais si les pêcheurs n'eussent continué à pêcher sous le manteau et plus à leur aise.

Sous le couvert de la bienveillance, et comme abrité par l'ignorance systématique des hommes de bien, le mal cheminerait en ce monde, plus fort et plus insolent. Et comment guérir la sottise par la complaisance, puisqu'elle vient le plus souvent de trop se complaire en soi-même! Les fripons ont assez de moyens pour faire des dupes; ne leur prêtons pas les mains par un aveuglement charitable, et ne faisons pas de la bienveillance l'alliée et la complice du mal qu'elle voudrait guérir. (*Applaudissements.*)

Il est bon que la justice humaine fasse tomber ou dérange tout au moins certains masques, et je serais désolé que l'office de la bonté se bornât à les ramasser et à les remettre en place. Quant à la sottise, il faut bien l'avertir parfois, même un peu fort, car elle a l'oreille dure; d'ailleurs, quand elle se complique de vanité, elle est comme un attentat public et permanent qui justifie l'éclat et la vivacité des représailles. Une bienveillance inflexible universelle, qui fermerait obstinément les yeux et les oreilles à l'évidence criante du mal ne serait guère à l'honneur de l'homme, car il ne pourrait soutenir, et elle serait une dérision de sa faiblesse; les quelques rêveurs qui l'ont pratiquée tremblaient sans cesse de la perdre: ils n'osaient pas regarder l'humanité en face, de peur de la trouver laide. Il faut à celle-ci une affection plus robuste et plus courageuse, qui sache voir le mal où il est et ne point s'en effrayer et s'en offenser outre mesure.

Ce n'est point aimer la vie que d'en ôter par la pensée les heures tristes et les jours mauvais, pour composer de ses heures joyeuses et de ses jours sereins une existence idéale où rien ne déconcerte le besoin de bonheur qui est en nous; il faut la prendre tout entière vaillamment avec ses douleurs et ses joies, sauf à l'améliorer sans cesse par un sage et constant effort. (*Applaudissements prolongés.*)

De même c'est aimer médiocrement l'humanité et avec une délicatesse offensante, que de dérober sous un voile ses misères petites ou grandes, pour ne contempler en elle que les traits brillants ou nobles; il n'y a là qu'une affection artificielle et provisoire, qu'un peu plus de lumière ou de franchise avec soi-même fait évanouir.

Ce n'est pas à l'aube grandissante du crépuscule et à l'incertaine clarté du rêve, c'est au plein jour de la réalité et de la vie que nous devons voir et juger les hommes, mélangés de bien et de mal; et la bienveillance ne consiste pas à ignorer le mal au profit du bien, mais à voir nettement le bien comme le mal, avec une préférence de cœur pour le premier, et un souci constant de le rappeler à ceux qui le nient ou le méconnaissent (*Applaudissements.*)

Il est défendu à l'homme de bien d'ignorer le mal ; il lui est défendu de le taire à ceux qui pourraient en souffrir, mais il lui est bien permis, j'imagine, sans que personne puisse le soupçonner de naïveté, d'arrêter sa pensée aux bonnes et belles choses qui sont au monde, de s'attarder en leur compagnie, et d'en entretenir surtout ses amis qu'il croirait affliger, par le spectacle inutile du mal, qu'il espère au contraire, par des témoignages nouveaux de la noblesse humaine, le premier souci de tout homme digne de ce nom.

La bienveillance n'est pas l'abdication du jugement et du sens pratique, elle n'est pas la confusion volontaire ou involontaire de la réalité et de l'idéal ; elle sait fort bien qu'elle est l'écart de l'une à l'autre. Seulement, quand elle trouve dans la vie l'idéal réalisé, en partie du moins, quand elle rencontre sur son chemin des actions qu'il a marquées au passage des hommes dont il fait parfois sa demeure, elle est plus attentive et plus sensible à la part de loyauté, de droiture, de bonté qui s'est maintenue contre tous les assauts de l'égoïsme qu'aux revanches temporaires et au retour presque inévitable de celui-ci dans les cœurs les plus dévoués et les plus fermes. (*Applaudissements.*)

Voilà longtemps qu'on a comparé le monde et la vie humaine à un grand livre ouvert devant nous ; ce livre, l'homme malveillant n'y jette les yeux que pour y découvrir les mauvais passages ; et ceux-là, au rebours de toute raison, il les savoure, il les apprend par cœur, pour les réciter ensuite à tout venant et discréditer le livre auprès des esprits légers ; l'homme bienveillant, au contraire, sans méconnaître les défauts ou les vices du livre, ses endroits ridicules ou bas, en souffre au lieu de s'en réjouir ; il les parcourt avec impatience et, se hâtant vers les beaux passages élevés et réconfortants, il s'y arrête et s'en pénètre et les propage ensuite de toutes ses forces, car il compte un peu sur l'admiration bienfaisante qu'ils excitent dans les âmes pour transformer à leur image, avec la collaboration de tous, le livre tout entier. La bienveillance est aussi une lumière généreuse et intelligente qui n'admet aucun mélange d'obscurité, qui éclaire tous les détails de la vie et tous les côtés de la nature humaine, mais qui réserve son éclat le plus doux, le plus profond et le plus durable à ce que l'homme et la vie humaine ont de plus grand. Pas plus qu'à la liberté et la sincérité de nos paroles, rien n'est plus opposé à la véritable

bienveillance que cette charité hypocrite qui plaide sans conviction une
cause perdue, car elle ne fait qu'aggraver, par la puérilité de la défense,
la certitude de la faute commise et la passion des accusateurs.

Devant l'évidence du mal, l'honnête homme ne doit ni se taire ni sub-
tiliser; il compromettrait inutilement l'autorité de sa raison ou de sa
parole, et, par son entraînement généreux à accuser le coupable, il perdrait la force de justifier l'innocent. Bien plus, interrogé sur des bruits
fâcheux qui menacent la réputation d'un homme, il ne doit pas feindre
l'ignorance; car si c'est la malignité qui l'interroge, elle interprétera ce
silence comme une accusation d'autant plus terrible qu'elle n'ose se formuler, et si c'est la bonne foi, comme, tôt ou tard, elle sera instruite, il
vaut mieux assurément, dans l'intérêt de l'accusé, qu'elle le soit par
l'homme bienveillant et réfléchi, qui indique la source des bruits et en
mesure la valeur, que par l'homme malveillant ou léger qui donne un faux
air de certitude à de simples soupçons, et laisse ainsi dans les âmes une
première impression mauvaise et tenace. L'homme bienveillant ne sera
donc ni un sophiste plaidant le faux par bonté d'âme, ni un timide hésitant
toujours à dire le mal qu'il sait. Seulement, il ne le dira que contraint par
le devoir ou fortement sollicité par les circonstances, sans empressement et
sans joie. Il ne se fera de le publier ni un métier ni un jeu, ni un moyen
facile de succès mondain. Il corrigera le mal qu'on dit d'un homme par
le bien qu'il en sait, insistant davantage sur celui-ci, par un contre-poids
légitime à l'insistance contraire des médisants. Surtout il ne croira pas et
ne reproduira pas à la légère les méchants propos; il se tiendra en garde,
et les autres avec lui, contre les apparences les plus fortes qui ne sont,
bien souvent, comme il pourrait en donner maintes preuves, qu'un mensonge au hasard. Trompé comme les autres et coupable d'une parole im-
prudente, il aura le difficile courage de revenir ouvertement sur l'erreur
une fois reconnue, et de réparer le tort qu'il a fait, il tempérera, par le
souvenir discret de la faiblesse commune, l'âpreté des reproches et des
haines, et ainsi, sans pédantisme, sans affectation de zèle, par l'autorité
croissante du caractère, par la seule force de la droiture et de la raison,
il mettra dans les récriminations et les inventions humaines un peu de paix
et de vérité. Enfin, quand il lui sera permis d'échapper aux luttes et aux
querelles, il se hâtera de revenir à l'innocence de ses occupations et de ses
pensées; au sortir des contestations et des rumeurs mauvaises où la vérité,
pour se faire jour, est obligée de prendre l'allure d'un combattant et de
blesser parfois, il retournera bien vite aux vérités pacifiques, à l'observation
bienveillante et désintéressée de l'univers et de la vie; et le rayonnement de

sa curiosité sympathique et de sa bonté sera autour de lui comme une sphère de clarté aimable, visible même à l'œil grossier, où la malveillance ne pénètrera qu'en baissant la voix instinctivement. Oh! il ne s'interdira pas la gaieté et l'observation moqueuse; le monde fourmille de travers et les plus innocents sont toujours pour quelqu'un une source de chagrin. (*Très bien!*)

Quoi de plus inoffensif en apparence que la manie ambitieuse du bon bourgeois sans notoriété qui rêve la députation ? Mais comptez les frais d'affiches qui grèvent le budget domestique, les accès de mauvaise humeur qui se multiplient avec les échecs, et vous verrez qu'il n'est point d'offense au bon sens, si légère soit-elle, dont quelqu'un ne porte la peine. Que conclure de là? que les travers seraient chose bien terrible, si, par une sorte de compensation, ils ne faisaient circuler dans le monde une rafraîchissante gaieté! Le temps est lourd, à certaines heures, et la vie comme languissante, mais voilà qu'un nuage aux formes fantasques, plus amusant que terrible, monte à l'horizon; il crève, les ridicules pleuvent à flot : le rire dilate les poitrines humaines, et la terre est désaltérée.

Pourquoi l'homme d'indulgence et de bonté n'aurait-il pas sa part de la gaieté universelle ? Si le monde est en un sens une comédie, pourquoi ne s'amuserait-il pas ouvertement ? Il a payé sa place comme les autres, seulement, jusque dans sa gaieté moqueuse, je retrouve sa bienveillance; sa raison est réjouie plus que sa malice par les ridicules des hommes. Les ridicules n'intéressent le malveillant que s'il peut y inscrire un nom propre; les travers ne l'amusent que s'ils portent tel habit, s'ils logent telle rue, tel numéro, et si on peut donner l'adresse à toute la ville. Ouvrez-lui la collection la plus riche, le musée le plus divertissant et le plus merveilleux des sottises humaines, il s'ennuiera si les produits ne portent pas la marque individuelle de fabrique et d'origine. Le monde n'est pas pour lui une comédie, quoi qu'il en dise, car la comédie marque d'un nom imaginaire des défauts réels, et il serait plutôt tenté de marquer d'un nom réel des défauts imaginaires. (*Applaudissements.*)

La comédie montre l'homme à l'homme; elle ne livre pas l'individu. L'homme bienveillant au contraire est vraiment en ce monde comme en un théâtre; il souffrirait volontiers qu'on débaptisât les défauts vivants qui passent sous ses yeux, et ils ne seraient notés pour lui que par des X ou des Y, qu'il leur trouverait la même saveur, car il n'y voit pas une arme contre telle ou telle personne, mais seulement une manifestation amusante de la nature humaine, un échantillon curieux de notre faiblesse, un

incident impersonnel, une mésaventure anonyme du bon sens et de la raison. Il y a dans cette façon de voir les choses plus de bonté, plus d'indulgence aussi et d'élévation. (*Applaudissements prolongés.*)

Nos meilleurs amis, ceux que nous estimons le plus, ont, comme nous-
mêmes, plusieurs défauts; les ignorer est difficile, n'en point parler du tout,
plus difficile encore; en amuser les indifférents c'est une trahison: il ne
reste qu'une chose à faire, c'est d'en plaisanter et d'en taquiner un peu
ses amis eux-mêmes, avec bonté toujours, et, si on peut, avec esprit. L'esprit fait passer bien des choses, et la bonté plus encore. Il y a dans cette
petite guerre inoffensive une épreuve tout à la fois et un privilège charmant de l'amitié assaisonnée d'un grain de malice; rendue plus piquante
et plus sûre par la franchise mutuelle d'une raillerie aimable, elle ne vaut
pas moins et plaît davantage. (*Applaudissements.*)

Il n'est pas mauvais que nos amis aient des défauts, car nous apprenons
par là que des défauts, même nombreux, ne gâtent pas un fond de droiture et d'intelligence, et le reste des hommes profite de cette expérience.
Combien faut-il pardonner de défauts ? Je souffrirais volontiers que la
liste en fût longue, pourvu qu'elle fut avouée tout entière par le détenteur,
et qu'on pût de temps en temps dans les crises aiguës lui en appliquer une
lecture avec commentaire. On m'a conté que sur les navires, où la vie en
commun très resserrée, serait insupportable sans beaucoup d'abandon et
de liberté, chacun avait son signalement moral dressé par les autres, c'est-
à-dire nullement flatté, et accepté par lui. Je parle bien entendu des
jeunes gens; un tel passe sa matinée à sa toilette, et redouble de soins en
vue de la terre; tel autre est mauvais joueur et se fâche vite; un troisième
a des histoires interminables, et comme la vérité est une ancre incommode
qui fixe la parole et en empêche les évolutions, il lève l'ancre et livre la
voile à tous les souffles de la fantaisie. Tous ces défauts, minutieusement
observés et décrits, font désormais partie de la personne; ils ont été em-
barqués avec elle; ils sont du voyage, on s'arrange pour en souffrir le
moins possible, mais on ne les maltraite pas trop, et on ne leur en veut pas;
quand ils se produisent, les camarades les notent d'un seul mot, tranquille-
ment, devant le coupable, avec une sorte de froideur scientifique, comme
ils noteraient sur le journal du bord les sautes de vent, les brumes, les
contre-courants ou tout autre incident banal et inévitable de navigation.
Comme on a droit à tant de pieds carrés sur le navire, on y a droit à tant
de défauts. (*Vifs applaudissements.*)

Messieurs, la terre est un gros navire et la vie est un voyage, comme
disent les brochures de propagande que les bonnes âmes oublient exprès

sur les banquettes de chemin de fer ; et malgré le nombre des passagers, il y a plus de place pour chacun que sur un cuirassé de premier rang ; les froissements sont plus rares et moins dangereux ; aussi, raisonnablement, aurions-nous droit, les uns et les autres, à plus de défauts que sur un navire ; si vous voulez passons un contrat. (*Applaudissements.*)

Vous le voyez, messieurs, la bienveillance a perdu pour nous, si je ne me trompe, ce faux air d'illusion juvénile ou de contrainte monacale qui prête à rire aux esprits mûrs ou effarouche les âmes libres. Elle est faite de tendresse, de vérité et de bonne humeur. Les vérités d'où elle dérive sont la plupart d'un ordre élevé et vraiment digne de cet auditoire ; mais le temps me presse ; je ne voudrais pas les trahir et vous fatiguer par un exposé incomplet ; je me borne à une vérité très simple, très familière, et, si on s'en pénètre bien, très efficace. (*Très bien ! Très bien !*)

La plupart des propos qui courent, et vous savez qu'il n'y a guère que les méchants propos qui aient de bonnes jambes, sont faux ou tout au moins incertains. C'est une expérience à faire, à laquelle je vous convie sans crainte, parce que je l'ai faite souvent et qu'elle a toujours tourné dans le même sens. Sur dix histoires (c'est le mot convenu et je ne m'en plains pas, histoire voulant dire non ce qui est vrai, mais ce qu'on raconte), il y en a tout au plus une de vraie et encore c'est par hasard et sans qu'on puisse au juste savoir laquelle. (*Applaudissements répétés.*)

Messieurs, je tiens le pari ; j'en ai perdu d'autres ; je gagnerai celui-là. Homme bourru ? vous dit-on. Approchez un peu : homme intelligent qui a rebuté quelques imbéciles. Femme acariâtre, orgueilleuse, qui méprise sans doute ses voisines puisqu'elle se dérobe à leurs visites ? pauvre malade, à peu près mourante que la gaieté importune et qui ne veut pas ennuyer les autres de son mal. Garçon pédant et fier qui tient la tête haute ? charmant garçon et fort modeste, qui porte seulement des cols un peu raides, et qui ne paraît empesé que parce que sa chemise l'est un peu trop. Relations coupables, commerce criminel, que sais-je ? affection pure et loyale qui ne soupçonne même pas dans sa droiture les railleries des sots et les interprétations calomnieuses. (*Applaudissements.*)

Voilà, messieurs et mesdames, ce que j'ai vu dans le petit cercle de relations et d'expérience où j'ai vécu ; et sans aucun doute vous avez vu semblable chose. Je ne dis pas que le dernier mot ne reste à la vérité, mais quoi d'étrange si les premiers bruits de toute affaire qui se propagent si vite et durant si longtemps sont presque toujours faux ? La vérité sur le moindre fait est si difficile à connaître. Il faut tant de loisir, de réflexion,

de lumière et de désintéressement ! Voyez un peu aux cours d'assises :
il s'agit d'un fait circonscrit, particulier et relativement considérable, c'est-
à-dire facile à saisir. Il y a des douzaines de témoins, déposant sous la
foi du serment, et seulement de ce qu'ils ont vu, donnant ce qu'ils ont entendu dire non pour un fait, mais pour un simple propos. On a sous les
yeux le prévenu ; on peut le voir, l'entendre, confronter ses différentes réponses ; son passé est connu, soit par des documents, soit par des témoignages ; les jurés n'ont l'âme égarée par aucune haine, l'intelligence obs-
curcie par aucun intérêt ; leur attention est tenue en éveil et leur force
d'esprit surexcitée par le sentiment de la responsabilité ; enfin ils mettent
en commun leurs lumières. Et quel est bien souvent le résultat de tout
cela ? Le doute, l'inquiétude des consciences droites qui ne savent pas au
juste où est la vérité. (*Salve d'applaudissements.*)

Étonnez-vous que les hommes dans la vie courante, jugeant bien dix
affaires par jour, sans enquête sérieuse, sans débats contradictoires, sans
confrontation des témoins et de l'accusé, sans connaissance directe de celui-
ci, se trompent au moins neuf fois sur dix, alors surtout qu'il s'agit non
seulement d'un fait matériel et palpable, mais aussi des sentiments secrets
et des mobiles cachés de l'âme. L'étonnant, c'est qu'ils rencontrent parfois
la vérité ; car il nous est aussi difficile d'atteindre le vrai, guidés seulement
par la rumeur publique, qu'il est difficile au chasseur d'atteindre l'oiseau
invisible dans un fourré épais guidé seulement par le bruit des branches
pliantes et des feuilles remuées.

Messieurs, je n'ai qu'une médiocre espérance d'arrêter le courant des
méchants propos ; il me semble même qu'il se développe de jour en jour ;
ce qu'autrefois on se contentait de dire, on l'imprime aujourd'hui : les
petites médisances qui ne passaient pas la ville font maintenant le tour du
département et même de la région ; c'était jadis un modeste ruisseau urbain
qui se perdait bien vite, je ne sais où, dans le sable. C'est aujourd'hui un
ruisseau ambitieux, et qui veut voir des pays ; nos histoires locales se dé-
versent dans la presse toulousaine comme nos rivières dans la Garonne ;
seulement nos histoires font ce que nos rivières ne font pas. Elles remontent
vers leur source, et bien leur en prend ; car au retour du voyage leur pays
d'origine les accueille avec un redoublement de faveur. Mais laissons cela :
la géographie n'est pas mon fait, et les nouveaux affluents albigeois de la
Garonne ne me regardent pas. D'ailleurs, il s'en faut que la presse ait
canalisé et absorbé toutes les menues histoires ; les plumes trottent, mais
les langues ne s'arrêtent pas, et le grand mouvement de nouvelles, rapide

et incessant, qui, par la presse, traverse la France d'un bout à l'autre, jetant à toutes les villes la petite circulation des histoires locales, détruira le mensonge plus vite que les chemins de fer n'ont tué le roulage et les voitures de place. (*Applaudissements prolongés.*)

Les médisances ont en chaque ville des véhicules innombrables, et j'ajoute : des véhicules charmants ; il est des personnes qui vont, par état, de maison en maison, semant et récoltant les nouvelles. La faute n'est point tout à elles ; il faut bien plaire à la pratique qui aime fort ce qu'on dira des autres, aujourd'hui, et ne soupçonne pas ce qu'on dira d'elle, demain. Comment, par exemple, quand l'aiguille et la langue vont aussi bien l'une que l'autre, la robe ne serait-elle pas accomplie ? et quand on fait si bien habiller le prochain, comment n'habillerait-on pas bien la cliente ? Et, en effet, elle peut être tranquille, on l'habillera. Et les servantes ? Les écoliers, quand ils vont à l'école, font cette prière ; saint Nicolas, mets des prunes dans mon panier. Je ne sais pas le nom de la sainte qu'invoquent les servantes quand elles vont au marché, mais elles lui disent assurément : bonne sainte, mets des nouvelles dans mon grand panier. (*Vifs applaudissements.*)

Et comme au retour la maîtresse de maison vérifie la marchandise, les nouvelles s'en échappent, frappent son oreille ; elle les recueille et les loge dans sa corbeille à ouvrage jusqu'à sa prochaine visite. Autre servante, autres histoires, et voilà peut-être pourquoi on en change si souvent, mais il faut bien dire quelque chose ! Le bon Dieu nous a donné la langue pour parler ! Ajoutons, si vous voulez, qu'il nous a donné les dents pour mordre, et le plaidoyer sera complet. (*Applaudissements.*)

Messieurs, je ne dis point que ces choses soient bien coupables. Dans la plupart des méchants propos, il y a plus de légèreté que de méchanceté véritable. Je ne dis point non plus qu'elles soient bien terribles : sans doute la calomnie est une douleur pour l'honnête homme quand il la connaît ; sans doute aussi sa destinée peut en être traversée ; mais presque toujours la lumière finit par percer l'épaisseur des mensonges amoncelés, et le jour vient de la vérité réparatrice. Le plus grand mal, le mal véritable, le voici : L'âme se rapetisse à ce jeu de médisance par l'habitude de colporter et de commenter les faiblesses humaines, vraies ou supposées ; elle s'y complaît ; elle les attend ; elle en fait sa nourriture et sa joie ; c'est son pain de chaque jour et sa friandise. Insensiblement, tout ce qu'il y a de bon et de grand dans le monde lui devient étranger et en quelque façon ennemi. Elle y voit un obstacle à sa passion de dénigrer, une hauteur rebelle dont l'admiration seule peut toucher le sommet et qui n'offre pas un sentier suffisamment praticable à la malveillance la plus alerte. Peut-être aussi ces lumineuses révélations de bonté, de grandeur, par où l'humanité se rachète parfois des petitesses et des mépris, sont-elles pour l'âme malveillante une source de peines et presque de remords. Elle a le sentiment rapide qu'en se dérobant à elle-même la joie d'admirer et d'aimer, elle n'a pas pris la meilleure part, ni la plus belle, et elle se venge sur les bonnes et grandes actions de sa déconvenue et de son trouble; sans doute elle ne devient pas tout à fait incapable de rendre justice à la beauté morale, à la droiture, au désintéressement, à la bonté, quand ces nobles choses forcent tous les regards par une irrésistible clarté; mais elle n'a pas la joie de les découvrir à l'occasion et de les saluer la première. Elle n'a pas l'orgueil d'être allée la première au devant des vertus humaines; elle attend avec une froideur méfiante qu'elles lui soient portées par la foule, et imposées à son estime par l'acclamation de tous. Et cette estime contrainte n'est jamais entière. Quand on est devenu, par la pensée, le familier du mal, on ne rompt jamais entièrement avec lui. Il retient et obsède la pensée qui est détournée vers d'autres objets; il mêle un doute et une réserve ironique à l'hommage que le bien a surpris, et les souvenirs médiocres ou bas qui occupent et amusent l'âme étendent leur ombre jalouse sur les plus nobles spectacles. La malveillance s'est ainsi punie de ses propres mains, car il est triste de ne plus pouvoir franchement estimer personne!

Quel plaisir trouvons-nous, en effet, quel intérêt avons-nous à nous amoindrir les uns les autres? Pourquoi tant insister sur la misère commune? Surtout pourquoi l'aggraver par la légèreté et le mensonge? N'est-ce pas au fond nous décrier nous-même, que de décrier obstinément nos semblables? Ne sommes-nous pas de la même étoffe, et s'ils valent peu, que vaudrons-nous? (*Applaudissements*.)

Les bonnes et belles actions, les sentiments élevés et purs sont, en un sens, l'honneur et le patrimoine commun de l'humanité; pour moi, je vous avoue, il me semble que je suis plus riche quand j'ai trouvé un honnête homme de plus; et je ne comprends pas que le trésor des vertus humaines ne nous soit pas le plus cher et le plus sacré. Il est pauvre, déplorons-le; il contient plus de cuivre que d'or. Qui le conteste? Mais n'allons pas, parce que l'or tient peu de place, ne voir que le cuivre et ne faire sonner que lui aux oreilles; ne mettons pas l'or dessous, et tout au fond, et le cuivre dessus et bien en vue; car le meilleur moyen d'appauvrir en effet l'humanité et de la décourager de l'effort moral, c'est de lui persuader qu'elle est plus pauvre qu'elle ne l'est véritablement. (*Triple salve d'applaudissements.*)

*

La même année, Jaurès quittait le Lycée d'Albi pour devenir maître de conférences à la Faculté des Lettres de Toulouse.

Ses débuts furent quelconques; mais il s'imposa tout de suite comme un brillant orateur.

Six ou sept candidats à la licence de philosophie composaient son auditoire. Il s'occupait presqu'exclusivement de l'*Histoire de la Philosophie* et de *Platon*.

Il préparait ses cours à la Bibliothèque de l'Université dont le livre des prêts nous apprend que ses lectures de l'époque ne sortaient pas du cadre de son enseignement.

Il y empruntait des ouvrages de philosophie et de littérature, quelques-uns d'histoire : Renouvier, Pascal, Strauss, Renan (Vie de Jésus), Ozaneaux, Taine, Lamennais, des ouvrages sur Hégel, des commentaires sur Aristote, Fichte, les œuvres d'Aristote, de Voltaire, de Tocqueville, etc.

En 1885, il abandonnait sa chaire pour se présenter dans le Tarn, aux élections législatives.

DEUXIÈME PARTIE

Jaurès député

I

« Dès l'Ecole, écrivait M. Morillot dans la lettre que nous avons citée plus haut, Jaurès se formait et il s'entraînait pour la politique. Nous l'avons beaucoup poussé dans cette voie; nous avions décidé qu'il serait *député* très vite, qu'il serait *célèbre*, et qu'il prononcerait d'admirables discours. »

Cette triple prédiction de ses amis s'est réalisée presque simultanément et très vite : il a été député très jeune, il a prononcé tout de suite d'admirables discours et il a été célèbre.

Jaurès fut candidat, pour la première fois, le 4 octobre 1885. Il fut élu en tête de liste, au premier tour de scrution. Il avait à peine 26 ans et 1 mois.

Son entrée dans la politique était logique, naturelle et prévue. Néanmoins ce n'était pas sans une certaine hésitation qu'il se laissa entraîner dans cette voie.

Dans une lettre écrite le 10 août 1882 à son camarade Charles Salomon, il disait :

...Je suis à bien des lieues de la politique, car il y a entre elle et moi une multitude de secrets philosophiques qu'après bien d'autres et tout naïvement je cherche à deviner; mais comme j'espère avoir résolu tous les problèmes d'ici quatre ans, *la politique n'est qu'ajournée.* Quand j'aurai touché le fond de l'univers, il faudra bien revenir à la surface, très mêlée et très agitée... Je t'avouerai, mon cher ami, que tout cela, au lieu de m'éloigner de la politique, m'y engage au contraire. Je sens fort bien tout ce qui me manque, mais, franchement, je me sens capable aussi d'avoir moins de petites ambitions que beaucoup d'autres. Il ne me suffirait pas, pour faire allègrement de notre pauvre pays la risée du monde, qu'on me nommât secrétaire de quelque groupe, et j'aurais le courage de mes opinions en face des inévitables politiciens de café qui font trembler nos honorables. Qui sait? J'aurai peut-être à me décider dans quatre ans.

Jaurès avait déjà envisagé l'éventualité de sa candidature. C'était fatal car il était fait pour la politique comme la politique était faite pour lui.

Sa mère ne voyait pas sans inquiétude son fils préféré « tourner vers la politique ». Elle s'employa, avec tendresse, mais avec énergie, à l'en détourner. Elle fit même appel à l'autorité de son cousin, l'amiral Jaurès, qui haussa les épaules, mais qui s'inclina devant la « vocation » de Jean.

« Il va à la politique comme le canard va à l'eau, dit-il, ne vous chagrinez pas; d'ailleurs ni vous ni moi ne pourrions l'en empêcher. »

Mme Jaurès en fut au désespoir. Toutefois, Jean ne prenait encore aucune décision définitive et il fallut, pour le décider, l'intervention de ses amis.

Son ancien maître, M. Delpech, le harcelait sans cesse. De Nice où il se trouvait à cette époque (août 1883) il lui écrivait :

Mon cher ami, un de vos camarades m'informe que vous vous êtes signalé à l'Ecole Normale par votre tempérament oratoire. Cela étant, permettez à mon affection de vous donner un conseil. A Castres, j'ai pu constater votre valeur intellectuelle et morale. Vous y joignez la puissance de la parole. Orientez-vous vers la politique. Tel que je vous connais,

II. — L'École Normale Supérieure en 1878

ttres (Jaurès et ses camarades de promotion).

vous devez prendre place au Parlement. Notre jeune démocratie a un besoin immédiat d'hommes cultivés, généreux, épris d'un idéal de liberté et de justice, animés du désir d'entraîner dans la voie du progrès ces foules obscures sur lesquelles repose l'avenir de la patrie et dont l'éducation républicaine est toute à faire. Vous trouverez dans ce domaine le noble et glorieux emploi de vos qualités. Songez-y.

Mon cher Monsieur Delpech, répondit Jaurès, je vous remercie de votre bonne lettre et de l'intérêt que vous me témoignez. Je me rappelle avec reconnaissance votre bienveillance pour mon frère et pour moi, il y a quelques années et nos longues conversations sur bien des sujets. Je serais heureux d'une occasion de les reprendre. En attendant, je vous envoie ma première production académique (son discours à la distribution des prix). Je pense que dans deux ans, je la ferai suivre d'un travail un peu plus long : il s'agit de ma thèse que j'ai à peine entamée. Jusque là, je suis tout à la philosophie et peut-être plus longtemps encore. Je ne nie pas que de temps en temps je ne tende l'oreille aux bruits politiques, et peut-être me laisserai-je aller au courant; mais je n'en suis pas sûr et je sens en moi une résistance intime qui me dit que je suis fait pour une existence plus calme. Enfin, je ne prétends pas régler et enchaîner l'avenir...

Les élections approchaient et Jaurès ne se décidait toujours pas. En 1884, il retrouva à Toulouse son ancien professeur de physique, M. Surre, qui venait d'être nommé Directeur du Laboratoire Municipal. Jaurès qui s'intéressait toujours aux sciences, allait le voir souvent, dans son laboratoire, et causait longuement avec lui. M. Surre mit à profit ces fréquentes conversations pour le décider à se présenter aux élections prochaines.

— Je n'ai pas d'argent, prétextait Jaurès!

— Votre éloquence suffira, répondait M. Surre.

Finalement il eut raison des dernières résistances de son ancien élève et Jaurès consentit à poser sa candidature devant le Congrès qui devait se réunir à Albi le dimanche 16 août 1885 à l'effet

de désigner les six candidats du Parti républicain aux élections
législatives de septembre (1).

***

Le Congrès le désigna par 336 voix sur 372 votants.
Voici d'ailleurs les résultats de ce scrutin :

Votants	372	
Majorité absolue	187	
MM. Compayré	343	voix.
Jaurès	336	—
Cavalié	332	—
Héral	293	—
Bernard Lavergne	269	—
Fuzier	224	—

***

La campagne électorale fut, pour Jaurès, une marche triom-
phale. Les villes et les villages se l'arrachaient; il lui était impossible de traverser la moindre bourgade sans qu'il fut arrêté
au passage et obligé d'improviser une réunion. Dans moins d'un
mois et demi il prononça 80 à 90 discours, dont quelques-uns
étaient déjà des modèles du genre.

Aucun de ces discours n'a été conservé. Grâce à M. Surre,
qui avait demandé et obtenu un congé pour soutenir sa candidature dans le *Courrier du Tarn* et la *Dépêche*, nous avons pu
néanmoins retrouver des passages de quelques-unes de ses décla-

____

(1) Les élections avaient lieu au scrutin de liste. Le Tarn avait droit à six
députés.

rations. Celles-ci sont précieuses parce qu'elles vont nous permettre de donner une idée de la pensée qui animait Jaurès au seuil de son entrée dans la vie politique.

*
* *

C'est à Castres, le samedi 5 septembre, que Jaurès expose pour la première fois son programme électoral. Il trace ainsi le calendrier des réformes de la prochaine législature :

Il faudra créer, dit-il, pour la classe ouvrière, une caisse de retraite pour les vieillards. L'ouvrier, devenu vieux ou infirme, ne doit pas être pour les siens une gêne, mais un secours.

Il faudra modifier la procédure commerciale, civile et criminelle, de façon à diminuer les frais de justice; et on y parviendra, en partie, en augmentant les attributions des juges de paix.

Il faudra améliorer aussi le régime des prisons et les lois de pénalité. Il faut, pour une première faute, beaucoup de pardon.

Enfin, une répartition plus équitable de l'impôt, et notamment de l'impôt de consommation qui pèse surtout sur l'ouvrier, est nécessaire.

*
* *

Quelques jours plus tard, le 18 septembre, à Graulhet, Jaurès précise sa pensée.

C'est d'abord une attaque violente contre le despotisme et le Seize-Mai :

Je ne me plains pas du Vingt-Quatre-Mai, je ne me plains pas qu'il y ait eu un Seize-Mai; ces tentatives criminelles de coup d'Etat ont prouvé l'impuissance de la coalition.

Aujourd'hui, la preuve est faite. Il faut en finir; il faut que la pierre du tombeau où seront ensevelis les coalisés soit tellement pesante, que nul effort humain ne puisse la soulever.

Il faut que la démocratie se débarrase des hommes qui l'épuisent dans des luttes stériles et qui l'obligent à combattre pour son existence; il faut que les républicains, débarrassés de leurs adversaires, préparent l'avenir, la main dans la main, le cœur touchant le cœur.

On a essayé de tromper le pays. Mais il s'est produit chez le paysan un travail intérieur dont la République va sortir. Ah! comme on a bien fait de répandre à flots l'instruction et la lumière!

Le grand chef de la coalition, M. Reille, celui qui montrera à ses amis le chemin de la défaite, s'est présenté à Albi, dans une réunion privée, le grand cordon en sautoir, chamarré de toutes les médailles et de toutes les croix que lui donna l'Empire.

Il avait l'air de dire: quand le despotisme est aussi bien galonné, il me semble difficile qu'on n'en veuille pas.

Ces exhibitions pratiquées sous l'Empire par les candidats officiels, nous ont coûté cher, et il semble qu'après nos désastres, ces dorures font mal à voir; et ces exhibitions ont quelque chose de lugubre, parce que quinze ans n'ont pas suffi à laver la honte de Sedan.

A des souvenirs aussi douloureux on ne doit pas accoupler je ne sais qu'elle comédie.

C'est ensuite un nouvelle affirmation de ses principes réformistes :

Le développement de l'enseignement professionnel et pratique;
La création de bourses;
La justice gratuite par l'extension donnée aux attributions des juges de paix;
La répartition plus équitable de l'impôt et, notamment, l'établissement de l'impôt sur le revenu;
La réduction du service à trois ans.

Il indique enfin comment il conçoit la future organisation au Parlement du Parti républicain :

Je voudrais qu'il n'y eût à la Chambre, dit-il, qu'un grand parti républicain, allant de M. Ribot à M. Clemenceau. Je ne ferai partie d'aucun groupe, d'aucune coterie, et, enfant du peuple, je voterai toutes les réformes qui pourront améliorer le sort de ceux qui souffrent.

A Saint-Amans, le 20 septembre, Jaurès défend, contre les calomnies réitérées de la réaction, l'œuvre de la République.

Voici la partie essentielle de son discours :

On parle de déficit. — Depuis 1876, depuis l'Assemblée nationale, la République n'a pas augmenté nos impôts d'un centime, elle a dégrevé le vin, le sucre, le sel qui entrent dans la consommation du plus grand nombre et surtout du pauvre. Elle prépare une loi qui réduira les frais de mutations pour permettre au paysan d'acheter de la terre sans payer un droit excessif au Trésor.

Aux enfants du peuple, elle a donné l'instruction gratuite, aucun autre gouvernement n'a jamais osé ou voulu l'entreprendre. Cette instruction est bien gratuite, malgré les affirmations contraires des réactionnaires, puisque c'est avec l'impôt qu'on paie les instituteurs et que le riche, qui n'envoie pas ses enfants à l'école primaire, paie proportionnellement plus que le pauvre.

A l'agriculture, la République, également soucieuse des intérêts du producteur et du consommateur, a donné des droits protecteurs sur le blé français et sur le bétail.

Elle a ouvert à la circulation 150.000 kilomètres de chemins vicinaux et multiplié les facilités dans les relations, les échanges, l'écoulement des produits du sol.

On a parlé de violences, de persécutions religieuses. Nul gouvernement n'a été et ne pouvait être plus jaloux que la République de protéger la liberté de conscience, qui est une liberté sacrée. La grande majorité des Français est catholique et la République ne se maintient que par le suffrage universel de tous les citoyens, c'eût été une folie de persécuter ces mêmes citoyens auxquels elle doit l'existence même.

Enfin, on nous reproche les expéditions lointaines en Tunisie, à Madagascar, au Tonkin.

C'est l'Assemblée nationale, la moins républicaine de nos dernières Assemblées, qui, la première, a planté le drapeau français au Tonkin. Je ne l'en blâme pas, le devoir de la République était de défendre ce drapeau. Les expéditions qu'elle a entreprises lui ont coûté 200 millions, la France a envoyé au loin moins de 50.000 hommes et la République nous a donné deux magnifiques colonies : la Tunisie et le Tonkin.

Les guerres funestes de l'Empire nous ont coûté des centaines de mille hommes, des milliards et deux de nos plus riches provinces: l'Alsace et la Lorraine. Elles ont mis la France à deux doigts de sa perte.

L'effronterie et l'impudence de ceux qui ont voté la guerre si meurtrière de 1870 confond l'imagination. Ce parti, qui veut renverser la République aujourd'hui, n'a rien à mettre à la place que le désordre, l'anarchie et la ruine.

*
*

Le premier tour de scrutin eut lieu le 4 octobre. Il donna les résultats suivants:

Jaurès	48.040 voix, élu
Lavergne	47.970	—
Cavalier	47.603	—
Compayré	47.597	—
Héral	47.216	—
Baron Reille	47.930	—

L'éloquence de Jaurès avait réalisé ce tour de force de faire élire, au premier tour, dans le Tarn, à l'époque de la toute-puissance des Reille, cinq républicains contre un seul réactionnaire.

*
*

Entre les deux tours de scrutin, Jaurès, dont la popularité et la gloire naissante avaient franchi tout de suite les frontières du Tarn, fut invité par les républicains de la Haute-Garonne à prêter le concours de sa parole éloquente à une grande réunion qui eût lieu à Revel, le 15 octobre, en faveur de Constans et d'Armand Duportal, mis en ballotage par la coalition réactionnaire.

Il prononça, à cette occasion, un important discours dont le texte a été conservé presqu'en entier. Il faut s'en réjouir car il nous révèle non seulement la propre pensée de Jaurès à une heure où elle revêt pour nous une valeur historique, mais encore parce qu'il constitue en quelque sorte le point de vue de tout le Parti républicain à une époque où il faillit sombrer sous les coups répétés de toutes les réactions liguées contre la République.

Nous reproduisons ce discours tel qu'il a été publié dans la *Dépêche*, en 1885 :

On n'est pas un étranger pour vous, lorsqu'on vient dans votre pays défendre la République ! Pour moi, je suis heureux de me trouver dans cette ville de Revel qui apporte en toutes circonstances une si grande ardeur dans les manifestations de sa foi démocratique.

Et, cependant, il n'est pas inutile qu'une voix républicaine se fasse entendre dans cette cité ; il n'est pas inutile de se rappeler en commun les principes de la Révolution française. Car, il ne faut pas s'endormir. C'est notre trop confiante sécurité qui a été la cause d'une défaite momentanée. Restons éveillés, restons debout. — L'homme gagne son pain à la sueur de son front ; et c'est à la sueur de leur front que les peuples gagnent le pain de la liberté.

C'est un grand service que nous ont rendu, au 4 octobre, les royalistes victorieux. Ils sont coalisés aujourd'hui, unis dans une même haine contre nous. Mais n'étaient-ils pas unis et triomphants en apparence au Vingt-Quatre Mai, au Seize-Mai ? Ils sont les mêmes, vous dis-je, et leur défaite sera la même, car pour les combattre, nous retrouverons l'ardeur et la virilité des anciens combats.

Ils se sont trop pressés de triompher ! Heureusement, leur cri a réveillé nos sentinelles, et c'est aujourd'hui l'armée républicaine tout entière qui se précipite aux remparts. L'élan de votre département est admirable. Réveillons-nous, et le scrutin de dimanche proclamera la République victorieuse. Je n'en veux d'autres preuves que ces souscriptions organisées par vos journaux, où l'on trouve à côté de la cotisation modeste du pauvre l'offrande généreuse du riche. C'est que la République est dans le cœur de tous. Il ne s'agit plus ici d'une œuvre de parti, d'une consigne que le château impose à la chaumière ; non, c'est spontanément, c'est volontairement que chacun apporte sa souscription, parce que le cœur du peuple appartient sans partage à la République.

Les querelles et les rancunes ont pris fin, les divisions ont disparu. L'ennemi s'est levé. Le spectre de l'Empire a reparu. Et aussitôt l'union s'est faite. Plus d'opportunistes désormais, plus de radicaux; rien que des fils de la France républicaine.

Et partout, sur tous les points du pays, le même résultat est signalé. La République est immortelle.

A quoi nos adversaires ont-ils dû ce court moment de triomphe? A ceci, qu'ils ont caché leur drapeau. Est-on vainqueur lorsqu'on ne dit pas, lorsqu'on n'ose pas dire ce que l'on est? Ah! s'ils s'étaient fait connaître, s'ils avaient dit: Nous sommes des antirépublicains, des monarchistes, nous sommes la légitimité ou l'empire, tous se seraient retournés contre eux, ceux-là qui les ont élus, car ils auraient vu qu'ils ne pouvaient leur apporter que la guerre civile, et, après elle, la guerre étrangère. Non, la France n'aurait jamais consenti à habiter cette tour de Babel réactionnaire, bâtie avec des monarchies mal jointes!

Au contraire, ils vous ont dit qu'ils ne voulaient pas renverser le gouvernement, que la République était pour eux un dépôt sacré qu'ils vous rendraient intact. J'entendais l'un d'eux dire dernièrement: « Nous sommes presque républicains ». Eh bien, il faut être républicain tout à fait! — Un autre, avec une modestie que vous apprécierez, disait: « Je pratique toutes les vertus républicaines ». Il paraît qu'une de ces vertus consiste à vouloir renverser la République...

Bientôt ces mensonges ont été percés à jour. Dans la joie de leur succès, ils ont osé reconnaître qu'ils avaient visé la République. Alors leur masque de conservateur est tombé. On les a reconnus, l'orléanisme à la face égoïste, la légitimité vieillie, l'empire cynique et brutal. Et cela a suffi pour qu'on s'éloignât d'eux avec répulsion et dégoût. On n'en veut plus.

Comment ont-ils remporté la victoire? En exploitant les fléaux de la nature, les mauvaises récoltes, le phylloxéra. Comme si la République pouvait être rendue responsable de la situation agricole dont vous souffrez!

Ils ont exploité encore le sentiment religieux. Les bonapartistes, eux-mêmes, ont osé invoquer la religion, eux les fidèles de l'Empire né dans le crime et le parjure! Non, ils n'ont pas le droit de parler de religion, les partisans de celui qui a trahi son serment, qui a menti à la Patrie et à Dieu!

Dans le département du Nord, ils avaient amené un sorcier, oui, un sorcier, dans une de leurs réunions. Et à la fin de la séance, les conservateurs hypocrites ont pris un air dévot, et ils ont interrogé le sorcier, lui demandant quel serait le résultat des élections et quel parti l'emporterait. Vous ne doutez pas que le sorcier, bien stylé, leur ait promis la victoire.

Voilà, messieurs, voilà à quelles honteuses pratiques ils en sont réduits, voilà comment ils n'ont pas craint d'exploiter les plus ridicules superstitions. S'il y avait en France une commune païenne, ils se feraient païens au partage.

Ils vous ont encore promis d'abolir les vingt-huit jours. Cette promesse est-elle sincère? Non, ils l'ont faite verbalement, mais leurs programmes et leurs manifestes n'en portent pas trace, ou ne renferment à ce sujet que des phrases entortillées, qui leur permettent de dénier leurs engagements. Et d'ailleurs, fussent-ils sincères, vous ont-ils dit qu'en abolissant ces vingt-huit jours, ils veulent rétablir le service militaire de sept ans, lorsque les républicains au contraire vous promettent de le réduire et d'en diminuer les charges? Et, encore, s'ils réclamaient un service égal pour tous! — Mais, non, ils veulent d'un régime de sept ans, avec un remplacement plus ou moins déguisé. Ils proposent, par exemple, la division de l'armée en deux portions, dont l'une serait astreinte à sept ans de service, l'autre à six mois, avec un remplacement possible entre les hommes appartenant à l'une ou l'autre portion. De telle sorte, vous le devinez, que le riche demanderait au pauvre de prendre sa place contre argent, ce qui constituerait un remplacement hypocrite qui imposerait le service aux malheureux et l'épargnerait aux favorisés de la fortune. Et, d'ailleurs, ils l'ont jugé bien mal, ce pays de France, s'ils ont cru qu'il se laisserait conquérir par la promesse de ne point servir la patrie. Est-ce que vous n'aimez pas mieux servir la France vingt-huit jours, que de servir un homme toute votre vie?

Ils vous ont aussi beaucoup parlé du Tonkin. Leur origine leur interdit de tenir ce langage. Ils ont soutenu l'Empire qui, sans consulter jamais le pays, a prodigué ces guerres qui nous ont apporté la honte, l'invasion et le démembrement. Comparez, et vous verrez: d'un côté dix-huit ans d'empire et 1.500.000 hommes envoyés au feu, de l'autre, 50.000 hommes seulement pendant les quinze années de la République, c'est-à-dire trente fois moins que sous l'Empire. Et comment pourrait-il en être autrement? Est-ce que, sous la République, nous n'avons pas une armée nationale? La nation, quand elle commande, est économe du sang de ses enfants. D'ailleurs, la République, régime et incarnation du droit, n'a pas besoin de détourner l'attention du peuple. L'Empire ne voulait pas qu'on regardât de trop près dans ses agissements. Il se disait: A ce peuple, je ne veux pas donner des libertés, donnons-lui des batailles! — Il avait besoin de faire oublier son crime de Décembre. La République, elle, n'a pas de crime à expier. Elle est née de la volonté nationale, et n'a pas besoin de cette gloire vaine et menteuse, toujours suivie d'inoubliables désastres.

Nos adversaires ont parlé encore des souffrances du travail et de l'industrie. Oui, c'est vrai, ces souffrances existent. Mais ils oublient de vous dire que les mêmes difficultés se retrouvent partout et dans toutes les monarchies de l'Europe. Et que vous promettent-ils pour guérir ces souffrances? Une révolution... Je vous le demande à tous, travailleurs! Pensez-vous que ce soit un bon moyen de relever le travail national que de nous précipiter dans une révolution nouvelle et de vous dire: Tu souffres, peuple, voilà un roi?

Si vous les écoutiez, si vous votiez pour leur liste, ils auraient vite oublié, soyez-en sûrs, les embarras des travailleurs. Occupés à se déchirer entre eux, ardents à leurs querelles dynastiques, à leurs compétitions monarchiques, ils ne s'occuperaient pas de vous et tous leurs sentiments de fausse pitié disparaîtraient bientôt.

Jetez un regard en arrière. Qu'ont-ils fait pour le travail, au Seize-Mai, quand ils étaient au pouvoir? Rien. Je me trompe: ils ont fait travailler les chemins de fer par leurs voyages répétés à Frosdhorf. En dehors de cela, ils n'ont su que prodiguer les affiches blanches et le *Bulletin des Communes*, ils n'ont rien fait que peser sur l'électeur par leurs agents et leurs gendarmes, que vous conduire au scrutin entre deux haies policières. Voilà quel a été leur constant souci; de votre travail, ils n'en avaient cure. Voilà pourquoi leurs promesses ne sont que mensonge et vanité.

Et puis, si ces accusations étaient fondées, si la République avait commis des fautes, faudrait-il pour cela l'abandonner? Non, cent fois non, parce que, seule, la République peut les réparer. Sous un roi, des fautes sont commises. Vous n'avez que deux partis à prendre, ou baisser la tête et continuer à vivre sous le régime du caprice, du bon plaisir, ou la relever fièrement, et alors, acculés à la guerre civile, remuer encore les pavés des barricades et faire couler le sang français. Avec la République, la faute peut être réparée, parce que tout le monde peut faire entendre ses critiques et imprimer une marche nouvelle à la politique nationale. Le seul gouvernement qui puisse se tromper sans inconvénients irrémédiables, grâce à la lumière que répand une presse libre, c'est la République, régime de contrôle, de discussion et de liberté.

Contre elle, voici que la contre-révolution s'est dressée. Il y a des hommes qui ne veulent pas qu'on ait proclamé les idées de justice et d'égalité; ils ont vu avec colère que la démocratie grandissait tous les jours; ils ont vu avec indignation que la loi de réconciliation et de concorde était enfin trouvée. Et ils se sont dit: Dressons-nous pour arrêter la justice, pour faire obstacle à la souveraineté nationale, pour enrayer l'instruction, pour étouffer la lumière. Hâtons-nous, car si nous attendons encore quelques années, il ne sera plus temps pour nous, le flot nous aura submergés. Tel est, mes amis, le secret des efforts qu'ils ont faits pour leur relèvement.

Et vous, vous tous, fils de la Révolution qui proclama les Droits de l'Homme, vous tous qui voulez vivre et penser, vous tous qui travaillez et qui revendiquez avec raison le droit de diriger pour votre part les destinées de la Patrie, je viens vous dire:

Amis de la Révolution, voici que la contre-révolution se dresse pour vous enlever vos droits. Redressez-vous et finissez-en.

Rappelez-vous que, dans quatre ans, nous célébrons le centenaire de la Révolution qui vous a émancipés. C'est cette Révolution elle-même, c'est l'immortelle Révolution française qui va revenir dans quatre ans, et qui vous dira: O mes enfants, chers enfants de la France, que j'ai aimés, que j'ai nourris, que j'ai élevés à la dignité de citoyens, suis-je toujours votre mère? Et vous répondrez: Oui. Songez à la honte, songez au déshonneur qui rejaillirait sur vous si la Révolution, revenant après cent ans, trouvait au pouvoir ses ennemis. Epargnez-lui cette douleur et cet outrage. Il faut qu'elle trouve en France la liberté acquise et conservée, le droit respecté, l'égalité établie sur des bases inébranlables; il faut qu'elle reconnaisse son peuple de 1789, toujours invinciblement attaché à son idéal de justice sociale et de fraternité. Pour la recevoir à la frontière, nous ne pouvons lui envoyer que la République.

Voilà pourquoi vous relèverez la tête et voterez pour les candidats républicains.

La réaction a cru pouvoir recommencer le Seize-Mai, et M. de Fourtou disait même, il y a quelques jours, qu'il regrettait de n'avoir pas assez serré le cou du pays. Eh bien, à ce Seize-Mai qui relève la tête, opposez une nouvelle discipline républicaine.

Trois vertus résument votre devoir: vigilance, confiance et concorde.

II

A la Chambre. — Sa première intervention. — L'enseignement primaire. —
Un grand discours socialiste. — Les délégués mineurs. — Le privilège des
bouilleurs de cru. — Retraites des anciens mineurs. — Les accidents du
travail. — Le budget. — Organisation de l'enseignement primaire. —
L'affaire du Panama. — Les élections. — La question sociale. — Les
candidatures multiples.

A son entrée à la Chambre, Jaurès fut un peu dépaysé et ne
donna pas tout de suite la mesure de sa valeur.

Il l'a confessé lui-même, avec beaucoup de franchise, dans
son Introduction aux « Discours Parlementaires » :

La seule pensée d'aborder la tribune, a-t-il écrit, me causait un effroi
presque insurmontable, et qui littéralement me ravageait. Je n'y aurais
point d'ailleurs apporté cette idée nette du péril républicain qui seule
peut-être eût exercé quelque action. Je passais d'une sorte de malaise
inexprimé à un optimisme frivole, et la joie d'une curiosité juvénile éveillée
à un spectacle tout nouveau et toujours passionnant, me cachait parfois
la tristesse des jours de décadence où nous étions entrés.

Son éloquence chaude, vibrante et vaste ne fut pas goûtée,
dès l'abord, par ses collègues habitués à l'éloquence froide et
classique des Clemenceau, des Ribot et des Waldeck-Rousseau.

Ses premières interventions provoquèrent quelques sourires
sur les bancs où siégeaient les vieux parlementaires peu enclins
à favoriser l'éclosion des talents naissants; mais Jaurès, dont la
valeur personnelle s'accusait de plus en plus et dont la parole

imagée et prenante s'imposait malgré tout, ne tarda pas à s'affirmer par ses qualités de grand orateur et à jouer, même à cette époque, un rôle prépondérant.

On songea à lui, un moment, pour l'adjoindre comme sous-secrétaire d'Etat à M. Allain-Targé, ministre de l'Intérieur, dont l'insuffisance oratoire mettait en danger les jours du Cabinet; mais ce projet ne fut pas réalisé, parce qu'il siégeait au centre gauche, parmi les opportunistes et les modérés.

Et cependant, quoique siégeant sur ces bancs, il appartenait déjà, en réalité, aux éléments avancés du Parti républicain.

Il a écrit lui-même, quelque part: « Un moment, j'eus la pensée de m'inscrire au petit groupe formé par Antide Boyer, Camélinat, Basly, Clovis Hugues. Mais j'en fus détourné par l'exiguïté de leur programme, qui était loin de répondre à l'ampleur de l'idéal socialiste. »

L'un de ses premiers discours fut une révélation et lui attira d'emblée les sympathies des socialistes. Rouanet le commenta dans la *Revue Socialiste* en soulignant son caractère nettement collectiviste. (1)

Jaurès eut alors l'idée de « rompre enfin sa solitude de pen-

---

(1) A côté de M. Deschanel par la forme, écrivait Rouanet, mais bien supérieur par le fond, s'est placé M. Jaurès, dans cette discussion. Un jeune également, siégeant au centre ou aux confins de la gauche, mais dont les opinions en matière d'économie sociale dépassent certainement plus d'un extrême-gaucher qui se croit très avancé parce qu'il revendique la liberté économique.

M. Jaurès a déposé en effet une proposition de même nature que celle de notre ami Boyer, venue après la sienne. Il a demandé au gouvernement d'étudier les précautions à prendre pour que le bénéfice résultant des nouvelles taxes « soit assuré aux fermiers, métayers et aux ouvriers agricoles ». Le considérant unique dont cette proposition était précédée est significatif. « Considérant, dit M. Jaurès, que sous un régime démocratique, la protection ne peut s'exercer qu'au profit du travail... »

Bravo, monsieur. Voilà de la bonne et saine politique économique. Mais savez-vous que vous frisez terriblement le socialisme, et que si vous faisiez un pas de plus dans cette voie, vous tomberiez, sautant à pieds joints par-dessus l'extrême-gauche, en plein parti socialiste, à côté de nos amis Boyer, Camé-

sée » et il se rendit, un soir, rue des Martyrs, au siège de la *Revue Socialiste*.

Voici comment il a raconté lui-même cette anecdote :

Sous un ciel mêlé d'azur triste et de blanches nuées qui prolongeaient un peu la lumière défaillante, j'allais comme vers un but supérieur. Et je sentais une haute espérance grandir en moi, assez forte pour remonter le flot de misère et d'inquiétude qui dévalait le long de la rue assombrie, assez forte aussi pour lutter contre les lassitudes de la vie et les surprises du destin. Tout en haut de la rue, par un petit escalier étroit et noir, j'accédai dans la rédaction et, gauchement, intimidé par ma première rencontre avec un milieu tout nouveau pour moi, je demandai : « Où est M. Benoît-Malon ? » Il n'y était pas, du moins on me le dit. A mi-escalier, j'entendis derrière moi de longs éclats de rire, et je n'osai pas recommencer mon pélerinage de centre gauche vers le mont sacré du socialisme intégral. Je me suis félicité depuis de n'avoir pas été pris de trop bonne heure par la particularité des sectes. Mais c'est ainsi qu'au Parlement de 1885, je restai en définitive un isolé.

Dans les couloirs de la Chambre, il causait longuement avec ses collègues de tous les partis et se plaisait à provoquer des controverses efficaces sur les problèmes de l'heure.

L'un de ses collègues, M. Camille Sabatier (1), ancien député d'Oran, qui était un de ses amis personnels, a bien voulu ras-

----

linat, Planteau, Basly, Gilly, Millerand, Michelin ? Que nos lecteurs en jugent par ce passage de votre discours :

« Je déclare que je ne suis pas un ennemi du régime protecteur ; non seulement je reconnais, avec beaucoup de mes collègues, qu'il peut être bon de déroger aux principes du libre-échange, mais j'ai la conviction absolue que la protection, entendue d'une certaine manière, répond aux exigences de l'idée démocratique. Seulement, *il faut* qu'elle soit entourée de certaines précautions, *qu'elle soit complétée par certaines mesures de justice sociale* ». Au profit du travailleur dépouillé par les lois spoliatrices antérieures ? — Si oui, monsieur, si ces « mesures de justice sociale » doivent, dans votre pensée, être des mesures réparatrices en faveur du travail jusqu'à ce jour exploité, sur quelque banc que vous siégiez, soyez le bienvenu dans Elseneur ! Vous êtes des nôtres. »

(1) M. Sabatier est mort en 1917.

sembler ses souvenirs de l'époque dans une longue lettre qui
mérite d'être reproduite en entier parce qu'elle constitue un résumé saisissant de la situation politique de cette période troublée
et qu'elle montre, mieux que nous ne saurions le faire, quel était,
au moment où Jaurès entrait à la Chambre, l'état des esprits et
le caractère des luttes parlementaires.

Jaurès, nous écrit-il, ne donna pas dès le début la mesure de sa valeur,
non seulement parce que le milieu était mal préparé, mais encore, surtout
même, parce que sur le terrain parlementaire, Jaurès n'était pas encore
Jaurès.

Du grand tribun qu'il devait être, il avait déjà l'ardeur et la comba-
tivité qui suscitent inimitiés et rancunes; mais il ne savait guère encore où
porter ses coups. Tout ce qu'on pouvait dire de lui avec certitude, dès
1885, c'est qu'il était républicain. Nés en même temps à la vie publique,
ayant même âge, combattant tous les deux pour la République, nous cau-
sions souvent en camarades, à cœur ouvert. J'eus maintes fois l'impression
que ses idées étaient loin d'être fixées en leurs directions générales. Il
oscillait d'un principe à un autre. Ceux qui ne savent pas attendre que
le papillon jaillisse de la chrysalide et ouvre ses ailes accusèrent Jaurès,
les uns d'incohérence, les autres d'insincérité.

Ses sympathies et ses fréquentations l'avaient d'ailleurs classé, dès le
premier jour, dans un groupe politique; et le malheur voulut que ce
groupe, le groupe opportuniste, fut déjà en discrédit. L'Hégélien Jaurès
avait en effet appris à l'école de Hégel à chercher l'Homme qui doit
diriger les autres. Cet homme, il l'avait vu dans Gambetta qu'il pleurait
encore. Il le chercha ensuite et crut l'avoir trouvé dans Jules Ferry. Or,
Jules Ferry avait déjà parmi les républicains de la Chambre de 1885 plus
d'adversaires que d'amis. Tels de ces adversaires étaient même de véritables ennemis; ceux-ci regardèrent d'un œil malveillant le jeune et ardent
avocat de la cause opportuniste.

Deux autres questions graves divisaient la Chambre: la question des
entreprises coloniales et celle du régime douanier. Un homme politique
soucieux de ménager son avenir eût évité de se compromettre en de telles
matières; mais Jaurès n'eût jamais d'habiletés de cet ordre: on était
protectionniste dans le Tarn, il fut protectionniste. On était colonial autour
de Ferry, il fut colonial.

Quelques jours avant que la discussion s'en ouvrit, Jaurès, apprenant que j'allais voter contre les crédits du Tonkin, me chercha incontinent et me rejoignit d'un pas rapide sur le pont de la Concorde : — Ah ça ! vous allez voter contre Ferry ? — Je feignis de ne pas comprendre. — Trêve de feinte, vous allez voter contre le Tonkin ? — Parfaitement. — Mais c'est impossible, cela ! Vous ne voyez donc pas que vous faites le jeu des révolutionnaires ?

Et pendant plus d'une heure, Jaurès essaya de me démontrer la nécessité bien moins de garder le Tonkin, que de ne pas renverser Ferry ; et à cette démonstration, qui fut vaine d'ailleurs, il mettait tout son esprit, tout son cœur et tout son geste.

Floquet, qui aimait les jeunes et les sincères, avait de la sympathie pour Jaurès ; mais il n'était pas sans inquiétude à son sujet. Au début de la crise du boulangisme, il me dit : « Vous êtes un ami de Jaurès. Que votre amitié pour lui se fasse vigilante. Jaurès est un grand cœur et un grand esprit ; mais sa raison n'a pas terminé le classement des énormes matériaux que son intelligence a acquis. Il est encore en crise et j'en suis d'autant plus inquiet qu'il n'est pas encore guéri du mysticisme. Sa foi dans les hommes nécessaires m'alarme ; pourvu qu'il n'aille pas voir l'homme nécessaire dans Boulanger. »

Je pus rassurer Floquet en lui faisant remarquer que Jaurès était un homme de mœurs simples et droites qui ne pouvait avoir que mépris pour l'amant de la Bonnemain.

Nulle Chambre ne fut plus que celle de 1885 riche en orateurs. Clemenceau, Pelletan, Freycinet, Floquet, Waldeck-Rousseau, Ribot avaient, il est vrai, accoutumé l'assemblée à ce que votre lettre appelle l'éloquence britannique. Mais on y connaissait déjà, et on applaudissait dans Deschanel et dans de Mun, l'éloquence chaude et ornée. Si Jaurès n'y prit pas toute la place qu'il eût méritée, cherchez-en plutôt la raison dans ces deux circonstances qu'il s'était classé dans un parti déjà discrédité et, qu'en outre, je le répète, Jaurès n'était pas encore Jaurès. Il en était encore à chercher sa foi, sa voie et même son verbe.

Du moins y avait-il en lui — j'ai pu m'en convaincre dès le premier moment de nos relations — un trésor de droiture, de simplicité et de bonté.

Les penseurs ne parlent ou n'écrivent que pour livrer leur opinion à la discussion de tous ; et les idées resteront agitées entre les hommes aussi longtemps que les flots le seront sur la mer. Mais ceux qui, pour discréditer les idées du grand orateur, ont tenté de déprécier l'homme ont été bien coupables. Certes, ce fut bien mal répondre à cet ardent patriotisme qui avait fait de Jaurès un fervent de Gambetta. Ce fut en outre tenter un larcin contre notre glorieux patrimoine national. La postérité dira, de Jaurès et de ceux-là, qui fit le plus d'honneur à leur siècle et à leur pays.

*
* *

Au cours de la première année de la législature, Jaurès ne monte pas une seule fois à la tribune. Son premier discours parlementaire date du 21 octobre 1886.

L'année suivante, il intervient à trois reprises; mais en 1888, plus maître de lui et moins dépaysé dans ce milieu qui l'effrayait un peu, il prononce de nombreux et importants discours sur les sujets les plus divers. Enfin, en 1889, avant le renouvellement de la Chambre, il parle sur le rétablissement du scrutin de liste, sur les candidatures multiples et sur les modifications apportées par le Sénat au projet voté par la Chambre sur les délégués mineurs.

*
* *

La première intervention de Jaurès, à la séance du 21 octobre 1886, est relative à l'enseignement primaire. La Chambre était appelée à discuter un projet de loi déposé par M. Goblet, ministre de l'Instruction publique, sur l'organisation de l'enseignement primaire. Jaurès avait déposé un amendement ainsi conçu: « Les établissements d'enseignement primaire de tout ordre peuvent être publics, c'est-à-dire institués au nom de l'Etat, ou communaux, c'est-à-dire fondés ou entretenus directement par les communes, ou privés, c'est-à-dire par des particuliers ou des associations. »

Ses premiers mots indiquent tout de suite à quelle préoccupation il obéit: « L'amendement que j'ai déposé, dit-il, je crois utile de le défendre en quelques mots, uniquement pour rappeler un point de doctrine républicaine »... et en terminant il annonce qu'il retire son amendement voulant indiquer par là que son intervention avait uniquement pour but de marquer, en face des problèmes de cet ordre, la responsabilité et la position exacte des républicains.

Un passage mérite d'être cité en entier :

...La société française repose non plus sur l'idée religieuse transmise et discutable, mais sur l'idée naturelle de justice, acceptée par tous. Et la laïcité n'étant que l'expression de ce principe, non seulement l'école publique, mais l'école exclusivement communale devrait être laïque. Mon vœu est donc bien simple : je demande seulement, lorsque la commune aura pourvu à toutes ses obligations envers l'Etat, lorsqu'elle aura créé le nombre d'écoles publiques exigé par celui-ci, qu'elle ait encore le droit, à ses frais, et sans sortir de la laïcité, d'instituer des écoles d'expériences où des programmes nouveaux, des méthodes nouvelles puissent être essayés, où des doctrines plus hardies puissent se produire.

Et encore :

L'Ecole ne continue pas la vie de famille ; elle inaugure et prépare la vie des sociétés...

Deux forces se disputent aujourd'hui les consciences : la tradition qui maintient les croyances religieuses et philosophiques du passé ; la critique, aidée de la science, qui s'attaque non seulement aux dogmes religieux, mais aux dogmes philosophiques ; non seulement au christianisme, mais au spiritualisme.

Eh bien, en religion, vous pouviez résoudre la difficulté et vous l'avez résolue : l'enseignement public ne doit faire appel qu'à la raison, et toute doctrine qui ne se réclame pas de la seule raison s'exclut elle-même de l'enseignement primaire. Vous nous dites tous les jours que c'est nous qui avons chassé Dieu de l'Ecole, je vous réponds que c'est votre Dieu qui ne se plaît que dans l'ombre des cathédrales.

En religion, nous pouvons nous taire sans abdiquer ; nous n'avons qu'un devoir, c'est de ne pas introduire dans l'école nos agressions personnelles qui peuvent être offensantes et qui sont inutiles, c'est de ne pas les ajouter aux agressions constantes de la vérité scientifique contre vous.

Mais en philosophie, entre toutes les doctrines qui ne se réclament que de la raison, quel choix ferez-vous?

Vous avez choisi, et vous ne pouviez pas faire autrement, la doctrine qui a le plus de racines dans le pays, je veux parler du spiritualisme traditionnel. Vous êtes l'Etat, et vous ne pouvez faire qu'une chose: traduire pour l'enfant la conscience moyenne du pays. J'entends que l'on ne peut guère enseigner dans les écoles de l'Etat que les opinions les plus généralement répandues dans le pays, mais j'ajoute que le spiritualisme, qui est notre doctrine d'Etat, est contesté par un très grand nombre d'esprits; il est répudié par l'élite — à tort ou à raison, je n'ai pas à me prononcer là-dessus — par l'élite intellectuelle de l'Europe.

...Que viens-je vous demander? Une seule chose: c'est qu'il y ait partout dans l'enseignement populaire une sincérité et une franchise absolues, que vous ne dissimuliez rien au peuple, que là où le doute est mêlé à la foi, vous laissiez se produire le doute, et que quand la négation domine, elle puisse aussi se produire librement.

**

A la séance du 25 janvier 1887, au cours de la discussion du projet de loi portant fixation du budget de l'instruction publique, Jaurès présente un amendement tendant à « accroître de 100.000 francs le crédit inscrit pour créer un cours de préparation à l'Ecole navale dans un lycée de Paris ».

Il le défend en quelques mots et réussit à le faire adopter après avoir rappelé au Parti républicain qu'il y a « un sérieux intérêt politique et national pour le recrutement du corps des officiers de marine à ne pas détourner de l'enseignement public, par des difficultés matérielles ceux qui, librement, spontanément viennent lui demander ses leçons et son esprit ».

**

Mais c'est surtout à la séance du 8 mars de la même année que Jaurès prononce, pour la première fois, un important discours qui va appeler sur lui définitivement l'attention des milieux politiques et plus spécialement du Parti socialiste.

Il s'agissait de la discussion d'une proposition de loi portant modification du tarif général des douanes en ce qui concerne les céréales (blé, avoine et farine). Jaurès proposait l'ajournement de la discussion jusqu'à ce que le gouvernement ait étudié les précautions à prendre pour assurer le bénéfice des nouvelles dispositions douanières aux fermiers, métayers et ouvriers agricoles.

Il convient de reproduire les termes de cette proposition qui attestent déjà chez leur auteur des sentiments bien proches de la conception économique du Parti socialiste :

La Chambre considérant que sous un régime démocratique, la protection ne peut s'exercer qu'au profit du travail et que si des mesures douanières protégeant l'agriculture sont jugées nécessaires, des précautions préalables doivent être prises pour que le bénéfice en soit assuré aux fermiers, métayers et ouvriers agricoles, invite le gouvernement à étudier des mesures en ce sens, notamment au point de vue de la durée des baux et du remboursement des capitaux engagés par le fermier pour l'amélioration des cultures, et sursoit à statuer sur l'article premier de la proposition concernant les droits de douane applicables aux céréales.

Cette proposition fut accueillie par des « exclamations ironiques à droite » et par cette interruption significative de M. de Baudry-d'Asson: « C'est la mainmise sur la propriété ».

Le discours substantiel et nourri de Jaurès est à lire en entier. Malheureusement, le cadre de cet ouvrage nous permet seulement de l'analyser.

D'un côté, disait Jaurès au début de ses observations, on nous a représenté les souffrances et la détresse de l'agriculture, et ces souffrances, cette détresse n'ont été contestées par personne. D'un autre côté, on ne nous propose d'autre remède à ces souffrances que d'établir sur tous les objets de consommation, sur le blé, et par conséquent sur le pain, sur le maïs, sur la pomme de terre, sur la viande, des droits qui peuvent aboutir au renchérissement.

J'ai donc raison de dire, lorsqu'on demande à la démocratie qui travaille et qui souffre des sacrifices nouveaux, qu'on a le droit et le devoir de s'assurer au préalable que ces sacrifices iront bien à leur adresse, que c'est bien aux fermiers, aux métayers pour lesquels on les réclame, que ces sacrifices seront consentis.

M. Deschanel, dans une partie de son éloquent discours, disait: « Mais l'ouvrier peut bien consentir des sacrifices pour son frère des campagnes ».

Messieurs, j'accepte cette parole; mais quel est le frère de l'ouvrier des villes? Est-ce que c'est le capitaliste, le propriétaire foncier? Non. C'est le fermier, c'est le métayer, c'est l'ouvrier agricole.

Et Jaurès entre dans le vif de la discussion, justifiant par des arguments impressionnants les différentes parties de son projet de résolution.

Le passage relatif au protectionnisme et au libre-échangisme est à souligner:

Je déclare, dit-il, que je ne suis pas un ennemi du régime protecteur: non seulement je reconnais avec beaucoup de mes collègues qu'il peut être bon à certaines heures de déroger aux principes du libre-échange, mais j'ai la conviction absolue que la protection, entendue d'une certaine manière, répond aux exigences de l'idée démocratique. Seulement, il faut qu'elle soit entourée de certaines précautions, qu'elle soit complétée par certaines mesures de justice sociale. Tout le monde l'a bien senti, et implicitement l'a bien reconnu.

Jaurès démontre que la préoccupation dominante des partisans du droit est de faire croire que c'est la petite propriété et non le capital foncier qui est intéressé aux mesures proposées par le gouvernement.

Contrairement à ce qu'affirment les économistes bourgeois, l'orateur apporte la preuve que la grande propriété terrienne existe en France et que le sol n'est pas en totalité, comme ils le disent, « un instrument de travail ».

Il y a un tiers de travailleurs, continue Jaurès, et deux tiers de rentiers sur le sol français.

Par conséquent, lorsqu'on vient demander sans réserve aucune, sans précaution aucune, la protection douanière pour l'agriculture, c'est une protection qui, pour un tiers, est en faveur de ceux qui travaillent le sol, et qui pour deux tiers est tout simplement la garantie du minimum de rente.

L'autre jour, on disait de ce côté-ci de la Chambre (la gauche), et avec pleine raison, à l'honorable M. Druelh : Mais c'est là le pire des socialismes; comment! vous allez demander à ceux qui souffrent, à ceux qui en ce moment ont vu leurs salaires resserrés, et qui s'ils bénéficient jamais, par un contre-coup problématique, de la protection que vous accordez à l'agriculture, n'en bénéficieraient qu'après de longues souffrances, pendant lesquelles leur situation aura été aggravée, vous allez demander à ces hommes d'abandonner une partie de leur salaire réduit, une partie de leur pain, pour subventionner l'agriculture, et cette subvention servira, pour les deux tiers du territoire, à maintenir le taux de la rente foncière ?

... Je dis, messieurs, qu'il n'y a point de socialisme plus évident. M. le Ministre de l'Agriculture disait : C'est la même chose pour l'industrie ». Eh bien, en admettant que cela soit, en admettant que la protection de l'industriel ait quelque chose de socialiste, qui vous dit que lorsque viendra le renouvellement des traités de commerce, les travailleurs des villes ne seront pas autorisés, au moment où on garantira des droits protecteurs à l'industrie, à réclamer aussi pour le travail certaines stipulations nécessaires.

. . . .

Il est donc parfaitement légitime, si la protection s'impose à nous pour le salut de l'agriculture, de faire que cette protection aille, non pas au capital foncier, mais au travail rural. La grande propriété, quand elle réclame pour les métayers et pour les fermiers, ressemble un peu à ces nourrices qui s'allouent les meilleurs morceaux en disant que c'est pour le petit.

Et en terminant son éloquent discours, Jaurès marquait en termes qui recevaient l'approbation des gauches, la portée nettement républicaine et démocratique de son point de vue:

Un droit supérieur à celui de 5 francs, concluait-il, pourra être réclamé de ce côté-là (la droite) ; mais j'ai l'assurance qu'au centre et parmi les républicains protectionnistes, on a le sentiment que c'est assez de cette politique-là, qu'il n'y a pas moyen d'aller plus loin, qu'il faudra recourir à autre chose. En sorte qu'après avoir manqué pour ainsi dire d'être les initiateurs dans cette politique, ils ne pourront aller jusqu'au bout et lui faire produire ses fruits.

Et c'est ainsi qu'après avoir réveillé et encouragé certaines espérances, après avoir soutenu les idées protectionnistes, ils ne pourront les réaliser hardiment. Ils auront été accueillis comme appoint nécessaire par la politique protectionniste, et ils seront bientôt rudoyés par elle : ils seront les Georges Dandin de la politique protectionniste.

Eh bien! messieurs, non seulement ils n'ont pas inauguré cette politique, et non seulement ils ne pourraient la pousser jusqu'au bout, mais il y a pour eux un intérêt supérieur à marquer la différence qui doit séparer la protection républicaine et démocratique de la protection oligarchique.

Messieurs, les partis ne vivent que par leurs principes, et il faut que presque dans les moindres détails de la politique, ces principes supérieurs se fassent sentir.

Un parti ne peut sans abdication être confondu avec ses adversaires. Quand il commence à leur ressembler, c'est qu'il ne se ressemble plus à lui-même. Quand sa physionomie se brouille, c'est que son âme sommeille et ne parle plus par ses yeux.

La motion de Jaurès est soutenue par M. Millerand, mais combattue par MM. le baron de Soubeyran, Méline et Develle, ministre de l'Agriculture.

Malgré une nouvelle intervention de Jaurès, la motion est repoussée: la première partie par 323 voix contre 148, la seconde par 327 contre 215.

*
**

Au cours des séances des 17 et 24 juin, 1ᵉʳ et 8 juillet 1887, la Chambre discute, en seconde lecture, un projet de loi sur les délégués mineurs, que le Sénat avait cru devoir modifier.

Jaurès, qui faisait partie de la Commission, intervint à diverses reprises, d'abord au nom de la minorité, ensuite comme rapporteur, fonction à laquelle il avait été nommé à la suite d'incidents survenus pendant la discussion.

Il convient de retenir de ses diverses interventions quelques déclarations qui ne manquent pas d'intérêt et qui vont nous donner tout de suite une idée de la pensée de Jaurès sur les rapports du capital et du travail.

Le Sénat et le gouvernement proposaient de n'admettre, comme délégués mineurs, que des ouvriers mineurs continuant à exercer leur profession; les socialistes et Jaurès estimaient au contraire que l'ouvrier devenu délégué ne devait plus être « engagé par les liens du salaire envers la Compagnie que, dans certaines circonstances, il était chargé de contrôler ».

Jaurès disait:

La question qui se pose est celle-ci: dans quelles conditions le délégué pourrait-il exercer ses fonctions avec le plus d'indépendance et avec le plus de compétence ? Voilà la question, il n'y en a pas d'autre, il ne faut pas en sortir.

L'institution du délégué mineur répond à un double but : d'abord à un but pratique et immédiat. Il pourra visiter les chantiers pour tâcher de prévenir les accidents et constater quand ils se seront produits. Elle répond encore à un autre but, un but moral et social très élevé. En confiant dans une certaine mesure à des travailleurs la garde d'autres travailleurs, elle leur donne un témoignage de confiance et permet aux sentiments de confraternité et de solidarité qui animent les ouvriers de prendre un corps et de s'exprimer par cette fonction. Il faut pour ces deux buts, l'indépendance et la compétence; de quelle façon les obtiendrons-nous le mieux ? Est-ce en nous appliquant le plus possible, comme le demande M. Guillaumou, à ce que le délégué reste, en même temps que délégué, l'ouvrier et le salarié de la Compagnie ? Ou bien, est-ce, comme nous le demandons, en nous efforçant le plus possible de faire que lorsqu'il sera délégué, il ne soit que délégué, et que dans cette fonction permanente il jouisse d'une absolue indépendance ? Voilà comment se pose le problème.

Les difficultés que le développement de la grande industrie a amenées dans notre pays dans les rapports entre le capital et le travail ont frappé tous les esprits.

. . . .

Je dis, sans vouloir en aucune manière passionner le débat, qu'il s'est produit dans les rapports des ouvriers mineurs et des Compagnies des faits qui doivent nous donner à réfléchir. Vous savez combien l'application de la loi sur les syndicats ouvriers a rencontré de la part des Compagnies de résistances et de difficultés; vous savez qu'il y a eu de la part des Compagnies, qui sont promptes à s'effrayer de ces grandes agglomérations d'ouvriers ardents, toutes sortes d'inquiétudes et de suspicions, si bien même que des institutions de philanthropie qui avaient pour but, à l'origine, de procurer aux mineurs au meilleur marché possible ce dont ils avaient besoin, ont fini par devenir entre les mains de certaines d'entre elles de nouveaux moyens de domination. Il y a là des ouvriers qui n'ont jamais été payés qu'en nature, qui sont rivés à une sorte de compte-courant perpétuel; et qui n'ont jamais vu reluire dans un peu d'or un peu de liberté.

Eh bien, lorsque le délégué aura à pénétrer dans ce monde de discipline et de muette docilité, il sera, je ne dis pas traité en ennemi, mais en suspect, et alors, selon le tempérament des hommes, on essaiera de les intimider, de les séduire ou de les briser.

Et Jaurès terminait par cette déclaration qui n'échappera à personne:

La loi des délégués mineurs est la première loi d'ordre social que vote cette Chambre; je vous prie de ne pas débuter dans la voie des réformes sociales en infligeant aux travailleurs dont elle s'occupe une véritable déception. Je prie ceux qui croient qu'une certaine tradition de modération les oblige sur ce point à quelque résistance, de se rappeler la grande parole du plus profond penseur de l'antiquité: que la modération ne doit pas être la médiocrité, que la sagesse aussi est un sommet.

Messieurs, c'est à ce sommet qu'il faut atteindre, et puisque vous voulez vous engager aujourd'hui dans la voie des réformes sociales, si vous n'avez pas d'idéal plus élevé, si vous ne poursuivez pas une haute pensée de justice et d'égalité sociale, eh bien! votez la loi telle qu'elle; votez cette loi qui ira grossir le poids mort de nos lois stériles.

Mais si vous avez un idéal de justice sociale, si vous voulez peu à peu opérer le rapprochement des classes, non pas comme on vous le propose de ce côté de l'Assemblée (*la droite*), par des syndicats mixtes qui ne sont à l'heure présente que le rapprochement des habitudes de domination et des habitudes du silence, si vous voulez résoudre véritablement la question sociale et amener l'apaisement social en faisant descendre peu à peu dans les profondeurs du peuple, par la progression incessante de sa responsabilité, cette fierté mesurée, également éloignée de la docilité muette et des colères soudaines, cette fierté qui est une condition absolue de l'égalité vraie et du rapprochement entre les hommes, si vous voulez cela, et vous le voulez, j'en suis convaincu, évitez, messieurs, dès votre premier pas, le plus grand écueil: faire médiocre!

Dans la discussion de la question des bouilleurs de cru, le 14 mars 1888, Jaurès prononce un remarquable discours inspiré d'une foi ardemment démocratique.

D'un mot, il indique tout d'abord ce qu'il veut: « que le débitant soit affranchi de l'exercice, que le commerce des vins soit libéré des entraves et des vexations qui pèsent sur lui, ensuite que la consommation du vin pour les pauvres gens, notamment la consommation au détail, soit dégrevée ».

Mais sur cette question du privilège des bouilleurs de cru qui met en cause tant d'intérêts électoraux, le parti républicain se trouve divisé. Jaurès a conscience du discrédit moral que ces divisions ne peuvent manquer de susciter dans le pays à l'encontre de la République et il met en garde la majorité contre les dangers d'un vote d'hésitation ou de timidité.

La seconde partie de son discours qui est un vibrant et éloquent appel à l'union des gauches témoigne déjà chez lui des qualités maîtresses d'un chef et du souci loyal et sincère de dégager la République de toutes les compromissions.

III. - La maison habitée par Jaurès, à Toulouse, de 1883 à 1884.

Selon lui un intérêt primordial s'attache à ce que la Chambre s'affirme « sur une de ces questions fiscales qui seront, si on les résout suivant la justice, la clef du problème social » et montre par là sa vigueur de décision et sa capacité réformatrice. »

Très soutenu par les républicains, son discours est constamment haché par les interpellations de la droite ce qui vaut aux interrupteurs ce reproche du président Floquet : « Vous n'appréciez pas beaucoup l'éloquence, Messieurs. »

Jaurès domine le tumulte et chacun de ses coups atteint l'adversaire en plein cœur.

Ah! s'écrie Jaurès, s'adressant aux républicains divisés, qu'on se divise à l'heure de l'action, au moment où il faut préciser la direction dans laquelle on engagera le pays, c'est fâcheux, je le regrette pour mon parti; mais c'est la loi des choses. Mais que l'on soit divisé avant d'agir, que l'on n'ait ni un principe commun, ni même, à certains jours, une manœuvre d'ensemble, qu'on soit un parti sans méthode comme sans idéal, sans habileté comme sans grandeur, c'est là ce qui ne peut pas donner confiance au pays, car il se dit qu'il ne peut pas attendre une plante robuste d'une semence débile, divisée contre elle-même, et qui, avant même de germer, se décompose.

A-t-on jamais prononcé diatribe plus éloquente et plus vraie contre les indécisions et les préoccupations mesquines d'une majorité parlementaire incapable d'agir?

Et Jaurès concluait :

En présence de ces deux choses, le discrédit, l'impuissance manifestée jusque dans l'opposition par les anciens partis dynastiques, et les incertitudes — mères de crises — du parti républicain, de la majorité républicaine, il arrive que d'une part, certains esprits cultivés se fatiguent et hésitent, et que, d'autre part, il y a des simples qui se prennent peut-être de nouveau aux inductions de la force, comme si, dans ce pays, il pouvait y avoir un gouvernement fort ayant une autre base que la souveraineté de la nation et la dignité des individus dans la liberté.

*
**

Dans sa séance du 24 mars 1888, la Chambre discute le projet de loi sur la création de caisses de secours et de retraites pour les ouvriers mineurs.

Diverses propositions sont soumises aux délibérations de la Chambre, ayant pour but les unes d'imposer aux Compagnies une allocation égale à 8 % du salaire, les autres une retenue sur le salaire de 5 % et une participation égale des Compagnies.

Camélinat, député socialiste, intervient et déclare que « l'assurance pour tous les risques, quels qu'ils soient, doit être entièrement prélevée sur le produit réel du travail et, par conséquent, en dehors du salaire ». Il ajoute qu'il « reste convaincu qu'au bout d'un certain temps, ce sera en définitive le travail qui payera ».

C'est Jaurès qui répond à Camélinat. Il le fait d'ailleurs très brièvement et, de sa réponse, il convient de ne retenir que le passage suivant :

Ce qui pourrait déterminer les Compagnies à faire retomber sur les ouvriers, en diminution de salaire, la contribution exigée par la loi, ce serait le fait de leur imposer d'emblée une charge excessive.

Nous aimons mieux réclamer franchement et loyalement un sacrifice aux Compagnies, et un sacrifice aussi aux ouvriers, de telle sorte qu'il n'y ait plus là comme une organisation de charité, mais comme la reconnaissance d'un droit sanctionné par un sacrifice égal.

*
* *

A trois reprises différentes : le 26 mai sur la détermination de la responsabilité, le 29 au sujet de l'assurance sous la garantie de l'Etat et, enfin, le 26 juin sur la limitation du risque professionnel, Jaurès prend part à la discussion relative au projet de loi sur les accidents du travail.

Nous les citons pour mémoire sans nous y attacher, car dans aucune de ces trois interventions, il n'a eu à aborder le fond du

débat et à indiquer un point de vue de doctrine différent de
celui des autres orateurs.

**

Aucune question n'est étrangère à Jaurès et il les aborde toutes
avec une compétence égale et une autorité sans cesse grandissante.

Nous l'avons vu intervenir sur les terrains les plus divers:
enseignement primaire, protectionisme, délégués mineurs, privilège des bouilleurs de cru, caisses de retraites, accidents du
travail.

Nous allons le voir maintenant prendre part, à côté des Casi-
mir Périer, des Floquet, des Pelletan, des Jules Roche et des
Peytral, aux grands débats financiers qui illustrèrent les derniers
jours de la législature de 85.

Le 31 mai 1888, à propos de la fixation au 1ᵉʳ juillet du point
de départ de l'année financière, il prononce un premier et important discours qui met tout de suite en relief ses qualités et ses
connaissances financières.

Le 26 juin, il défend une proposition tendant à élire la Commission du budget au scrutin de liste en séance publique.

Enfin, le 23 octobre de la même année, au cours de la discussion générale du budget de 1889, c'est lui qui vient, contre
MM. d'Aillières, Amagat et Daynaud, prendre la défense
de la gestion financière de la République.

Ce discours, qui est un programme, mérite d'être reproduit
en entier:

Messieurs, M. Amagat disait hier dans son très brillant discours qu'il
exceptait les 160 députés qui ont débuté dans la vie politique en 1885,
du blâme qu'il dirigeait contre la majorité républicaine. Pour mon compte,
messieurs, je revendique ma part de solidarité dans les fautes qui ont pu
être commises avant nous par notre parti...

Plusieurs membres à droite. — C'est très généreux !

JAURÈS. — ...car j'imagine que pénétré des mêmes idées et des mêmes sentiments dans les mêmes circonstances j'aurais agi de même.

Il n'en est pas moins vrai qu'étant dégagés dans ce débat rétrospectif de toute préoccupation directe et personnelle, nous sommes peut-être mieux en état de tirer profit des critiques dirigées contre nous par nos adversaires, et des conseils peut-être un peu sévères que nous ont donnés des amis dissidents.

Il faut bien reconnaître que vous rendez la tâche difficile à ceux qui avec un grand bon vouloir patriotique, et un grand désir de sincérité et de loyauté, cherchent à démêler derrière vos critiques ce qu'il peut y avoir de fondé, de sérieux dans vos attaques, tant vous couvrez vos griefs sérieux de passions et d'accusations qui grandissent à mesure qu'approche l'échéance électorale. (*Très bien! très bien! à gauche*).

Messieurs, il y avait dans les observations présentées hier par M. Amagat une très grande habileté. A force de vivre avec les chiffres, il est arrivé vraiment à les posséder, je veux dire qu'il est arrivé à en faire sa chose, à les dresser à son usage.

C'est ainsi qu'il nous montrait avec une habileté prestigieuse, que si depuis 1877 nous avions réduit les dépenses utiles des travaux publics, les dépenses nécessaires de la guerre ; que si nous avions accru les dépenses de l'instruction publique cet accroissement était couvert par des réductions que nous avions faites aux budgets des travaux publics et de la guerre, et que par conséquent l'énorme accroissement de dépenses qui était survenue depuis avait disparu dans je ne sais quel vide que M. Amagat n'a pas indiqué. Et il se trouve que dans cet accroissement que subissent nos dépenses, figure l'accroissement des intérêts de la dette publique qui a été consacrée justement au développement des travaux publics, des écoles et de la défense du pays. (*Très bien! très bien! à gauche.*)

De plus, à force de vivre, qu'il me permette de le lui dire amicalement — à force de vivre en tête à tête avec tous les financiers de notre histoire depuis Sully, il est arrivé à nouer avec eux, comme avec des personnes vivantes, des relations qui sont sujettes à toutes les vicissitudes des relations humaines. C'est ainsi qu'hier il nous montrait que la partie la plus belle peut-être de l'œuvre de l'Assemblée Nationale avait été la reconstitution d'un fonds d'amortissement et de réserve, et je me rappelle qu'il y a un an et demi...

M. AMAGAT. — Je n'ai pas dit cela.

JAURÈS. — ... à cette même tribune, il dénonçait la création du fonds d'amortissement comme la conception la plus imprévoyante et la plus néfaste de M. Thiers.

M. AMAGAT. — Je le pense encore.

JAURÈS. — Et je me suis dit que probablement, un de ces jours, à la bibliothèque, il y avait eu entre M. Thiers et lui un rapprochement.

M. AMAGAT. — C'est tout le contraire ! (*On rit.*)

JAURÈS. — Messieurs, votre tactique est d'opposer toujours la gestion financière de l'Assemblée nationale, qui est, d'après vous, la gestion du parti conservateur, à la gestion financière du parti républicain depuis 1876. Eh bien! permettez-moi de vous dire que dans l'Assemblée nationale — j'entends dans la majorité de l'Assemblée nationale — il y a à distinguer. Elle a eu en quelque sorte deux aspects, deux âmes différentes: d'un côté il y avait la défiance de la démocratie, la crainte du suffrage universel, la crainte de la République et un goût marqué pour la monarchie, et par ce côté l'Assemblée nationale n'était pas en communauté d'idées avec le pays, mais bien au contraire en désaccord avec lui. Elle a fait en ce sens toutes sortes de tentatives, mais elle a été obligée, sous la pression du pays, elle, Assemblée monarchique, d'adopter la formule républicaine. (*Applaudissements à gauche.*)

A droite. — Ce n'est pas la question! Parlez finances! (*Bruit à gauche.*)

JAURÈS. — Messieurs, je parle finances... Vous avez la prétention de passionner les finances, d'apporter ici, sous prétexte de discuter le budget, des thèses politiques, et vous nous refusez le droit de répondre. (*Très bien! très bien! et applaudissements à gauche.*)

Comment! est-ce qu'il n'est pas parti de vos bancs, tout à l'heure, des prophéties funestes pour la République ? Est-ce qu'il n'est pas tombé de la bouche de l'honorable M. d'Aillières, à propos d'un vote récent émis dans cette Assemblée, des assimilations qui, j'imagine, n'ont rien de financier et même rien de politique, parce qu'elles descendent vraiment au-dessous de la discussion. (*Interruptions à droite. — Très bien! très bien! à gauche.*) Cela n'est pas permis.

M. D'AILLIÈRES. — Connaissez-vous les dispositions du Code pénal au sujet de la banqueroute, monsieur Jaurès ? Je vous invite à les relire!

JAURÈS. — Je dis que par le côté où l'Assemblée nationale a fait sa grande œuvre, par le côté de patriotisme énergique, sensé qui fait qu'elle

a tout subordonné pendant six ans aux nécessités de la défense, elle l'a
fait, non pas comme ses tentatives manquées de restauration monarchique,
par une vue qui lui était propre, mais par sa communication avec le pays
tout entier. En sorte que dans son œuvre, il y a une première partie avor-
tée qui accuse ses préoccupations rétrogrades, vous pouvez la revendiquer
comme vôtre; et il y a la seconde portion, qui a abouti avec le pays et
par le pays, et que nous pouvons reporter non pas à votre parti, mais à la
France libre et déjà républicaine. (*Oui! très bien! et applaudissements à
gauche. — Interruptions à droite.*)

M. D'AILLIÈRES. — Eh bien! rendez-lui la parole, à la France libre,
et vous verrez. (*Applaudissements à droite.*)

JAURÈS. — Il me semble, messieurs, que la France libre a la parole
depuis dix-sept ans, et la parole qu'elle prononce, c'est : République.

M. LAROCHE-JOUBERT. — Votez avec nous la dissolution, et vous
verrez.

M. LE PRÉSIDENT. — Messieurs, veuillez ne pas interrompre.

M. WICKERSHEIMER. — C'est un parti pris.

M. DUGUÉ DE LA FAUCONNERIE, *s'adressant à la gauche.* — Jouis-
sez de votre reste.

M. CAMILLE PELLETAN. — Comme liberté de discussion, n'est-ce
pas ?

JAURÈS. — Puis est venu le 16 mai, et au lendemain du 16 mai a
commencé en effet ce que vous appelez la gestion du parti républicain,
et j'ai bien le droit de dire qu'il y a dans les appréciations que vous avez
faites de cette gestion un excès de passion et d'injustice.

M. DETHOU. — Et d'injures!

JAURÈS. — M. Daynaud, dans son très substantiel discours d'hier,
nous disait que nous avions fait, il est vrai, des milliers de kilomètres de
chemins de fer, mais que pour la plus grande part, c'étaient des chemins
de fer électoraux. C'est là, messieurs, une affirmation que nous avons le
devoir de relever, et laissez-moi vous dire d'abord que lorsqu'on vote des
chemins de fer électoraux pour tout un pays, on est bien près d'avoir fait
des chemins de fer d'intérêt général. (*Très bien! très bien! à gauche.*)

Et puis vous êtes des collègues d'une abnégation admirable! Car enfin,
si ce sont des chemins de fer électoraux, ce sont des chemins de fer électoraux dont nous, républicains, nous devons avoir le bénéfice. Or, vous

les avez votés. Voter des chemins de fer électoraux pour soi-même, c'est bien; mais les voter pour ses adversaires, c'est mieux! (*Très bien! très bien! et rires à gauche.*)

A droite. — Cela ne porte pas!

M. CAMILLE PELLETAN. — On vous demande de laisser parler.

JAURÈS. — Messieurs, je ne méconnais pas qu'il y a eu en effet, à ce moment-là, un développement trop rapide des dépenses. Mais permettez-moi de vous dire que si vous rendiez justice à vos adversaires, vous ne pourriez pas voir là le moindre calcul électoral.

Je vous demande, en effet, quel besoin avait le parti républicain, au lendemain du Seize-Mai, de chemins de fer électoraux? Quel besoin avait ce parti qui venait de remporter contre vous la victoire, alors que vous aviez en main tout le pouvoir et qu'il n'avait pas même pour se défendre les lois que vous violiez contre nous ?

Non, messieurs, la préoccupation dominante des républicains, qui ont donné aux travaux publics, aux écoles, aux chemins de fer tous ces développements, n'a pas été de servir un parti. (*C'est cela! — Très bien! à gauche. — Interruptions à droite*), ç'a été, précisément au lendemain d'une lutte qui avait divisé le pays, de donner des aliments d'activité et de paix à ce pays affamé de travail. Ç'a été la grande pensée de Gambetta, et vous le savez bien, des républicains qui marchaient avec lui. Ils ont voulu faire apparaître au-dessus de tous les partis la République civilisatrice recueillant le génie traditionnel de la France et le développant dans la liberté. (*Applaudissements à gauche.*)

Eh! oui, messieurs, notre parti a eu à cette heure trop de confiance peut-être dans les ressources, l'essor et la vitalité économiques du pays. Là a été notre faute, notre seule faute. Gambetta, à son insu même, communiquait non seulement aux hommes, mais aux choses, la richesse de sa nature et l'exubérance de sa vie. Nous avons trop compté sur les plus-values qui abondaient alors dans nos budgets; nous avons proportionné un programme de travaux à une capacité économique qui a été ensuite entamée.

Je ne méconnais pas non plus, messieurs, que ce sont là des erreurs. Ce sont des erreurs dont nous portons les conséquences en ce moment-ci. Mais il ne faut pas oublier qu'au jour, que pour ma part j'espère prochain, où l'activité industrielle, commerciale et agricole reprendra dans ce pays, il aura à sa disposition, pour son activité renouvelée, l'instrument nécessaire. Car, messieurs, si nos prédécesseurs ont péché un moment par un excès d'optimisme, il me semble qu'aujourd'hui nous avons tous peut-être, à gauche comme à droite, le tort de nous laisser aller à une appréciation trop sombre et trop découragée de l'état actuel des choses.

M. FREPPEL. — Mais vos budgets augmentent!

JAURÈS. — Messieurs, vous me dites que nos budgets augmentent. Laissez-moi vous répondre que la Chambre actuelle a fait pour les réduire, pour les contenir tout au moins, un effort que nous ne pouvons pas nier.

M. CAMILLE PELLETAN. — Très bien!

M. DE SOLAND. — Cela n'a servi à rien!

JAURÈS. — C'est ce que nous allons voir. Les Commissions du budget qui se sont succédé ont réalisé environ 120 millions d'économies. Je ne dis pas que ces économies apparaissent dans nos budgets; je reconnais même — vous voyez que je discute de très bonne foi — que le budget actuel est quelque peu supérieur au précédent. (*Ah! Ah! à droite*) qui lui-même dépassait celui de 1886, mais je puis constater que c'est un effort, un résultat considérable, lorsqu'il y avait pour ainsi dire, dans un budget des causes internes et profondes de développement de dépenses, d'avoir pu les contenir; lorsqu'il y avait depuis des années une crue incessante, d'avoir pu maintenir le niveau du fleuve: nous avons pu, sans augmenter sensiblement les dépenses, incorporer au budget ordinaire le budget extraordinaire des travaux publics, les subventions pour les chemins vicinaux, les crédits du Tonkin, et cette année même, le budget extraordinaire de la marine. (*Très bien! très bien! à gauche. — Interruptions à droite.*)

En telle sorte que c'est là que se retrouvent ces économies, qui selon vous n'apparaissent pas. (*Applaudissements à gauche.*)

La Chambre a prié le gouvernement de surveiller rigoureusement les crédits supplémentaires et les crédits extraordinaires, et il est impossible de nier que de ce chef il n'y ait un progrès marqué. Certains tableaux, absolument officiels et exacts, ont été indiqués dans le rapport général; ils constatent que l'excédent des crédits supplémentaires ou extraordinaires sur les annulations de crédits qui a été, il y a quelques années, de 120 à 130 millions, si je ne me trompe, est tombé en 1886 à 38 millions, et en 1887 à 20 millions.

En même temps que vous comprimiez, que vous régularisiez vos dépenses; en même temps que vous faisiez rentrer dans le budget ordinaire les dépenses laissées jusque-là au budget extraordinaire; en même temps que vous réduisiez le chiffre des crédits supplémentaires, vous aviez cette bonne fortune de voir vos recettes augmenter ; ainsi, il y a cette année, à l'heure actuelle, pour les neuf premiers mois, 28 millions de plus qu'aux prévisions budgétaires, et 58 millions de plus que dans les rentrées correspondantes de l'année 1887. Si bien que nous avons pour la première fois, depuis 1883, la certitude de voir reparaître cette année, entre les ressources ordinaires et les dépenses ordinaires, l'équilibre qui depuis 1883 nous avait fui.

Eh bien! il n'y a pas là seulement, messieurs, un heureux événement financier : il y a en même temps un grand fait politique et moral, qui est de nature à rétablir dans ce pays la confiance : le pays n'a besoin que de confiance pour prospérer. (*Très bien! très bien! et applaudissements à gauche.*)

Le budget de 1888 se présentant en équilibre, vous n'aurez pas besoin, cette année, d'émettre de nouvelles obligations sexennaires pour parer aux découverts, comme vous avez été obligés de le faire pour les déficits antérieurs ; par conséquent, les 500 millions d'obligations sexennaires qui de ce chef sont en circulation, ne seront pas accrues pour la même cause d'autres émissions d'obligations sexennaires. Il suffirait de 60 à 50 millions de plus à l'amortissement pour arriver à résorber, dans une période relativement courte, tous ces déficits et les découverts des exercices antérieurs.

Il y a deux autres poids qui pèsent sur nous ; c'est d'abord le développement qui a été donné à nos travaux publics, à nos constructions de chemins de fer. Il y a actuellement au budget, pour l'exercice prochain, une prévision de travaux maximum à effectuer, par les Compagnies, de 145 millions.

Il est évident que c'est là un chiffre très inférieur aux dépenses de quelques-unes des années précédentes ; mais je crois que nous devrons nous préoccuper, dans quelques années, d'arriver à réduire encore beaucoup plus, à réduire presque jusqu'à rien ces constructions de voies ferrées nouvelles qui ne prendront toute leur valeur que lorsque la crise agricole que nous traversons aura été entièrement conjurée.

Messieurs, est-il nécessaire, est-il sage, comme quelques-uns le demandent, de faire rentrer immédiatement la garantie d'intérêts dans le budget ordinaire ? Je ne le crois pas, parce qu'il nous est impossible de dire quel développement, dans cinq ou six années, peuvent prendre les affaires de ce pays, et il serait téméraire de lui imposer dès maintenant des charges permanentes qui peuvent ne pas correspondre à des nécessités durables.

Réduisez vos constructions: vous réduirez par là même les garanties ou les insuffisances d'exploitation, et vous pourrez attendre des constructions de chemins de fer le réveil de l'activité nationale dans tous les ordres du travail.

Je vous prie de remarquer que l'impôt du timbre qui porte sur toutes les transactions, l'impôt sur le revenu des valeurs mobilières, qui constate dans une certaine mesure l'activité industrielle de ce pays, n'ont pas fléchi; ils ont même suivi une progression à peu près constante. La véritable dépression, la véritable crise porte beaucoup moins sur les affaires industrielles et sur les impôts qui s'y rattachent, que sur les valeurs agricoles et sur les impôts qui, comme le droit de mutation à titre onéreux sur les immeubles ruraux, attestent la prospérité ou la détresse de la propriété rurale.

C'est sur cet impôt des mutations que s'est manifestée la plus forte baisse. C'est par conséquent la crise agricole qui a été la plus intense et la plus durable; mais il ne faut pas oublier que si cette crise a des causes multiples, elle est due pour une part sérieuse — vous ne le contesterez pas — au phylloxera qui a dévasté une des grandes richesses de ce pays. (*Interruptions à droite.*)

M. Dugué de la Fauconnerie. — Surtout en Normandie! (*Rires à droite.*)

Jaurès. — Messieurs, j'entends une interruption qui m'étonne. On me dit : « Surtout en Normandie »; et où me dit-on cela ? Sur les bancs de ce parti conservateur protectionniste qui afin d'obtenir pour les départements du Nord, qui en ont surtout bénéficié, des surtaxes sur les céréales, n'a jamais cessé de faire appel à cette solidarité d'intérêt et de vie qui unit toutes les parties du territoire.

Comment! vous voudriez prétendre que le déficit de plusieurs milliards creusés par la maladie de la vigne depuis plusieurs années dans la richesse de ce pays, n'a pas été pour les agriculteurs de la France tout entière une calamité nationale; vous voudriez prétendre que les effets en ont été restreints aux régions viticoles! Si c'est là votre économie politique, et si vos critiques financières sont du même ordre, elles perdent singulièrement de leur valeur.

Je dis donc que la reprise de la prospérité de nos vignobles, le réveil déjà commencé de la vigne dans nos régions répandra de proche en proche, par une réciprocité infinie des échanges, et l'activité et la confiance ; que la crise agricole qui a été la plus dure, la plus persistante de toutes, en sera singulièrement atténuée, et que par suite, du côté même des impôts qui constatent l'état de la propriété agricole nous pourrons espérer un certain relèvement.

Persévérons donc dans le système d'économie que nous avons adopté. Poussons plus loin et plus profondément, sans crainte des intérêts particuliers, dont le cri ne doit pas dominer la plainte profonde du travail. Sachons reviser sérieusement les traitements les plus élevés, non pas pour céder à une pression ignorante et basse du nivellement, mais pour établir l'équilibre entre le service rendu et la rémunération publique !

Essayons une décentralisation administrative qui transporte, par exemple, le contrôle des finances aux Conseils généraux présidés par les préfets...

A droite. — En leur présence, mais pas sous leur présidence.

JAURÈS. — Vous m'entendez bien, messieurs, ne discutons pas sur des mots.

... le contrôle, dis-je sur les finances communales, qui est exercé si insuffisamment par les Assemblées ; nous pourrons par là accroître la vie provinciale, et en même temps faire tomber aux administrations centrales bien des sections inutiles ou onéreuses. (*Très bien ! très bien ! à gauche.*) Continuons, faisons dans toutes nos administrations financières, judiciaires, administratives, universitaires, des cadres très larges ; supprimons dans le cumul des fonctions et des retraites, des abus dès longtemps signalés, et si si les abus réclament, faisons comme disait Vauban : « Bouchons-nous les oreilles et allons notre chemin. »

Si partout nous faisions cela, nous pourrions arriver à doter le fonds d'amortissement d'une somme modeste certainement, mais suffisante, comme je le disais tout à l'heure, pour ressaisir peu à peu les 500 millions d'obligations sexennaires qui représentent les découverts antérieurs, et pour faire face aux garanties d'intérêts.

On peut dire que notre budget, qui avait été atteint profondément par la crise, qui avait été malade de la crise, est sur le point d'entrer sérieusement en convalescence.

Le malheur, messieurs, est qu'au moment même où nous commencions à être récompensés de notre effort, au moment où nos recettes se relevant, l'équilibre reparaissait dans nos budgets, au moment où nous étions incités plus fortement encore par les résultats déjà obtenus à des économies plus profondes et plus énergiques, les nécessités soudaines de la défense nationale nous font entrevoir la nécessité d'un nouvel emprunt, d'un nouvel effort considérable.

Ce budget extraordinaire de la guerre, qui ne nous est pas encore soumis, ôte quelque peu de son intérêt à la discussion du budget actuel. Il est évident, comme nous le dit M. le rapporteur général, que là est tout le problème; et tant que ce gros personnage du budget extraordinaire, que M. de Freycinet annonce depuis quelque temps d'une voix douce, mais qui n'a pas encore été introduit, tant qu'il n'aura pas comparu ici, la discussion de ce budget ressemblera à un salon où le principal invité est en retard et où la conversation languit un peu. (*Mouvements divers.*)

Il ne faut pas que devant cette charge nouvelle nous soyons tentés de fléchir. Après tout, ce n'est pas un milliard qui nous est demandé. Car il y faut comprendre les 370 millions qui ont déjà été accordés. Il suffira donc d'environ 30 à 35 millions pour gager l'emprunt nécessaire à la défense nationale, et si nous avons cette énergie d'économie dont je vous parlais tout à l'heure... (*Exclamations et rires à droite*), si nous gardons dans ce pays-ci, dans son bon sens et dans son patriotisme la confiance que nous devons avoir, il nous sera aisé de faire face à cette charge nouvelle.

En tout cas, ce que je tenais à établir, c'est qu'après les efforts réalisés par la Chambre actuelle, le budget a échappé à peu près aux principales causes de déficit qui pesaient sur lui. L'émission de nouvelles obligations sexennaires pour le service du déficit n'est plus nécessaire; nos recettes se relèvent; de ce côté le passé est en grande partie liquidé. Le budget a traversé pour une bonne part ce long défilé de la crise, et nous avons le droit d'affirmer qu'aujourd'hui ou demain, si nous voulons, le budget républicain ne sera plus aux prises qu'avec un problème de défense nationale. (*Vifs applaudissements à gauche.*)

*
* *

Encore un discours que nous demandons aux lecteurs la permission de reproduire *in-extenso* : c'est celui que Jaurès prononçait, le 1ᵉʳ décembre 1888, au cours de la discussion générale du budget de l'Instruction publique, sur l'organisation de l'enseignement primaire :

Messieurs, puisque nous sommes dans la discussion générale du budget, je voudrais appeler **votre** attention sur la situation générale de notre enseignement primaire, sur la nécessité d'en élever sérieusement le niveau, et sur les mesures pratiques par lesquelles nous pourrons augmenter graduellement la valeur du personnel enseignant.

Il ne faut pas que les efforts que nous avons faits jusqu'ici, que les résultats considérables que nous avons obtenus nous fassent illusion. Quoique nous ayons beaucoup marché, nous sommes à peine au quart du chemin.

Je dirai très peu de mots de la situation matérielle des instituteurs : vous avez voté récemment une loi qui l'améliore, qui l'organise; cette loi est en ce moment-ci devant le Sénat, mais les instituteurs peuvent se demander, en présence des difficultés budgétaires qui ont surgi devant nous, en présence des nécessités nouvelles et écrasantes de la défense nationale, si nous sommes fermement disposés à tenir les promesses enregistrées et inscrites dans cette loi. C'est là un sentiment de doute et d'inquiétude qui n'est bon ni pour les instituteurs, ni pour le gouvernement; il faut sortir de cet état de doute et prendre un parti. Ou bien il faut dire aux instituteurs de notre région, sans autre souci que l'équilibre du budget, que les ressources actuelles de nos finances leur faisaient un devoir d'attendre, d'élargir le délai de huit ans que la loi avait inscrit. J'ai senti que je me trompais, et ce ne sont pas les réclamations véhémentes de quelques-uns qui m'ont averti de mon erreur, c'est le silence et la résignation attristée du plus grand nombre; j'ai senti qu'en ajournant une fois de plus pour les instituteurs les améliorations matérielles que nous leur présentons depuis longtemps, et avec raison, comme étant la condition de leur indépendance et de leur autorité morale, nous risquons de décourager le personnel enseignant, et par suite d'amoindrir, d'arrêter le mouvement de l'enseignement primaire, qui est à l'heure présente, si vous y réfléchissez bien, la seule richesse du peuple.

Il le faut d'autant moins que jamais les circonstances politiques et sociales n'ont fait au parti républicain un devoir plus impérieux de pousser à fond l'enseignement populaire. (*Très bien! très bien! à gauche.*)

Quand je songe aux périls que peut encore courir dans ce pays la liberté, aux évolutions inévitables et prochaines du monde du travail, aux devoirs d'une démocratie libre qui doit faire une élite humaine des multitudes elles-mêmes... (*Très bien! très bien! sur les mêmes bancs*), je ne puis m'empêcher de trouver que l'enseignement du peuple est encore dans notre pays à l'état d'ébauche et de rudiment.

Et ce n'est pas seulement parce que la fréquentation des écoles est insuffisante, malgré la fiction de l'obligation; ce n'est pas seulement parce que le nombre des écoles primaires supérieures est encore presque dérisoire; ce n'est pas parce qu'il y a un grand nombre d'écoles où un seul instituteur a à sa charge, comme M. le Rapporteur l'indique dans son substantiel rapport, jusqu'à 70 et 80 élèves. Non! c'est parce que nous ne donnons pas aux enfants qui fréquentent l'école jusqu'à l'âge de treize ou de quatorze ans tout l'enseignement auquel ils ont droit, et cela faute de maîtres suffisamment éclairés; faute peut-être aussi d'ambition suffisante de la part de la démocratie pour l'avenir des classes laborieuses.

M. LEJEUNE. — Prenez garde de faire comme l'astrologue qui tombe dans un puits. (*Rires à droite.*)

JAURÈS. — Je ne suis pas astrologue et je ne vois pas de puits.

M. LEJEUNE. — Il ne le voyait pas non plus!

JAURÈS. — Nous discuterons tout à l'heure cette question-là, si vous voulez.

Messieurs, faites un seul instant ce parallèle: voyez l'enfant de la bourgeoisie qui sort de nos lycées, s'il le veut, vers l'âge de quatorze ans.

Il connaît ou il peut connaître les lois les plus générales du monde physique, les principaux organes de la vie et leur fonctionnement; il connaît les grands traits de l'histoire de France et même les grands traits de la civilisation humaine. Il connaît les noms et l'histoire sommaire des grands hommes qui ont honoré l'humanité. Il a été formé au sentiment de l'art, et il a pu goûter et comprendre la beauté simple et grande des chefs-d'œuvre, depuis l'*Odyssée* — dans la traduction, bien entendu — jusqu'aux chœurs d'*Athalie*, jusqu'aux *Feuilles d'automne.*

Mettez en face la masse des enfants du peuple qui sortent de l'école à treize ou quatorze ans. Oh! messieurs, je ne réclame pas pour eux la même culture sous la même forme, mais je ne sais pas en vertu de quel préjugé nous leur refuserions une culture équivalente. (*Très bien! très bien! à gauche.*)

Lorsqu'on voit que l'éducation des enfants de la bourgeoisie est conduite dès les premiers pas en vue d'une culture très haute et très générale; lorsqu'on voit que dans les classes les plus humbles, les enfants de la bourgeoisie sont confiés à une série de maîtres très éclairés, très remarquables, surtout depuis les conditions nouvelles que vous avez justement exigées dans ces derniers temps pour la classe élémentaire, on a le droit de dire qu'on a pas encore fait pour les enfants du peuple tout ce à quoi ils ont droit. Et cependant ce seront des travailleurs, des citoyens et des hommes, et à tous ces titres, et pour les luttes et pour les joies de la vie, ils ont droit aussi à un enseignement qui soit aussi plein et aussi complet à sa manière que celui qui est donné aux enfants de la bourgeoisie.

Un membre au centre. — En quoi est-il inférieur?

JAURÈS. — Messieurs, il faut que les enfants du peuples soient mis en état tout d'abord de saisir rapidement les grands traits du mécanisme politique et administratif... (*Applaudissements ironiques à droite*), oui, je dis qu'ils soient mis en état de les saisir rapidement. (*Très bien! très bien! à gauche.*) Et vous savez bien pourquoi vous protestez: c'est parce que vous êtes dans l'intention de leur refuser ce minimum de clarté nécessaire. Vous savez bien qu'il y a encore, à l'heure actuelle, dans ce pays de France — et c'est peut-être là-dessus que vous comptez — 3 millions d'électeurs qui s'imaginent volontiers que les milliards du budget circulent au hasard de toutes les convoitises.

A droite. — C'est vrai!

JAURÈS. — Vous dites que c'est vrai. Eh bien, précisément vous ne tiendriez pas ce langage si vous ne comptiez pour leur faire croire ces choses, sur l'ignorance de ces électeurs déshérités. (*Applaudissements à gauche.*)

M. LEJEUNE. — Il faudrait commencer par faire la lumière ici sur certains faits.

JAURÈS. — Oui, il y a à cette heure des centaines de mille de gens naïfs, auxquels des effrontés qui envahissent de plus en plus la politique cherchent à faire croire que les membres de la Commission du budget délibèrent autour d'une cuve pleine d'or, et qu'il y a là de mystérieux partages. (*Très bien! très bien! à gauche.*) Nous n'avons donc pas assez réagi, par le développement de l'instruction, contre les ténèbres de l'ignorance accumulées depuis des siècles par les régimes antérieurs. Nous n'avons pas pu aérer les couches profondes du peuple, et c'est là le secret, non pas de la crise que nous traversons, mais du péril qui se mêle à cette crise.

Messieurs, il faut encore apprendre à cette jeune démocratie le goût de la liberté. Elle a la passion de l'égalité; elle n'a pas au même degré la notion de la liberté, qui est beaucoup plus difficile et beaucoup plus longue à acquérir. Et voilà pourquoi il faut donner aux enfants du peuple, par un exercice suffisamment élevé de la faculté de penser, le sentiment de la valeur de l'homme, et par conséquent du prix de la liberté, sans laquelle l'homme n'est pas. (*Très bien! très bien! à gauche.*)

De plus, il se prépare dans le monde du travail un mouvement qui ne peut pas échapper aux esprits les plus inattentifs: des ambitions, des espérances, des rêves, si vous le voulez, se sont éveillés.

Eh bien! puisque l'heure paraît approcher où les travailleurs de ce pays essayeront de dépasser la condition actuelle des salariés; puisqu'ils voudraient conquérir dans l'ordre économique, comme ils l'ont fait dans l'ordre politique, leur part de souveraineté et participer plus largement aux fruits et à la direction du travail, il est nécessaire que les enfants du peuple, en même temps qu'ils respireront au dehors ces hautes et légitimes ambitions, acquièrent à l'école, par un exercice suffisant de l'esprit, la réflexion, la discipline volontaire, le discernement dans l'appréciation des supériorités vraies et toutes les vertus nécessaires à la constitution d'un ordre nouveau. (*Très bien! très bien! sur les mêmes bancs.*)

Et je dirai plus, messieurs, au risque de paraître verser à fond dans la chimère. Il ne me paraît pas juste que les enfants du peuple, précisément parce que leur vie sera faite de labeurs monotones et routiniers, soient déshérités des joies de l'art, et qu'ils ne soient pas mis en état de comprendre la beauté simple et grande des chefs-d'œuvre de notre langue. Je sais bien que la difficulté est beaucoup plus grande pour les enfants du peuple que pour les enfants de la bourgeoisie; il y a une moitié de la France dans laquelle les instituteurs s'épuisent encore à apprendre les éléments de la langue française à leurs élèves. Et si dans la famille l'enfant trouve souvent l'entrain, l'esprit naturel, le goût du travail et de l'ordre, la naïve bonté, de solides vertus enfin, il n'y trouve certainement pas une culture de pensée suffisante pour comprendre les beautés de nos chefs-d'œuvre.

C'est pour cela qu'il faut suppléer, par le nombre et la valeur des maîtres, par la vigueur et l'élévation de l'enseignement à l'insuffisance de l'éducation familiale; cette éducation augmentée agira à son tour sur les générations nouvelles, et après vingt à trente années, il s'établira un équilibre d'enseignement entre la famille et l'école, non pas comme quelquefois aujourd'hui par la médiocrité de l'école, mais par la valeur accrue de l'enseignement dans la famille populaire.

Messieurs, vous me direz que ces vues sont trop ambitieuses...

Un membre à gauche. — Mais on ne vous dira rien du tout. (*Rires.*)

JAURÈS. — ...et qu'à vouloir développer l'enseignement primaire dans le sens d'une culture élevée et vraiment humaine, on risque de faire déserter le travail manuel, on risque de rompre l'équilibre qui existe entre les différentes branches de l'activité nationale.

Eh bien! messieurs, ce qui créerait ce péril, ce serait précisément une éducation répartie avec une maladroite inégalité. Lorsqu'une instruction sérieuse aura pénétré toutes les couches de la société, l'équilibre ne sera pas rompu; le travail ne sera pas suspendu, mais il se produira une élévation générale du niveau de la démocratie dans ce pays-ci.

Vous direz encore que c'est rompre avec le dessein, le désir que nous avons de donner une direction pratique à notre enseignement par l'enseignement technique, par l'enseignemnt professionnel.

C'est une erreur, messieurs; car les écoles techniques et professionnelles se recruteront d'autant mieux que vous les aurez fait précéder, à l'école elle-même, d'une culture générale plus élevée.

Lorsque vous aurez élevé le niveau général de l'enseignement du peuple, il se répandra avec plus d'abondance et plus de force dans toutes les directions nouvelles du travail.

Qu'est-ce qui manque, messieurs, à la réalisation de toutes ces vues?

Est-ce que ce sont les programmes de l'enseignement primaire? Non, messieurs, et je ne crains pas de le dire, au risque de blesser — et ils ne pourraient en être blessés que s'ils se méprenaient sur le fond de ma pensée — quelques-uns des innombrables maîtres dévoués qui concourent en ce moment à l'enseignement primaire: le mal n'est pas dans l'insuffisance des programmes; il est dans l'insuffisance actuelle d'une partie du personnel qui est chargé de les appliquer.

Messieurs, je ne fais pas un reproche aux membres de ce personnel; ils sont à peine supérieurs à ceux qu'ils ont remplacés, c'est le seul reproche que je leur adresse. Ce n'est pas leur faute, ce n'est pas non plus la faute de la direction et de l'Université. Il a fallu suffire rapidement à des besoins nombreux qui se sont subitement développés. Les exigences que l'on a montrées au début ont pu n'être pas suffisantes; mais aujourd'hui que la plupart des écoles sont créées et pourvues, aujourd'hui qu'il y a affluence et surabondance de candidats, vous pouvez élever vos exigences pour les nouveaux maîtres qui entrent dans l'enseignement, et qui, grâce à leur supériorité, élèveront peu à peu le niveau de l'ensemble.

Vous pourrez, en premier lieu, être plus sévères pour le recrutement des écoles normales primaires, qui nous fourniront à l'avenir presque tous nos instituteurs. Il me semble qu'il serait bien simple, pour élever le niveau des examens d'entrée, de porter de seize à dix-sept ans la limite minimum de l'entrée à l'école normale primaire.

De plus, il y a un moyen qui s'offre naturellement à nous, et auquel la direction de l'enseignement primaire et celle de l'enseignement supérieur ont pensé: c'est de ne pas laisser l'enseignement primaire isolé dans une sorte de particularisme étroit qui pourrait le condamner à une longue médiocrité; c'est de faire concourir toutes les forces de l'enseignement secondaire et de l'enseignement supérieur à ce qu'on peut appeler l'éducation de l'enseignement primaire. Oui, lorsque dans les écoles normales primaires vous aurez donné aux futurs instituteurs, avec l'enseignement courant, souvent excellent, qu'ils reçoivent aujourd'hui de leurs maîtres, un enseignement plus élevé, plus libre, plus nourri d'idées générales, que pourront leur apporter quelques-uns de nos maîtres des lycées; lorsque, pendant que les instituteurs seront au régiment, durant les trois années qu'aux termes de la loi nouvelle ils doivent passer sous les drapeaux, lorsque vous les aurez groupés dans quelques centres universitaires, vous pourrez parfois leur donner un enseignement supérieur à celui qu'ils ont reçu. Lorsque vous inviterez les maîtres de vos lycées, de vos facultés, qui fournissent aujourd'hui les livres destinés à l'enseignement du peuple; lorsque vous les inviterez, comme ils le désirent, à entrer en communication avec les enfants du peuple, et je sais qu'il y a des historiens de la plus haute valeur, vivant par la parole, par l'esprit, dans notre Sorbonne, qui seraient heureux d'entrer en communication avec les enfants du peuple, qui sentent qu'il y a là une sève à élaborer, des âmes et des esprits à ouvrir; lorsque vous aurez établi cette correspondance, cette communication étroite de tous les ordres d'enseignement, pour élever peu à peu l'enseignement primaire, alors vous aurez assuré à la démocratie française un enseignement digne d'elle, vous aurez préparé par la coordination et la coopération de tous les enseignements, d'un bout à l'autre de l'échelle, l'unité et la continuité de toutes les classes sociales. (*Applaudissements à gauche.*)

⁂

Au cours de la séance du 14 décembre 1888, à propos d'une proposition de loi ayant pour objet de proroger le payement des sommes dues par la Compagnie du Canal de Panama, M. de

Cassagnac, après avoir déclaré qu'il votera le projet, se livre à une violente attaque contre la majorité républicaine qu'il accuse de toutes les ruines occasionnées par cette affaire.

Dans une courte, mais énergique intervention, Jaurès lui répond et dégage, aux applaudissements de ses amis, la responsabilité du Parti républicain.

*
**

La législature touche à sa fin. Nous voilà au seuil de l'année 1889. La Chambre, sur la proposition de Floquet, président du Conseil, va décider, dans sa séance du 11 février, que le scrutin d'arrondissement est rétabli.

Jaurès combat le projet. Son discours est le réquisitoire le plus formidable que l'on ait prononcé contre le scrutin d'arrondissement et la politique de clocher. Le voici en entier:

Messieurs, le sentiment incontestable de la majorité républicaine dans cette Chambre, le sentiment non moins évident de nos adversaires dans l'Assemblée, l'attitude d'un gouvernement auquel, pour ma part, je ne suis pas près de retirer ma confiance, rendent particulièrement difficile la situation des républicains qui croient que le rétablissement du scrutin d'arrondissement serait une faute grave.

Non seulement elle est difficile, mais elle est pénible, car nous sommes obligés de dire à cette tribune, en présence de nos adversaires, ce que nous voudrions ne dire qu'à nos amis.

Permettez-nous cependant de tenter en faveur du scrutin de liste ce que nous croyons être un devoir républicain, et lorsque vous aurez décidé, quelle que soit l'arme que vous aurez mise aux mains du parti républicain, nous nous retrouverons avec vous pour combattre le même combat. (*Très bien! très bien! à gauche.*)

Pourquoi donc un grand nombre de républicains, pourquoi donc le gouvernement lui-même a-t-il changé d'opinion sur la question du scrutin de liste ?

M. SENS. — Parce qu'ils ont peur.

JAURÈS. — Il semble bien, à vrai dire, à entendre le langage du rapporteur, qu'ils n'ont changé qu'à moitié et provisoirement. Le rapporteur nous disait que le scrutin de liste reste toujours, dans sa pensée, le scrutin le meilleur, celui qui met en présence non les hommes, mais les idées, le scrutin le plus élevé et le plus fécond; et que si ce n'étaient les circonstances extraordinaires où nous sommes, il demanderait encore le scrutin de liste.

Qu'est-ce à dire, mon cher collègue, sinon que ces circonstances extraordinaires passées, on demanderait au pays de changer une fois de plus le mode de scrutin ? (*Marques d'assentiment sur quelques bancs à gauche.*)

Messieurs, on nous dit : Il y a eu les enquêtes et les avis des préfets; il y a eu les délibérations des Conseils généraux; il y a eu les avis presque unanimes de la presse républicaine départementale. Certes, je ne fais pas fi de ces conseils; mais à l'heure de crise que nous traversons, dans cette crise qui a précisément pour effet de disjoindre l'opinion et les cadres de l'opinion, laissez-moi vous dire que ces témoignages des dirigeants, ces témoignages semi-officiels m'inquiètent au moins autant qu'ils me rassurent.

Oui, à l'heure présente, il y a une démocratie obscure, qui va vers l'avenir sans livrer à personne son secret (*Mouvement*) ; au lendemain d'une élection que je rappelle sans embarras, moi républicain, qui ne connaîtrai jamais les compromissions, que je rappelle sans embarras, parce qu'il y a des défaites réparables et des victoires sans issue: au lendemain d'une élection où Paris, la ville la plus communicative et la plus expansive qui soit au monde, a gardé jusqu'au bout une attitude de sphinx, quelle confiance voulez-vous que j'aie dans ces enquêtes des préfets, dans ces délibérations même des Conseils généraux, dans les conseils de la presse républicaine des départements ? (*Très bien! très bien! sur divers bancs à gauche.*)

Les manifestations d'opinion qui se produisent à la surface ne révèlent pas plus la pensée intime des masses, que les quelques sources qui jaillissent çà et là n'indiquent l'étendue des nappes souterraines et la direction des courants qui les traversent.

Pour savoir la vérité, vous ne devez pas vous livrer à des enquêtes de surface, mais vous oublier, vous et vos amis, vous mêler à la foule, vous faire peuple, et juger notre décision comme elle sera jugée non par la minorité qui parle, mais par la majorité qui se tait.

Eh bien, il est impossible que la volte-face de scrutin que nous allons accomplir ne paraisse pas à cette majorité du pays — je vous demande pardon de le dire, je le dis avec regret — oui, ne paraisse pas comme un suprême expédient électoral. (*Très bien! très bien! sur divers bancs à gauche.*)

Certes ce sera une erreur de plus, une calomnie de plus, car d'abord je sais qu'il y a ici plusieurs de nos collègues qui en se ralliant au scrutin d'arrondissement, font le sacrifice de leur intérêt le plus évident. Et puis, nous ne serions pas seulement coupables, mais bien mal avisés, si nous ne mettions pas au-dessus de tout l'intérêt de la République. Il n'y a plus de salut pour nos personnes que dans le salut de la cause où nous sommes entrés, et si ce n'était par dévouement, c'est par la plus vulgaire sagesse que nous devrions songer à la République avant de songer à nous.

Mais le pays ignorant ou méconnaissant nos intentions se décidera sur des apparences. Il dira que nous avons voulu nous dérober au jugement d'ensemble de ceux-là mêmes qui nous ont élus et qui sont nos juges naturels.

M. DE LANESSAN *et quelques autres membres*. — Très bien! très bien!

JAURÈS. — Il dira que nous avons voulu échapper à une grande consultation politique; il dira que nous avons voulu nous constituer dans chaque arrondissement une sorte de jury de famille (*Très bien! très bien! sur quelques bancs à gauche*), et que nous n'avons pas voulu aller au-devant de cette impopularité que l'on dit être sur nous, pour en prendre la mesure, et qu'ainsi nous avons prononcé d'avance sur nous-mêmes une condamnation qu'il n'y a plus qu'à enregistrer. (*Très bien!*)

Et puis il nous demandera: Si du changement de scrutin vous n'attendez pas une autre sentence, pourquoi changez-vous ? Et si de ce changement vous attendez une autre sentence, que faites-vous du suffrage universel ? (*Interruptions à gauche.*)

Ah! vous protestez contre une exagération évidente. Je ne la prends pas à mon compte. Mais croyez bien qu'il ne manquera pas de commentateurs perfides...

M. LE COMTE DE DOUVILLE-MAILLEFEU. — Il n'en manquera jamais.

A gauche. — C'est évident!

JAURÈS. — ...pour transformer en violation de la souveraineté nationale ce qui ne sera après tout qu'une fausse habileté; et c'est au moment où vous ne pouvez désarmer les susceptibilités ombrageuses du pays qu'à force de confiance, d'abandon, je dirai presque, si vous le voulez, de naïveté, que vous allez donner à ces méfiances un prétexte nouveau et plus plausible que les autres.

Mais ce n'est pas tout ! Evidemment l'état de division aigu et de dispersion des partis, l'incertitude de l'avenir, l'absence de majorité certaine et à longue échéance, cet état ne peut se prolonger sans mettre en péril les libertés républicaines. Le pays voudra donc certainement aux élections de 1889 inaugurer, sans sortir de la République ni de la liberté, une politique plus profonde et plus humaine, qui puisse rallier dans une action commune une majorité considérable.

En 1889, le pays sera donc en présence d'une situation nouvelle, et il reprendra à son compte la fameuse parole: « A des situations nouvelles, il faut des hommes nouveaux. » Et, messieurs, vous en avez le sentiment: comme le pays lui-même, vous voudriez qu'il pût faire appel dans une large mesure à des hommes nouveaux; vous voudriez qu'il pût susciter une génération politique nouvelle, n'ayant pas commis les fautes qui ont pu être commises ici, ne les ayant même pas traversées, et apportant une force toute neuve au service des libertés républicaines.

A l'heure où la République aura à lutter à la fois contre les menaces de réaction et contre les menaces de dictature, vous n'entendrez pas surcharger sa marche, d'un bout à l'autre du pays, du poids des formules surannées et des popularités fatiguées !

Eh bien! quel est le mode de scrutin qui se prête le mieux et dans la juste mesure au renouvellement du personnel politique ? C'est évidemment le scrutin de liste. Il permet au pays d'adjoindre des éléments nouveaux aux éléments les plus vivaces du personnel ancien (*Mouvements divers*); il permet au pays de modifier, de changer à la fois sa politique et les instruments de sa politique. Au contraire, avec le scrutin d'arrondissement, par la logique même du système, nous allons tous être obligés d'engager de nouveau la lutte dans nos arrondissements respectifs.

Un membre à gauche. — Mais évidemment, comme toujours!

JAURÈS. — Pourquoi en effet adoptez-vous le scrutin d'arrondissement ? Pour opposer les influences locales et anciennes aux grands courants déchaînés, ou pour amortir tout au moins ces courants. Et alors quand nous rentrerons dans nos villes ou dans nos villages, nous trouverons toujours quelqu'un pour nous dire: Il n'y a personne ici qui ne soit autant que vous estimé, connu, aimé; il n'y a personne qui puisse autant que vous tenir tête à l'ennemi, c'est-à-dire que nous aurons pris tout simplement la Chambre actuelle et que nous l'aurons disséminée dans les six cents cases électorales prévues par le projet gouvernemental.

Et alors — je veux que ce soit contre vous, contre votre sentiment — mais vous aurez dénaturé et vous aurez abaissé la grande question politique qui va se poser devant le pays.

La question devait se poser entre la République démocratique et progressive d'une part, et la dictature rétrograde de l'autre. Grâce à vous, par notre faute, elle se posera entre la Chambre actuelle et autre chose... Quoi ? Je ne le sais — mais autre chose. Et je vous le demande avec angoisse: Êtes-vous sûrs que ce n'est pas cette autre chose qui sera choisie ? (*Mouvements divers*).

C'est en effet par une illusion étrange — je vous demande, messieurs, d'épargner la fatigue que j'éprouve et je puis presque dire le trouble que je ressens à parler ainsi à des amis dont jamais je ne me séparerai —... (*Parlez! parlez!*) c'est par une illusion étrange d'esprit que beaucoup s'imaginent retrouver en 1889 les arrondissements qu'ils ont laissés en 1885.

Un autre membre à gauche. — Mais personne n'y songe.

M. MILLERAND. — Très bien! très bien!

M. LOUIS GUILLOT (Isère). — C'est rapetisser le débat.

JAURÈS. — De 1885 à 1889, il y a eu plus qu'une révolution. Oui, le fond des esprits aurait été beaucoup moins bouleversé par une de nos révolutions périodiques, qu'il ne l'a été depuis trois ans, sous la continuité apparente du même régime, par divers événements.

Il y a eu d'abord le scrutin de liste lui-même, qui a relâché le lien des anciennes circonscriptions électorales et de leurs représentants spéciaux.

Aujourd'hui pour beaucoup d'électeurs, ou modérés ou radicaux, le véritable député n'est pas celui qui les représentait jadis au scrutin uninominal, c'est celui qui sur la liste traduit le mieux leurs sentiments ou leurs idées.

D'un arrondissement à l'autre les éléments politiques de même nature se sont groupés suivant leurs affinités naturelles. Il y a eu des associations politiques départementales fondées; il y a eu des fédérations ouvrières départementales organisées; des faisceaux se sont noués, et vous ne pourrez briser ces faisceaux aujourd'hui qu'en brisant dans plus d'une région l'activité républicaine.

Il y a eu encore le développement de la petite presse, de la presse à un sou, qui a passé et repassé sur ce pays comme une charrue à vapeur.

coupant dans la racine les vieilles influences locales, ouvrant en tous sens des sillons nouveaux où des idées plus générales ont germé.

Puis, il y a eu, j'ai honte à le dire, j'ai douleur à le dire, mais il faut le dire, il y a eu ces scandales exploités par la perfidie de nos adversaires... (*Protestations à droite.*)

Oh! messieurs, mon geste n'indique personne — ... grossis par la brutalité des esprits incultes, et qui sans rien préciser, car il n'est pas possible de rien préciser, nous ont enveloppés aux yeux d'une partie ignorante de l'opinion d'un discrédit d'autant plus dangereux qu'il est plus vague, si bien qu'à l'heure actuelle le vice principal du suffrage universel n'est pas la déférence superstitieuse envers ses guides patentés.

M. LE COMTE DE DOUVILLE-MAILLEFEU. — C'est bien heureux.

JAURÈS. — Et enfin, dans la décomposition des partis, il y a eu, jusque dans nos cantons ruraux, une éclosion extraordinaire de sectes politiques et sociales.

Il y a quelques mois, au fond de la province à laquelle j'appartiens, j'abordais un politicien de petite ville en lui disant : « Que pense-t-on ici de la situation ? » Il me répondit: « Nous avons assez de Joffrin, c'est Vaillant qu'il nous faut. » (*Rires.*)

Messieurs, nous pouvons rire de ces excentriques. Mais par qui, sinon par eux, sous l'empire, l'idée républicaine était-elle représentée dans un grand nombre de villages ?

Ils ont fait du chemin depuis, ils en ont fait surtout depuis 1885 ; ils sont une force qu'il ne faut pas nier, une force que vous pouvez dire dissolvante, dangereuse, inconsciente, mais que vous n'avez pas fait entrer dans vos calculs quand vous avez songé au retour au scrutin d'arrondissement. Aujourd'hui, collectivisme, possibilisme, blanquisme, toutes les variétés du socialisme ont des représentants dans nos campagnes et dans nos petites villes... (*Interruptions.*)

M. HUBBARD. — Parfaitement, mais tous demandent le scrutin d'arrondissement.

JAURÈS. — Et alors, quand je vois les placides arrondissements de jadis travaillés depuis trois ans par le scrutin de liste, par la presse à un sou, par des idées générales, par le soupçon, par le pullulement des sectes politiques et sociales, je me demande si vous retrouverez, comme vous le croyez, le scrutin d'autrefois.

Vous voulez revenir vous asseoir, en bons bourgeois, au foyer patriarcal de l'arrondissement... (*Mouvements divers.*)

M. CAMILLE PELLETAN. — Très bien! très bien!

JAURÈS. — ...vous trouverez à un angle de la cheminée M. Vaillant; à l'autre M. Numa Gilly, et tout en haut, une photographie en couleur du général Boulanger... Il n'y a qu'un moyen d'échapper à toutes ces influences dissolvantes : c'est justement d'élargir à la fois et le champ électoral, et le problème électoral... (*Interruptions*) ; c'est de faire appel aux masses profondes; c'est de perdre dans un grand scrutin ces vanités locales qui se développent dans les effervescences des démocraties; c'est de dégager, pour le gros du peuple, ce que ne peuvent contenir de juste et de sensé les revendications de ces politiciens, qu'il ne faut ni subir ni dédaigner.

Et que faites-vous ? Vous allez vous renfermer avec eux dans une lutte étroite, sans issue, sans dignité (*Murmures sur divers bancs à gauche et au centre. — Très bien! très bien! à droite*), je dirai presque sans espoir, parce que vous y serez entrés désarmés d'un de vos principes, paralysés par la crainte et affaiblis d'avance par l'apparence d'un calcul personnel.

Je ne voudrais pas prolonger, contre le sentiment de nos amis, ces objections (*Parlez! Parlez!*), je veux seulement dire ceci :

Vous comptez encore sur tout ce personnel de dirigeants de la bourgeoisie républicaine qui fait une bonne partie de notre force, et qui au scrutin d'arrondissement doit mettre à notre service son influence locale. Ces dirigeants, messieurs, qui sont-ils ? Ce sont les représentants de ces nouvelles couches sociales dont Gambetta, il y a quelques années, prédisait l'avènement.

Elles étaient nouvelles alors, elles ne le sont plus aujourd'hui.

Oui, la République a suscité, elle a amené aux affaires, dans les communes, dans les départements, un personnel nouveau de jeunes gens qui terminaient leurs études de médecine et de droit à la fin de l'empire.

Elle a amené toute cette bourgeoisie naissante qui n'aurait pas trouvé place dans les cadres officiels de la société impériale et qui n'avait pu, au milieu des préjugés de la province, vieillir assez vite sa fortune et sa maison.

Ce n'est pas moi qui médirai de cette bourgeoisie républicaine; elle a apporté, surtout aux heures plus généreuses du début, un grand concours à la chose publique; c'est grâce à elle que nous avons traversé le 24 Mai et le 16 Mai; c'est elle qui a arraché nos campagnes à la domination cléricale. Mais savez-vous ce qu'elle a contre elle aujourd'hui, savez-vous ce qu'ont contre elles aujourd'hui ces influences d'arrondissement sur lesquelles jadis nous avions le droit de compter ? C'est qu'elles sont depuis dix ans le pouvoir, et le pouvoir local.

Depuis dix ans, toutes les nominations et toutes les révocations, toutes les faveurs et toutes les violences, tous les actes de justice et tous les actes d'arbitraire sont passés par leurs mains. Il y en a qui se sont taillés de petits fiefs d'absolutisme dans la souveraineté nationale. (*Rumeurs sur quelques bancs à gauche.*)

M. MILLERAND. — Continuez, vous êtes absolument dans le vrai.

M. GUILLOT (Isère). — Je ne reconnais pas cette page d'histoire. Je la conteste absolument !

M. MILLERAND. — Vous pouvez contester : c'est votre droit.

M. GUILLOT (Isère). — On ne peut pas laisser dire ces choses au nom de la majorité républicaine. C'est inexact ! Ce n'est pas de l'histoire, monsieur Jaurès. (*Bruit.*)

M. MILLERAND, *s'adressant à l'orateur*. — Ne vous arrêtez pas ; continuez à la faire, l'histoire !

JAURÈS. — Les services qu'elles ont rendus comptent beaucoup moins que les blessures qu'elles ont faites. (*Très bien ! très bien !*)

De plus, elles ont bénéficié, de la façon la plus légitime et la plus honorable, mais elles ont bénéficié pour leur propre compte de l'exercice du pouvoir. La clientèle professionnelle s'est accrue, et très légitimement, de la clientèle politique ; la demi-bourgeoisie s'est haussée d'un cran ; les fortunes récentes ont reçu la consécration des honneurs politiques.

Alors, à l'heure présente, le peuple se demande naturellement et invinciblement si ces dirigeants de la première heure veulent arrêter à eux, borner à eux le mouvement de la société française... (*Mouvements divers*), s'ils n'entendent pas reporter sur le peuple, en réformes profondes, ce qu'ils ont reçu de lui en influence politique et en considération sociale.

Je dis donc qu'à moins qu'elles ne se renouvellent par le mélange d'éléments populaires, ces couches sociales sont épuisées ; vous n'y moissonnerez plus la petite élection. Les classes dirigeantes n'auront prise sur le peuple qu'à la condition de cesser d'être dirigeantes, et de devenir les associées du peuple en vue de la justice et de l'avenir.

Dans ces conditions, messieurs, ou bien cette bourgeoisie républicaine se fera, comme je l'espère, l'alliée du peuple, et alors que redoutez-vous du scrutin de liste ? Ou elle ne sera pas cette alliée, et alors qu'espérez-vous du scrutin d'arrondissement ? (*Très bien ! très bien ! sur plusieurs bancs à gauche.*)

Messieurs, le grand phénomène politique, le fait qui à l'heure actuelle doit nous préoccuper, parce qu'il dépasse toutes les questions de scrutin et de tactique électorale, c'est que la minorité conservatrice n'ayant pas été, pour telle ou telle raison, par notre faute ou par sa faute, ralliée à la République, il existe aussi une partie considérable de la classe ouvrière qui échappe non pas à la République, mais qui entraînée par je ne sais quel idéalisme où il se mêle beaucoup de témérité et d'aveuglement, est en train de chercher, comme à tâtons, un ordre de choses nouveau. Il ne faut pas dire qu'elle veut échapper à la République; ce qui est vrai, c'est qu'elle veut que les problèmes d'ordre positif et social, que les œuvres qui peuvent améliorer d'une façon effective le sort des masses prennent le pas sur les questions de pure forme politique. (*Très bien! très bien! sur plusieurs bancs à gauche.*)

Voix à gauche. — Nous sommes tous d'accord sur ce point.

JAURÈS. — Non, cette portion de la population n'a pas le dégoût de la forme républicaine; elle sait bien que sans la République, c'est-à-dire sans la liberté, il n'y a pas de progrès social possible, et jusque dans sa colère, jusque dans son abandon momentané, il y a, croyez-le bien, un grand amour, plus dépité encore que déçu, et qui ne demande qu'à revenir.

Que s'est-il donc passé? Depuis 1885, dans chaque arrondissement, dans ces arrondissements où les forces de la réaction et de la République se balançaient, il s'est formé un élément socialiste de 1.500, de 2.000 travailleurs...

M. LE COMTE DE DOUVILLE-MAILLEFEU. — Tant mieux!

JAURÈS. — Je ne m'en plains pas.

A gauche. — Eh bien, alors?

JAURÈS. — Vous paraissez croire que je m'en plains: vous vous méprenez singulièrement sur ma pensée; je ne m'en plains pas, puisque je ne veux pas les exclure et que je prétends que le scrutin d'arrondissement les exclut. (*Interruptions à gauche.*)

Ce sont des minorités, et lorsque vous les placerez en présence, dans chaque arrondissement, d'un seul candidat, ils ne sauront quel parti prendre entre la réaction et une République qu'ils considèrent, à tort ou à raison, comme ayant été plus nominale que réelle. (*Rumeurs au centre.*)

Au scrutin de liste, vous pouvez leur faire une part et une juste part; au scrutin d'arrondissement, vous ne le pouvez pas.

Voilà pourquoi le scrutin de liste m'apparaît et nous apparaît comme le seul moyen de réaliser la concentration des républicains sur le terrain des réformes sociales. (*Interruptions et bruits à gauche.*)

Que votre impatience me fasse crédit d'un dernier mot. (*Parlez ! parlez !*)

Est-ce qu'il n'y a pas quelque chose de pénible, à l'heure où de grands problèmes se posent devant ce pays, à l'heure où il y a à se demander si l'organisation constitutionnelle répond aux nécessités d'une démocratie unitaire et du suffrage universel, à l'heure où il convient de se demander s'il a été fait pour ces classes populaires, qu'on traîne sur je ne sais quel chemin obscur, tout ce qui pouvait être fait, est-ce qu'il n'y a pas quelque chose de pénible, dis-je, à voir que nous ne paraissons nous préoccuper que d'une question de tactique électorale ? (*Interruptions et rumeurs à gauche.*)

Je lisais ces jours-ci, sous la plume d'un des plus éminents publicistes républicains — je puis bien le nommer, l'honorable M. Ranc — la phrase suivante :

« Eh bien, oui, le scrutin d'arrondissement est un scrutin de défense. Mais est-ce que nous ne sommes pas obligés, est-ce que nous ne sommes pas réduits à la défensive ? »

Eh bien, non, pour ma part, je n'accepte pas cette situation pour notre parti. Je n'accepte pas qu'à l'anniversaire de la Révolution française, le parti républicain en soit réduit à la défensive !

M. Emmanuel Arène. — Que vous le vouliez ou non, c'est comme cela.

Jaurès. — Non, il y a en politique une offensive à prendre : c'est d'aller droit aux questions, aux grands problèmes que pose le pays, et de résoudre ces problèmes conformément à la doctrine et aux traditions des républicains.

Est-ce que le génie de la Révolution française est épuisé ? Est-ce que vous ne trouverez pas dans la pensée de la Révolution le moyen de faire face à toutes les questions qui se dressent, à tous les problèmes qui se posent ? Est-ce que la Révolution n'a pas gardé une vertu immortelle, qui pourra faire face à toutes les changeantes difficultés au milieu desquelles nous marchons ? (*Interruptions et bruit sur divers bancs.*)

Je me résume ainsi : le scrutin d'arrondissement m'apparaît comme un acte de défiance et envers nous-mêmes et envers le suffrage universel. (*Dénégations à gauche.*)

J'estime que le parti républicain se doit et doit à la nation d'avoir confiance en soi et d'avoir confiance en elle. Voilà pourquoi je reste fidèle au scrutin de liste. (*Applaudissements sur plusieurs bancs à gauche.*)

*

La loi relative aux délégués mineurs votée en 1887, revient pour la troisième fois, devant la Chambre, le 24 mai 1889, après avoir subi au Sénat quelques modifications.

Jaurès qui est le rapporteur de la Commission, demande à la Chambre d'adopter intégralement le texte du Sénat, afin de permettre « à la loi d'entrer en vigueur dans quelques semaines ». Dans un discours substantiel qui lui vaut les félicitations de ses collègues, il tient à « dissiper quelques malentendus qui pourraient en amoindrir la valeur aux yeux des travailleurs de la mine auxquels elle est destinée ».

S'adressant à la droite, Jaurès disait: « Il apparaît donc, messieurs, qu'aux heures décisives, quand il faut faire, au nom des classes dirigeantes, ou un abandon du superflu, ou un abandon d'autorité, vous résistez aussi bien aux sacrifices commandés par l'esprit chrétien qu'aux transformations réclamées par l'esprit démocratique ».

Puis, répondant à une interruption de M. Léon Renaud qui rappelait les sacrifices que s'étaient imposés les industriels conservateurs, il ajoutait:

« Si vous prétendez, messieurs, avoir le monopole de la générosité sociale, d'abord nous vous répondons que ce n'est pas de la générosité, mais de la justice que nous réclamons pour les ouvriers. Et nous vous répondrions ainsi sans vouloir contester le moins du monde les dévouements individuels qui se rencontrent chez vous, et aussi chez nous, vous n'en doutez pas. Mais nous pourrions vous montrer, dans les exemples que vous nous avez cités, par quelle rançon de servitude vous avez fait acheter aux ouvriers les avantages matériels que vous leur avez accordés ».

Déjà, on le voit, Jaurès apporte dans les discussions des questions sociales toute l'ardeur et toute la sincérité de sa foi socialiste, ce qui lui vaut cette interruption de M. Freppel: « Vous ne pouvez pas aborder ces questions sans attaquer les conservateurs » qui donne à l'attitude politique du député du Tarn ce caractère nettement démocratique que ceux qui l'accusent d'avoir évolué viennent de lui contester.

Tous les passages de son discours attestent d'une façon éclatante la position bien nette que Jaurès a prise dès le début de sa carrière en face des problèmes sociaux.

Ecoutez-le:

Je ne prétends pas, je ne peux pas prétendre que nous ayons touché au centre, au cœur même du problème social. Non; tant que les sociétés n'auront pas réglé l'avènement du prolétariat à la puissance économique, tant qu'elles ne l'auront pas admis dans l'intimité de la production, tant qu'elles le laisseront à l'état d'agent extérieur et mécanique, tant qu'il ne pourra pas intervenir, pour sa juste part, dans la répartition du travail et des produits du travail, tant que les relations économiques seront réglées par le hasard et la force, beaucoup plus que par la raison et l'équité (*Très bien! très bien! à gauche*), ayant pour organes de puissantes fédérations de travailleurs libres et solidaires, tant que la puissance brute du capital déchaînée dans les sociétés comme une force naturelle ne sera pas disciplinée par le travail, par la science et la justice (*Très bien! très bien! à gauche*), nous aurons beau accumuler les lois d'assistance et de prévoyance, nous n'aurons pas atteint le cœur même du problème social! (*Applaudissements à gauche.*)

Quelle est donc la valeur des lois ou votées ou discutées ou élaborées par nous ? On peut la définir en quelques mots en disant qu'elles sont la préparation puissante, et peut-être décisive, du milieu politique et social où s'accomplira l'émancipation du travail et la réconciliation définitive de tous les citoyens dans le droit. (*Très bien! très bien! à gauche.*)

Certes, oui, nous pouvions recommencer la République de 1848, qui n'avait pas préparé la nation à son rêve et qui appuyait la hardiesse de ses constructions sociales sur un fond d'esprit de réaction à peine dissimulé par un mouvement passager d'enthousiasme; nous pouvions déférer à l'invitation éloquente qui nous a été adressée plus d'une fois par le socialisme chrétien d'entrer dans le vif du problème social en instituant les Syndicats mixtes de patrons et d'ouvriers, et en réglant sur cette donnée première toute l'organisation sociale; nous ne l'avons pas voulu, nous n'avons pas voulu convier aux douces rencontres du syndicat mixte le pot de terre et le pot de fer (*Très bien! très bien! à gauche*) ; nous avons pensé que la fraternité serait un leurre, et sans qu'on le veuille, un mensonge, tant qu'elle ne serait pas préparée par des lois de liberté et d'égalité.

Or, il existe dans notre pays des traditions multiples de servitude. Il y a des traditions d'asservissement intellectuel, le peuple ayant été maintenu durant des siècles dans la double passivité de l'ignorance et du dogme. (*Exclamations à droite. — Applaudissements à gauche.*)

Il y a des traditions d'asservissement politique, un besoin instinctif, chez une partie de la démocratie, de résumer toute sa force en un homme pour la mieux sentir, une perpétuelle tentation d'aliéner sa liberté pour se donner, dans la personne du maître fabriqué de ses mains, un avant-goût servile du pouvoir .(*Très bien! très bien! à gauche.*)

Il y a des traditions d'asservissement social, une hiérarchie séculaire des personnages et des intérêts, que la Révolution française a ébranlée sans la détruire, parce qu'elle reposait sur les mœurs presque autant que sur les lois.

C'est ainsi que vous pouvez voir, dans la masse même des travailleurs, sous la véhémence superficielle des revendications, le pli tous les jours plus effacé, mais visible encore, de la soumission aveugle et héréditaire. Il en est, parmi les plus généreux, qui après des efforts convulsifs d'émancipation, se couchent dans l'ornière de nouveau et pour des années. D'autres ne croient même pas à la possibilité d'un ordre social meilleur, et toute leur philosophie se résume dans ce mot, que j'ai entendu dire à un vieux travailleur de la terre, commandé dans une ferme par les gamins du fermier: « Les misérables seront toujours les misérables! »

D'autres ont gardé pour la puissance sociale de la fortune, même quand elle ne renouvelle pas ses titres par le travail, une déférence superstitieuse. Petits fournisseurs, pauvres artisans croient qu'il doivent toutes leurs pensées, tous leurs votes à celui qui les emploie, et point n'est besoin d'agir sur eux par la contrainte ou la menace; ils s'imaginent qu'ils payent une dette en se donnant tout entiers pour un morceau de pain. (*Très bien! très bien! à gauche.*)

D'autres, dès qu'ils approchent des puissants, se tournent immédiatement contre le peuple même dont ils sont à peine sortis. C'est ainsi que le paysan, devenu homme d'affaires, est souvent plus dur pour le paysan que le maître lui-même. C'est ainsi que l'ouvrier, devenu contremaître, abuse trop souvent contre ses camarades de la veille de la parcelle de pouvoir qu'il a empruntée du patronat et qui flatte sa vanité.

Les grands révolutionnaires de 1789 avaient prévu et prédit ces choses. C'est l'abbé Siéyès qui à la veille de l'ouverture des Etats généraux, dans une page prophétique et trop peu connue, déclarait que dans nos campagnes la révolution ne serait point faite, même après l'abolition du régime féodal, tant qu'on n'aurait pas assuré l'indépendance effective des travailleurs du sol, métayers et fermiers, que des liens multiples d'intérêt, de routine, de vanité tiendraient enserrés encore, même après la rupture des liens féodaux! (*Très bien! très bien! à gauche.*)

Et voilà pourquoi nous avons le droit de dire aux socialistes qui veulent déserter la liberté républicaine pour je ne sais quelle aventure, la fécondité possible de la liberté pour la stérilité certaine du despotisme (*Applaudissements à gauche*) ; voilà pourquoi nous avons le droit de leur dire: Vouliez-vous donc qu'en face de ces hiérarchies oppressives, que devant toutes ces traditions accumulées d'asservissement social, politique, intellectuel, nous dressions d'emblée toutes les hautes formules de l'organisation sociale ? Mais il y aurait eu folie, il y aurait eu peut-être trahison à jeter d'emblée dans le sillon des servitudes antiques les semences d'avenir!

Nous avons pensé que pour préparer l'émancipation du producteur, il fallait d'abord émanciper l'homme par l'éducation, le citoyen par la pratique de la liberté.

M. BERGEROT. — Emancipez donc tout d'abord vos fonctionnaires! Vous devriez leur laisser la liberté. Ce sont des esclaves de votre despotisme! (*Mouvements divers.*)

Un membre à gauche. — Ce n'est pas la peine de couper la parole à l'orateur, pour faire de pareilles interruptions!

JAURÈS. — Je ne considère ces sortes d'interruptions que comme un repos pour moi. (*Sourires*). Je continue.

C'est pourquoi dans l'ordre intellectuel, nous avons eu pour première pensée de fonder un enseignement populaire dont l'objet dernier est de développer l'autonomie de la conscience et de la raison. (*Très bien! très bien! à gauche.*) C'est là le sens profond de cette œuvre de laïcité, où nos adversaires affectent de voir je ne sais quel déchaînement d'esprit de secte, et où nous voyons, nous, au point de vue social, la condition première de l'affranchissement du peuple.

C'est pourquoi aussi, dans l'ordre politique, nous avons fait descendre l'habitude de la liberté dans les idées, dans les mœurs, dans la pratique de tous, amis et ennemis, à tel point que ce pays, — même s'il le voulait, je crois, — malgré toutes les défaillances et toutes les séductions, ne pourrait plus se débarrasser de la liberté. (*Très bien! très bien! à gauche.*)

M. Cuneo d'Ornano, *ironiquement.* — Avec la protection de la Haute Cour. (*Sourires à droite.*)

Jaurès. — C'est pourquoi aussi, dans l'ordre des lois ouvrières que vous avez votées, vous vous êtes appliqués non pas seulement à procurer à la classe ouvrière certains bénéfices immédiats, mais encore à développer en elle la puissance d'initiative et d'indépendance.

Lorsque vous avez créé les syndicats ouvriers, vous n'avez pas prétendu convier les ouvriers à un isolement indéfini, vous avez voulu abriter leur liberté commençante, vous avez voulu que délibérant entre camarades, en dehors de toute gêne et de toute contrainte, ils puissent prendre des habitudes de fermeté et de liberté, qu'ils porteraient ensuite dans leurs relations plus précises et plus définies avec le patronat. (*Très bien! très bien! à gauche.*)

Lorsque vous avez voté la loi sur les accidents, vous avez prétendu que l'ouvrier, en même temps qu'il entrerait dans le travail mécanique et qu'il y trouverait des fatigues et des périls, y trouvât aussi des droits, qu'on ne pût abuser contre lui d'un peu d'étourderie ou d'imprudence, et que l'indemnité, fixée par l'impartialité de la loi, et non plus par la commisération capricieuse de l'employeur, ne fût pas une sanction nouvelle de l'omnipotence capitaliste.

Vous avez organisé pour les ouvriers mineurs une loi sur les caisses de secours et de retraites, qui pourra s'étendre de proche en proche à toutes les autres catégories de la grande industrie.

Vous avez décidé que la caisse de maladie, avec son fonds de réserve, serait dirigée par un conseil d'administration composé pour les deux tiers d'ouvriers délégués par leurs camarades et siégeant à côté du patronat avec la force de la majorité. Vous avez voulu que le droit à la pension de retraite, au lieu d'être livré à l'arbitraire des compagnies et de devenir entre leurs mains un supplément de domination, fût garanti à l'ouvrier par un livret incessible et insaisissable représentant pour lui, à travers toutes les misères et toutes les sujétions du salariat, une parcelle d'espérance sur laquelle nul ne pût porter la main. (*Très bien! très bien! à gauche.*)

Il y a deux mois, lorsque vous avez voté sans discussion une loi qui donne aux agents commissionnés des chemins de fer des garanties absolues, aux ouvriers des autres industries des garanties sérieuses contre le renvoi illégitime et non motivé, vous avez introduit dans les rapports du capital et du travail, réglés jusqu'ici par l'arbitraire, un principe d'équité, qui en en développant toutes les conséquences transformerait l'ordre social.

J'ai donc le droit de dire que toutes les lois ouvrières que vous avez votées jusqu'ici non seulement assurent aux travailleurs certains bénéfices immédiats, mais qu'elles concourent toutes à éveiller en lui le sentiment de la liberté et de la dignité, et ce sentiment énergique du droit qui prépare la voie aux transformations sociales les plus hardies. (*Très bien! très bien! à gauche.*)

Certes, les bénéfices matériels que ces lois assurent aux ouvriers sont bien loin d'être à dédaigner; le fonctionnement des syndicats ouvriers leur permet d'assurer un certain niveau à leurs salaires, malgré les causes de dépression qui résultent de la concurrence universelle; l'indemnité certaine allouée par la loi pour les accidents est largement calculée; la pension de retraite que vous avez organisée pour les ouvriers mineurs s'élèvera pour eux, à l'âge de cinquante-cinq ans — au taux actuel des salaires — à un chiffre qui n'est pas sensiblement inférieur à 400 francs, et comme les versements sont faits à capital réservé, le père de famille, en mourant, pourra assurer à sa veuve et à ses enfants un petit capital qui ne sera pas inférieur à 1.500 francs.

Mais, messieurs, il faudrait bien se garder de ne montrer à la démocratie que le bénéfice matériel et immédiat qu'elle peut recueillir des lois votées; il faut que nous sentions nous-mêmes, et surtout que nous lui fassions bien sentir que ces lois, en même temps qu'elles sont des lois de réalisation, sont aussi des lois de préparation; qu'en développant l'initiative, l'indépendance, la sécurité de l'ouvrier dans une certaine mesure, elles lui permettent toutes les conquêtes ultérieures qui sont contenues dans le seul mot de justice!

Si nous comprenons et si nous interprétons ainsi les lois votées, si la démocratie comprend bien qu'elles ne sont pas notre dernier mot, si la bourgeoisie républicaine à laquelle nous appartenons remplit son double devoir, qui est d'abord de hâter dans les deux Assemblées le vote de l'ensemble des lois d'assistance et de prévoyance dont nous avons parlé, et en second lieu, quand ces lois seront votées, de poursuivre l'émancipation ouvrière, à peine commencée; si nous avons le courage, sans hésitation, sans faiblesse, sans inquiétude, de nous tourner vers l'avenir et de collaborer résolument avec le peuple pour trouver le moyen d'aller au delà dans la direction de la justice; si nous comprenons ainsi notre œuvre et si nous définissons ainsi notre pensée, c'est avec confiance que nous pourrons soumettre cette œuvre et cette pensée au jugement de la démocratie! (*Vifs applaudissements à gauche. — L'orateur, en regagnant son banc, reçoit les félicitations d'un certains nombre de ses collègues.*)

Enfin, le 13 juillet, deux jours avant la clôture de la législature, Jaurès monte une dernière fois à la tribune pour combattre, contre MM. Viette, Floquet, Brisson, Pichon et Clemenceau, une proposition de loi tendant à interdire les candidatures multiples.

Cette proposition était inspirée par la crainte qu'avait le Parti républicain de voir le pays se livrer à des manifestations multiples sur le nom du général Boulanger.

Il ne viendra à l'idée de personne de soupçonner Jaurès de boulangisme; son intervention n'en est que plus courageuse et montre une fois de plus qu'il est incapable de sacrifier ses principes aux basses et louches habiletés du parlementarisme.

Si je combats la loi qui vous est proposée, disait-il, c'est beaucoup moins en elle-même et pour elle-même que pour l'état d'esprit qu'elle révèle, pour la politique qu'elle indique, et pour aujourd'hui et pour demain. Cette politique, elle consiste à dire que nous ne pouvons plus nous sauver que par des précautions artificielles; cette politique, elle consiste ou à nous condamner nous-mêmes, ou à condamner le suffrage universel.

Et après avoir dit toute sa pensée sur le mouvement boulangiste, appelé, selon lui, à disparaître devant la propagande des républicains, il concluait ainsi:

On a beau protester, on a beau se réveiller en sursaut à certaines heures et se raidir, il se trouve qu'on est obligé de s'incliner, et prenez garde! l'acte que vous allez accomplir aujourd'hui étant le dernier de cette législature, va commander toute l'attitude de la majorité républicaine devant le corps électoral. Je ne veux pas que cette attitude soit faite d'habiletés et de méfiance, parce que j'estime que la confiance est encore à l'heure actuelle, le premier devoir et la première habileté, et voilà pourquoi je combats le projet de loi.

Jaurès est tout entier dans cette phrase.

Malgré cette éloquente intervention et après une réponse d'Henri Brisson qui eut l'honneur de l'affichage, le projet de loi fut adopté par 304 voix contre 229.

III

Son échec aux élections de 1889.

Avant les élections, Jaurès eut un moment de découragement et manifesta l'intention d'abandonner la politique. Il sollicita sa réintégration à la Faculté des Lettres de Toulouse; mais, à la réflexion et devant l'insistance de ses amis, il consentit à poser de nouveau sa candidature.

Nous en trouvons l'aveu dans le discours qu'il prononça à Castres le 22 août 1889, au début de la campagne électorale.

Voici, d'après la *Dépêche*, une analyse assez complète de ce discours d'inspiration déjà socialiste:

M. Jaurès, définissant sa situation personnelle, dit qu'on ne peut relever, dans ses quatre années de vie publique, aucun acte, aucune démarche contraire à l'intérêt général. Il dit qu'il s'était ouvert par son travail une belle carrière. Depuis, il a dû négliger ses thèses commencées et ses intérêts propres; il a songé un moment, croyant que son devoir était de ne pas sacrifier aux incertitudes de la politique l'avenir des siens, à rentrer dans la vie privée; et il a redemandé à ses chefs exactement le poste qu'il occupait il y a quatre ans; mais, à la réflexion, il n'a pas eu le courage de rompre avec la vie publique. Le combat pour la liberté n'est pas fini, il ne faut pas le déserter.

« Et puis, s'est-il écrié, je porte dans mon âme un rêve de fraternité et de justice, je veux travailler jusqu'au bout à le réaliser. » Et il a ajouté aux applaudissements unanimes de l'assemblée: « Je dis ces choses, non pour parler de moi, je n'en parlerai plus, mais parce que je veux entrer dans la lutte, cuirassé du respect de tous les républicains.

Puis, il a annoncé qu'il n'attaquerait jamais personnellement son adversaire, qui est un honnête homme, comme il l'est lui-même.

M. Jaurès a expliqué ensuite la question ouvrière, non pas dans son ensemble, il faudrait pour cela étudier la refonte du système d'impôts, et les moyens de ramener sous la tutelle de l'Etat les puissances financières qui ont mis la main sur les transports, sur le crédit, sur les assurances et qui allaient mettre la main sur les téléphones avec la complicité de la droite, si la majorité républicaine ne s'y était opposée.

Il se borne pour aujourd'hui à la question des syndicats ouvriers. Ils ont une double importance, d'abord, parce qu'ils sont l'organe le plus puissant des revendications des travailleurs et ensuite parce qu'ils constituent un premier groupement professionnel qui peut entrer comme élément dans une organisation plus équitable et plus rationnelle du travail.

Il faut définir à la fois les droits et les devoirs des syndicats ouvriers.

Leur droit est: 1° d'exister comme d'ailleurs les syndicats patronaux; 2° de se prêter à de vastes fédérations ouvrières qui ont ce double objet de donner plus de force aux justes revendications des travailleurs et de prévenir les entraînements injustes en réprimant les entraînements locaux.

Enfin, le droit des syndics ouvriers est de servir d'intermédiaire et de négociateur entre patrons et ouvriers. Les ouvriers, à raison de leur dépendance directe et personnelle vis-à-vis des patrons, ont parfaitement le droit de recourir aux bons offices des syndicats.

Les devoirs des syndicats ouvriers sont de ne jamais abuser de leurs forces et pour cela il faut: 1° qu'ils s'abstiennent, dans les discussions ou les conflits, de toute parole violente ou menaçante;

2° Il faut qu'ils ne formulent jamais des revendications impératives, sans avoir étudié avec soin les conditions de l'industrie;

3° Il ne faut pas qu'ils prétendent substituer, dans la direction de l'entreprise industrielle et dans le choix des contremaîtres, leur autorité irresponsable à l'autorité du patron.

Mais la question ouvrière est bien loin d'être réglée par une juste définition des droits et des devoirs des syndicats ouvriers. On peut lire dans un beau livre de M. Secrétan: « Comme forme principale de la production, le salariat est virtuellement condamné par l'avènement du suffrage universel; la dépendance personnelle et la souveraineté politique sont incompatibles. »

Tout le problème, toutes les agitations viennent de là. Les travailleurs sont admis à la puissance politique et exclus de la puissance économique.

Il faut donc les y introduire graduellement, tout en maintenant entre patrons et ouvriers l'harmonie nécessaire.

Par quel moyen? Il faut : Organiser la représentation professionnelle du travail; il faut que tous ouvriers, employés, contremaîtres, patrons concourent à nommer des délégués industriels, qui iront, à côté des délégués agricoles, siéger au Sénat, transformé ainsi graduellement en une chambre du travail. De la sorte, les problèmes industriels et sociaux seront mûrement débattus et la solidarité nécessaire du monde industriel s'affirmera.

Puis, il faut que, dans chaque région, chaque corporation industrielle ait sa caisse de secours, sa caisse de retraites et sa caisse de chômage. Ces caisses seront gérées par un Conseil d'administration composé de patrons et d'ouvriers élus par tous les membres de la corporation. De la sorte, il y aura rapprochement des patrons et des ouvriers; éducation économique des travailleurs et intervention, d'abord discrète, puis grandissante, des travailleurs dans la gestion des intérêts communs.

Ces caisses auront un fonds de réserve, et ce fonds de réserve, placé dans les entreprises industrielles de la région, permettra aux travailleurs d'intervenir dans la direction économique, non seulement avec la puissance du travail, mais aussi avec la puissance et la responsabilité du capital.

Ainsi, peu à peu, le régime représentatif aura pénétré dans l'ordre industriel comme dans l'ordre politique.

Le scrutin qui eût lieu le 22 septembre donna les résultats suivants :

Abrial (réactionnaire) .... 9.632 voix. Elu.
Jaurès (républicain) .... 8.776 —

Jaurès était battu au premier tour à 856 voix seulement de majorité.

Cet échec était prévu, la première circonscription de Castres (1) étant depuis longtemps acquise aux partis réactionnaires, que Jaurès avait si âprement combattus dans ses réunions et à la tribune de la Chambre.

---

(1) C'est par suite de la suppression du scrutin de liste que Jaurès se présenta dans la première circonscription de Castres. Il fut, plus tard, et jusqu'à sa mort, député de la deuxième circonscription d'Albi.

Le lendemain, Jaurès adressait à ses électeurs une proclamation que nous avons retrouvée et que nous sommes heureux de reproduire :

Castres, le 23 septembre 1889.

Mes chers Concitoyens,

En 1885, M. Abrial l'emportait sur moi dans la 1re circonscription de Castres de près de quatorze cents voix ; il l'emporte aujourd'hui d'un peu plus de huit cents.

C'est donc seulement un gain de six cents voix que nous avons réalisé.

Malgré tous mes efforts, malgré le concours d'amis dévoués, nous n'avons pu soulever suffisamment le bloc de réaction cléricale qui pèse d'un poids si lourd sur les deux circonscriptions de notre arrondissement.

Ne vous découragez pas : si faible qu'ait été le progrès, il y a eu progrès.

Surtout ne cédez pas à la tentation funeste de chercher ou de créer des responsabilités, comme le font trop souvent les vaincus.

Tout le monde a fait son devoir, et je remercie de tout cœur mes vaillants amis des cantons et de la ville.

Pour moi, j'ai la satisfaction profonde d'avoir mis au service du drapeau toute mon énergie, toute ma force.

Quand je jette les yeux sur les quatre années de vie publique que je viens de parcourir, j'ai la conscience d'avoir toujours voulu le bien.

Je suis maintenant hors de la lutte, et la mauvaise foi des partis n'a plus aucun intérêt à douter de la sincérité de mes paroles : je serai donc cru de tous, adversaires et amis, quand je dirai que j'ai aimé le peuple d'un grand et loyal amour.

Je sors de la vie publique sans découragement et sans amertume, le cœur ferme et le front haut.

On peut servir puissamment la République, dans la vie privée, par la pensée, le travail et l'honneur.

Les échecs qu'elle subit dans notre département ne la mettent pas en péril : malgré tout et quoi qu'on fasse la République seule est possible aujourd'hui ; mais si jamais elle était en danger, nous la défendrions ensemble.

Jean JAURÈS.

IV. - La maison habitée par Jaurès, à Toulouse, de 1889 à 1892

TROISIÈME PARTIE

Jaurès adjoint au Maire de Toulouse

I

A Toulouse. — Ses cours. — Ses thèses. — Etudiant en Droit. — Ses
relations. — Sa mère. — Ses habitudes. — Ses collègues.

Un mois plus tard, à la rentrée de novembre, il reprenait,
comme il l'avait souhaité, sa place de professeur à la Faculté
des Lettres de Toulouse.

Tout de suite, ses cours ont un retentissement considérable.
A ses élèves se mêlent des ouvriers avides de s'instruire, des
bourgeois passionnés de littérature et d'éloquence, des professeurs, des érudits et des savants. Il ne s'agit plus, comme il y a
quatre ans, de la traditionnelle histoire de la philosophie, mais
du « problème de la connaissance », de « Dieu et de l'Ame »,
de l' « origine du socialisme allemand dans la philosophie allemande », de « Pythagore » et de « la philosophie d'Auguste
Comte ».

C'est durant cette période si féconde qu'il rédige sa thèse célèbre sur « la réalité du monde sensible » et, un peu plus tard,
sa thèse latine, non moins célèbre : « dédiée à son maître Emile

Boutroux » : « De primis Socialismi Germanici lineamentis apred Lutherum, Kant, Fichte et Hegel ». (Les premières manifestations du socialisme allemand chez Luther, Kant, Fichte et Hegel) . (1) .

***

Il fréquente assidûment les bilbliothèques de la ville et le choix de ses lectures suit la courbe accentuée et maintenant bien nette de ses conceptions philosophiques et sociales.

A la Bibliothèque Municipale, il lit la *Critique du Jugement*, de Kant, et les *Mémoires de la Chevalerie*, de Sainte- Palaye.

A celle de l'Université, il consulte journellement le *Journal Officiel*, la *Revue Socialiste*, les publications de Le Play, la *Revue Historique*, les revues et journaux d'économie politique.

Il emprunte les *Archives diplomatiques*, l'*Histoire romaine*, l'*Histoire parlementaire* de Buchez, la *Théorie de l'Etat* de Blunstchli, les œuvres de Diderot, d'Helvétius, de Saint-Thomas d'Aquin, de Bossuet, de Lucrèce, d'Auguste Comte, de Fouillée, de Fonssagrives, de Spencer, de Kant, de Berruyer, etc.

Le 7 novembre 1891, il s'inscrit pour la licence à la Faculté de Droit et renouvelle ses inscriptions le 15 janvier et le 15 juin 1892; mais il ne paraît jamais aux cours et, pour des raisons que nous ignorons, probablement à cause de l'approche des élections, son nom ne figure plus sur les registres à partir de cette date.

Ses occupations et son labeur étaient formidables.

Ses cours et ses conférences, ses travaux personnels et ses études lui laissaient encore le temps d'écrire un article par se-

---

(1) Chez Chauvin, Toulouse (1891), in-8; 84 pages. Titres des chapitres: I. *De Luthero*; II. *De Civitate* (de l'Etat) aped Kant et Fichte; III. *De collectivismo*, aped Fichte; IV. Hegel, Marx et Lassalle.

maine, de prononcer des discours à la tribune du Conseil municipal et dans les réunions publiques, d'exercer ses fonctions d'adjoint au maire et d'entretenir avec ses collègues de la Faculté et ses amis des relations suivies dont les uns et les autres gardent encore le souvenir pieux.

Lors de son premier séjour à Toulouse (1883-84), Jaurès habitait, avec sa mère qui, quoique âgée et presque aveugle, avait tenu à le suivre, 11, avenue Frizac. Plus tard, lors de sa réintégration à la Faculté, en 1889, il s'installait, avec sa jeune femme, dans un modeste appartement, 20, place Saint-Pantaléon.

Il y avait à l'époque, à Toulouse, un groupe de jeunes universitaires qui ont fait depuis leur chemin et qui avaient l'habitude, après leur repas en commun à l'hôtel de Paris, de se réunir, tous les jours, autour de la même table, au café de la Paix.

Nous citerons: MM. Hauriou, doyen de la Faculté de Droit de Toulouse; Delbos, qui fut plus tard professeur à la Sorbonne et membre de l'Institut; Emile Mâle, qui enseigne l'histoire de l'art à la Faculté de Paris; Morand jeune, homme d'un esprit étincelant, aujourd'hui disparu; Patouillet, directeur de l'Institut français de Pétrograd; Lécrivain, qui fut le compagnon de Jaurès à Sainte-Barbe; Beaudouin, correspondant de l'Institut; Navarre, professeur à la Faculté des Lettres de Toulouse; Audouin, professeur à la Faculté de Poitiers; Georges Dumesnil, professeur à la Faculté des Lettres de Grenoble; Antonin Benoit, recteur de l'Université à Montpellier; Rauh, qui fut chargé de cours à la Sorbonne; Calvet, etc., etc.

M. Dumesnil, qui a conservé de ces réunions le plus agréable des souvenirs, nous écrit à ce sujet:

C'est là que Jaurès venait nous rejoindre plusieurs fois par semaine, vers une heure. Il était allé prendre sa mère du côté du Grand-Rond, l'avait amenée jusqu'à la place du Capitole pour lui faire faire une promenade; il la rembarquait dans un tramway et entrait au café où nous étions ravis de le voir. Tout ce que je puis vous dire, c'est qu'il s'adaptait immédiatement, avec une singulière souplesse, au tour de notre conversation quelle qu'elle fût; qu'il y apportait son intéressante contribution avec sa joviale bonne humeur et que, se trouvant après tout avec plusieurs hommes qui en savaient plus long que lui sur beaucoup de points particuliers, il manifestait, comme je lui ai toujours vu faire, une étonnante avidité d'apprendre, emmagasinant tout dans une mémoire qui ne laissait jamais rien perdre. D'un point de vue plus spécial et puisque je suis philosophe, je dois vous dire que j'ai toujours vu Jaurès, dans mes conversations particulières avec lui, extrêmement préoccupé d'affermir, même à l'aide d'idées qu'il croyait nouvelles, la croyance à l'existence de Dieu et à l'immortalité de l'âme, avec les conséquences morales que cette double croyance implique.

Jaurès avait un véritable culte pour sa mère et tout le monde se souvient, à Toulouse, de la tendre affection qu'il lui témoignait.

Quand elle ne l'accompagnait pas jusqu'à la porte du café de la Paix, elle venait l'attendre sur la place du Capitole. Alors, quel que fût l'intérêt de la discussion qui, à ce moment, pouvait animer le petit cercle d'amis réunis autour de lui, Jaurès cessait brusquement la conversation, sortait, et, avec une sollicitude touchante, reconduisait sa mère, par le bras, jusqu'à l'avenue Frizac, après une longue promenade le long des allées ombragées et des squares publics.

Quelquefois il y avait, à la place Saint-Pantaléon, dans l'appartement qu'il occupait avec sa femme, de petites soirées intimes au cours desquelles il se montrait homme du monde et maître de maison accompli.

M. Beaudouin, qui fut souvent invité à ces soirées, nous révèle, dans une lettre dont nous reproduisons le passage essentiel, quelques détails qui ne manquent pas d'originalité:

En dehors de l'Université, je me rappelle Jaurès comme un homme doux et bienveillant, ne cherchant pas à se faire valoir, ignorant totalement ce qu'on appelle l'affectation et la recherche. Peut-être même était-il trop peu soucieux du soin de son extérieur, car il n'a jamais posé pour l'élégance ; mais cela, c'était avant son mariage, car après il a su, aussi bien que tout autre, se conformer aux exigences du monde. Je le vois encore, dans son appartement de la place Saint-Pantaléon, aux petites soirées qu'il donnait de temps à autre, toujours très aimable maître de maison. Je ne crois pas qu'il aimât beaucoup la danse, et cependant il lui arrivait de prendre part à un quadrille ; mais c'était par pur dévouement, pour compléter, et l'on peut dire qu'alors le quadrille n'était pas précisément exécuté selon les règles. Mais on s'amusait, et Jaurès était le premier à rire de son inexpérience.

*
* *

La salle dans laquelle avait lieu ces soirées était une vaste pièce qui servait à la fois de salle à manger et de cabinet de travail.

Jaurès ne travaillait jamais le soir. Il se levait assez tard et ne se mettait à l'ouvrage que vers neuf heures.

Il avait le travail facile, rapide et abondant.

Les bruits de la rue, le va-et-vient continuel des personnes qui l'entouraient, l'entrée inopinée d'un visiteur ne le gênaient pas. C'est ainsi — nous tenons ce détail de Mme Jaurès — que pendant qu'il écrivait, la nourrice de sa fillette allait et venait autour de lui, fredonnant de vieux airs pour endormir l'enfant qui était à peine âgée de trois ans et qui piaillait à tue-tête.

Parfois même, Jaurès prenait sa fille sur ses genoux et la berçait tendrement tout en continuant sa besogne.

Il rédigeait à ce moment-là sa thèse sur « la réalité du monde sensible ».

*
* *

Jaurès prenait rarement du repos. Sa seule distraction, en dehors de ses occupations, était le théâtre, où il allait très souvent avec sa femme

Quand il était adjoint au maire, il se faisait aussi une véritable fête d'exercer ses fonctions d'officier de l'état civil.

La première fois qu'il fut appelé à procéder à un mariage, il fut l'objet d'une méprise bien amusante qu'il ne cessait de raconter à ses amis.

Il avait à marier, au cours de la même cérémonie, cinq ou six couples, car, à cette époque comme aujourd'hui, les petits mariages avaient lieu en bloc, un jour par semaine, dans une même salle.

Selon la règle, Jaurès, ceint de son écharpe, posa aux futurs époux les questions d'usage ; mais, pensant sans doute à autre chose, il mélangea toutes les questions et demanda à la belle-mère si elle acceptait pour époux son futur gendre et à la jeune fille si elle consentait au mariage de sa mère.

Les employés qui l'assistaient s'empressèrent de lui signaler son erreur qu'il répara aussitôt en adressant aux jeunes mariés un fort joli compliment qui fit immédiatement oublier sa peu flatteuse étourderie.

*
* *

Tous les universitaires qui ont connu Jaurès à Toulouse s'accordent à rendre hommage à son amabilité, à la correction de sa vie et à la délicatesse de ses sentiments.

M. Duméril, professeur à la Faculté de Toulouse, a gardé de son ancien collègue un excellent souvenir personnel.

Quelles qu'aient pu être, nous écrit-il, les différences de nos opinions sur certains points et malgré les discussions, ou plutôt les conversations que nous avons eues parfois ensemble sur ces points, quand nous étions voisins, je l'ai toujours trouvé courtois et cordial, franc, exubérant, quelque peu nerveux, n'ayant rien en lui qui sentît le sectaire ou l'arriviste.

M. Mérimée nous écrit de son côté :

Je n'ai eu que les meilleurs rapports avec lui et ne pourrai que vous répéter ce que tous nos collègues sans doute pourraient vous dire sur l'agrément de ses relations, la simplicité et la parfaite honorabilité de sa vie privée.

M. Cavet, aujourd'hui directeur du « Job », a été son concurrent aux élections municipales. Il avait été son camarade à l'Ecole normale supérieure; il est toujours resté son ami.

M. Calvet faisait partie du petit cercle du café de la Paix; il a encore présentes à la mémoire les délicieuses controverses qui passionnaient ses réunions.

C'était, nous dit-il, un régal pour tout le monde d'entendre Jaurès critiquer ou commenter un livre. Chacun disait son mot, soulignant un passage, émettant une idée; lui, écoutait toutes les opinions, puis, les résumant, il donnait à son tour la sienne. C'est alors qu'apparaissaient aux yeux émerveillés de tous les qualités réelles de son esprit critique et l'étendue vraiment extraordinaire de ses facultés d'assimilation.

*
* *

Aucun de ses collègues de l'Université de Toulouse n'a été surpris lorsqu'il adhéra au Parti Socialiste.

Ils avaient tous assisté au développement de sa pensée et, pour les uns comme pour les autres, le geste public n'était que l'aboutissement depuis longtemps prévu d'une évolution symptomatique.

Pourquoi, par quel sentiment, sous quelle influence intellectuelle ou morale, Jaurès a-t-il opté pour le socialisme?

Il appartiendra à d'autres de le rechercher et de le dire, car cette étude dépasserait les limites de notre sujet.

Ce que nous avons voulu marquer ici, simplement, en rappelant les principaux faits de son passage dans l'Université toulousaine, c'est que, déjà, à cette époque, Jaurès était tout entier accaparé par la recherche de solutions sociales capables de réaliser la justice dans l'humanité.

Cette préoccupation constante apparaît dans l'orientation de ses travaux, dans le choix de ses lectures, dans ses cours à la Faculté, dans ses conversations quotidiennes, dans le sujet de sa thèse, dans toutes ses manifestations.

Certes, ce sont là, des éléments bien insuffisants pour se faire une idée exacte de l'évolution de son cerveau ; mais c'est parce que, comme nous l'avons dit plus haut, le Jaurès universitaire est si intimement lié au Jaurès de la politique, qu'il nous a paru difficile de le dissocier, nous bornant, dans ce chapitre, à narrer les petits à-côtés de l'homme, pour réserver les pages qui vont suivre à un examen plus attentif et plus documenté des diverses étapes qu'il a franchies avant d'incarner si complètement et si glorieusement le socialisme moderne.

II

Jaurès a été conseiller municipal et adjoint au maire de Toulouse.

En dehors de ses interventions à la tribune du Conseil municipal et des discours qu'il a prononcés à l'occasion de ses fonctions, son passage à la mairie de Toulouse n'a été marqué par aucun fait notoire.

Comme adjoint-délégué à l'Instruction publique, il succédait à Mabilleau et à Jean-Bernard Passerieu, qui avaient laissé le souvenir d'administrateurs dévoués, avant tout, au développement de l'enseignement primaire.

On reproche à Jaurès d'avoir un peu négligé les écoles primaires au profit de l'enseignement supérieur. Il convient de dire, pour lui rendre justice, qu'il n'avait accepté de faire partie de l'administration municipale que pour mener à bien la transformation en Faculté, de l'Ecole de Médecine. Les deux années qu'il passa à la tête de son service furent à peine suffisantes pour lui permettre de réaliser ce projet.

⁂

Jaurès assistait assez régulièrement aux séances de l'Assemblée communale et se rendait fréquemment à son cabinet d'adjoint pour étudier les affaires qui lui étaient soumises et pour signer les pièces administratives.

Nous avons retrouvé aux archives quelques-unes de ces pièces qui portent sa signature.

Celle-ci — c'est une particularité que nous indiquons au passage — variait selon l'importance du document au bas duquel il l'apposait.

Lorsqu'il s'agissait d'une formule imprimée à authentifier, d'un texte qui n'émanait pas de lui, de notes strictement administratives, c'est-à-dire n'ayant aucun caractère personnel, il signait tout simplement:

Jaurès.

Par contre, quand c'était un ordre de service, un rapport, et que le libellé était de lui, il signait:

Jean Jaurès.

comme si, dans ce cas, sa signature intégrale était une affirmation de sa personnalité.

La Bibliothèque de la Ville possède aussi quelques autographes de Jaurès, datés des années 1890, 1891 et 1892.

Ce sont des billets entièrement écrits de sa main et signés, au moyen desquels il avisait le bibliothécaire qu'il autorisait tel ou tel particulier à emprunter des ouvrages pour les consulter à domicile.

D'habitude, cette faveur ne s'accorde que difficilement; mais Jaurès ne savait jamais la refuser. Il recevait le quémandeur avec bienveillance, l'interrogeait sur ses travaux et lui donnait même des conseils.

Les billets dont il s'agit sont rédigés tantôt à l'encre, tantôt au crayon bleu, sur des feuillets de papier du format le plus varié. Les formules employées présentent elles-mêmes la plus grande diversité : « Je prie Monsieur le Bibliothécaire de la Ville d'autoriser M... à emprunter des livres. — *Signé :* Jean Jaurès, *adjoint à l'Instruction publique.* », ou bien : « Autorisation à M... d'emprunter des livres à la Bibliothèque Populaire. », ou encore : « Prière à M. le Bibliothécaire de la Ville de prêter des livres à emporter à M... », etc., etc.

*
**

Jaurès a été élu conseiller municipal, pour la première fois, à une élection partielle, le 27 juillet 1890.

Sa candidature, présentée par la municipalité, fut ratifiée au cours d'une grande réunion des Comités républicains, radicaux, socialistes, tenue au Théâtre des Nouveautés, le 12 juillet, sous la présidence de M. Serres, qui fut plus tard maire et député de Toulouse.

Le maire, M. Ournac, qui fut sénateur de la Haute-Garonne, en présentant Jaurès à l'assemblée, souligna tout de suite le véritable caractère de sa candidature :

« Pour nous aider, dit-il, à résoudre la question de l'Université qui passionne la ville, nous avons fait appel au dévouement d'un homme de cœur et de talent qui sera pour nous un auxiliaire précieux ».

Jaurès ensuite exposa son programme.

Son discours, qui était le premier qu'il prononçait depuis les élections de 1889, est intéressant à plus d'un titre. On y trouve, en dehors de la conception personnelle de l'universitaire sur l'enseignement du peuple, une explication très franche et très sincère de son échec aux élections législatives.

Le texte n'a pas été sténographié. Nous nous excusons donc de n'en donner qu'une image affaiblie et décolorée :

Citoyens, je vous remercie de votre sympathie ; elle fait de moi un citoyen adoptif de votre ville.

J'ai écouté avec la plus grande attention l'exposé de la gestion municipale que vient de faire le maire de Toulouse.

Cet exposé si clair, si complet, me remet en mémoire une parole célèbre.

Il y a seize ans, alors que la République appartenait aux conservateurs, Gambetta disait aux républicains : « Tâchez de conquérir les conseils municipaux et les conseils généraux et là faites vos preuves ».

C'est que le reproche qu'on adressait alors aux républicains était qu'ils n'entendaient rien aux affaires.

Plus tard, ce reproche des conservateurs, ce fut des républicains qui l'adressèrent aux hommes d'avant-garde, aux réformistes, aux radicaux.

Eh bien, on peut dire aujourd'hui que les républicains ont fait leurs preuves ; l'exposé de notre maire est là pour l'attester.

En terminant cet exposé, M. Ournac vous a parlé de la question de l'Université.

J'ai causé de l'Université avec les représentants de la classe ouvrière ; or, ils considèrent la question de l'enseignement supérieur comme indispensable à l'impulsion de l'enseignement primaire, qui semblerait cependant devoir les préoccuper le plus.

Je suis heureux d'avoir, dans une question pareille, l'adhésion de la démocratie.

. . . .

Quel est le but d'une université?

Ce but est de rétablir l'unité, la plénitude de vie de l'esprit.

Le Dante a dit : « Il y a des millions d'hommes qui vivent dans un ciel sans étoiles », c'est-à-dire qui ne peuvent jamais élever leur pensée vers la culture de l'esprit.

C'est par cette unité d'esprit, c'est par cette plénitude intellectuelle qu'on permettra d'élever la pensée de ces hommes.

C'est cette unité, c'est cette plénitude intellectuelle qui a créé les encyclopédistes et qui a fait la grandeur du dix-huitième siècle.

Oui, les encyclopédistes ont illustré leur siècle, ils ont rayonné sur toute l'humanité, et c'est parce que leur esprit englobait l'universalité de la connaissance humaine qu'ils ont préparé les réformes du monde social.

Je ne dis pas cela pour faire de cette question de l'Université un marchepied électoral. Je me jugerais méprisable si je l'envisageais à ce point de vue. La question est plus élevée, elle est plus grande.

Nous voulons reconstituer les centres intellectuels de la province.

Certes, jusqu'ici, Paris — dont je suis loin d'être l'ennemi, bien que son esprit subisse parfois, comme l'an dernier, des éclipses passagères — brille d'un éclat sans égal; certes, Paris est un centre de haute, d'éclatante intelligence; mais, à la récente tourmente électorale que la France a traversée, si le républicanisme provincial, si notre vieil esprit de liberté s'était endormi, qui sait où fussent allées les choses?

Il faut donc créer des centres intellectuels en province, foyer de rayonnement, source féconde de vie morale, et, sur ce sujet, je vois que nous sommes en parfaite communion d'idées.

Mais il n'y a pas que cette question qui doive nous préoccuper. Il y a aussi les questions multiples touchant à l'enseignement populaire qu'il ne faut pas négliger. Toulouse possède — et c'est son honneur — un enseignement primaire excellent, qui a des maîtres dévoués; il y a mieux à faire encore; il faut développer l'enseignement professionnel.

Vous possédez une École primaire supérieure. C'est déjà un commencement; cette école, il faut l'agrandir le plus possible.

Je sais qu'il y a des travailleurs qui s'opposent à l'établissement des écoles professionnelles; ils craignent les effets de la concurrence que ces écoles pourraient créer aux ouvriers établis.

Il y a une réponse à ces préoccupations: est-ce que, par la force des choses, les bras ne continueront pas quand même à s'offrir? Et ne vaut-il pas mieux, dès lors, créer des travailleurs instruits, vraiment capables de défendre leurs droits, d'entreprendre leur émancipation sociale et économique?

C'est là mon sentiment, citoyens, car je sais qu'on ne fait jamais œuvre grande avec des hommes mal instruits, ignorants, médiocres.

Supposez les écoles professionnelles — industrielles ou agricoles — multipliées; les offres de travail se produiront déjà dans ces écoles, on pourra savoir de quel côté il faut porter son effort, sa main-d'œuvre, son travail. Ainsi se trouvera réalisée l'institution si profitable aux classes ouvrières, si ardemment réclamée des Bourses de travail: l'enseignement professionnel l'aura créée.

Ces questions, citoyens, bien que j'ai le dessein de servir les intérêts communs de Toulouse autant que ceux de la démocratie, n'amènent fatalement à vous parler quelque peu des questions politiques.

Il y a des hommes qui me disent: « Vous avez été rejeté par le suffrage universel; vous ne pouvez plus avoir la parole; vous aviez été élu par le peuple, en 1885, dans le département du Tarn; les mêmes électeurs ne vous ont point voulu en 1889 ».

C'est vrai, j'ai été élu député du Tarn en 1885. Je n'ai pas été élu député de Castres en 1889.

Savez-vous pourquoi?

Le voici. En 1885, nous luttions au scrutin de liste; nous avons triomphé et j'eus l'honneur d'arriver en tête de ligne. En 1889, nous avons lutté au scrutin d'arrondissement; j'ai été battu. Mais pourquoi encore?

La circonscription de Castres avait donné, en 1885, une majorité de 1.500 voix aux réactionnaires; mais cette majorité réactionnaire disparut dans l'ensemble du scrutin départemental, noyée par les majorités républicaines des vigilantes populations d'Albi et de Gaillac.

En 1889, au scrutin d'arrondissement, j'ai enlevé à mon adversaire, dans cette même circonscription de Castres, plus de la moitié de ces 1.500 voix.

J'ai été vaincu, soit; mais en tenant haut et ferme le drapeau de la République, mais en faisant face à l'ennemi, en l'entraînant, en le blessant lui-même.

Et ce n'est vraiment pas à des républicains qu'il appartient de me reprocher d'être tombé sur le champ de bataille, le front haut, face à l'ennemi.

Je ne dis pas cela pour moi, mais pour mes compagnons de lutte, pour les républicains de Castres qui ont combattu le bon combat, pour ceux qui ne m'ont pas trouvé trop démocrate.

L'accueil que vous me faites ici, ce soir, sera pour eux une bien belle consolation.

Et puis, pourquoi viennent-ils dire que j'ai été vaincu?

Oui, j'étais un vaincu le soir du 22 septembre; mais le lendemain, le matin du 23 septembre, quand je lisais dans les journaux les résultats des élections du pays entier, je voyais que la République avait terrassé ses ennemis, je voyais que la République était triomphante; je n'étais plus vaincu, j'étais victorieux.

Jaurès traite ensuite la question de l'impôt. Il examine le projet de M. Constans relatif à la création d'une caisse de retraite pour les travailleurs, à l'efficacité duquel il ne saurait croire. Mais il voit là un acheminement vers l'effort social tenté par les réformistes et il s'en réjouit.

. . . .

Par la force des choses, dit-il en terminant, l'idée de justice sociale atteindra et enveloppera peu à peu toute l'étendue du parti républicain.

La tâche de la génération présente est malaisée; mais elle est belle et noble; il ne faut pas s'en tenir aux formules posées par nos pères de 89; il faut passer aux actes, appliquer ces formules, résoudre les problèmes sociaux.

Soyons donc des hommes pratiques; mais aimons profondément, comme les glorieux ancêtres dont nous nous inspirons, la justice sociale.

Il y a là comme une réserve d'or en fusion avec laquelle nous pouvons graver des médailles impérissables.

Je vous convie, citoyens, à unir l'esprit pratique à l'esprit de justice pour la réalisation des pensées sublimes qui nous ont été transmises par la Révolution française et qui sont une force nécessaire sans laquelle nous ne pourrions obtenir le moindre des résultats.

⁎

La veille du scrutin, le samedi 19 juillet, Jaurès exposa de nouveau son programme; mais, cette fois, la réunion était publique et avait lieu dans le faubourg ouvrier, à Saint-Cyprien, devant une foule composée, en majeure partie, de prolétaires.

Plus à l'aise dans ce milieu qu'il affectionnait plus particulièrement, il n'hésita pas à aborder de front les problèmes sociaux.

Son discours, que nous reproduisons d'après les journaux de l'époque, donnera une idée assez nette de son orientation:

Il y a deux erreurs, à mon sens, que l'on est en train d'accréditer contre les républicains avancés. On dit: « Les radicaux ont failli mener la République à sa perte, et, sans le concours des républicains modérés, le péril boulangiste n'eût pu être évité ».

Je trouve fâcheux ce partage de l'honneur de la victoire républicaine. Si les radicaux n'avaient point contracté partout alliance avec les modérés, poussant l'abnégation jusqu'à ajourner les réformes les plus urgentes portées sur leurs programmes, si la lutte contre le boulangisme n'avait point réuni en un faisceau compact toutes les forces de la démocratie, je demande si la victoire eût été si complète et si belle. Non, non, la victoire du 22 septembre et du 6 octobre a été le résultat d'un effort commun, elle a été obtenue par les radicaux aussi bien que par les modérés, et, à cet égard, les républicains avancés ont parfaitement le droit de revendiquer pour leur part la direction de l'institution républicaine.

La deuxième erreur est celle qui consiste à dire: « Les populations rurales ont seules sauvé la République ».

Certes, je ne veux pas diminuer le mérite de ces populations. Je sais qu'elles ont à lutter contre les influences multiples de la réaction. Je sais que les paysans, terrorisés par des hobereaux, ont un mérite extrême à formuler quand même leur libre opinion.

Ces populations, ces paysans ont droit à notre respect; mais il ne faut pas venir dire que la démocratie des villes n'a pas fait son devoir. A Lyon, à Lille, à Marseille, à Montpellier, à Toulouse cette démocratie a terrassé la coalition boulangiste, réactionnaire. Et à Paris même, l'erreur du 27 janvier a été aux trois-quarts réparée.

Ce que l'on voudrait, à la vérité, c'est annihiler les efforts du parti d'avant-garde; voilà pourquoi nous protestons.

Citoyens, ce jeu-là devient dangereux; et nous, qu'on a raillés, nous qu'on a traités de rêveurs, d'hommes peu pratiques, nous pourrions prendre une éclatante revanche en faisant passer sous les yeux des railleurs les discussions stériles auxquelles se livrent leurs amis à la Chambre.

Voyez, par exemple, la question de l'impôt foncier, et dites-moi si, au lieu de ne songer qu'à sa petite circonscription, chaque député avait eu en vue les intérêts généraux du pays, on n'eût pas fait aboutir cette réforme.

Il faut se rappeler, en effet, que la politique n'est pas une question de clocher, que la France est une et que les réformes à accomplir intéressent la démocratie française tout entière.

Il faut qu'on se demande, sur cette question de l'impôt foncier, si ceux qui n'ont pas de propriété ne supportent pas de trop lourdes charges, et la seule manière de résoudre la question c'est de la poser en vue de la solution des problèmes sociaux.

Il faut se demander s'il y a intérêt à voir la propriété concentrée en un petit nombre de mains, ou s'il ne conviendrait pas de la voir répartir de la façon la plus large; et, dans ce cas, il faut supprimer les impôts qui empêchent les travailleurs d'acquérir cette propriété; il faut dégrever le travail des paysans, le salaire des ouvriers; il faut supprimer les charges qui accablent les ménages pauvres.

On a essayé de faire revivre la Caisse de Prévoyance des Travailleurs, et, à cet égard, le Ministre de l'Intérieur, M. Constans, a déposé un projet de loi dont j'ai déjà fait l'analyse.

Est-ce que les ouvriers, écrasés d'impôts, peuvent faire les économies que ce projet leur demande? Non, ils ne le peuvent pas.

Je dis donc que la politique des résultats restera vaine tant qu'on ne s'efforcera pas de résoudre la question sociale. Et c'est cet effort que je demande aux radicaux de faire.

Il ne faut pas cependant qu'ils s'imaginent résoudre les questions sociales avec les simples formules de la Révolution française. Depuis 1789, d'autres questions se sont posées qu'il faut rechercher à résoudre par la solidarité — c'est là tout le socialisme.

C'est pourquoi je demande aux radicaux d'aller vers les militants du socialisme, de se rapprocher d'eux au Parlement afin de former un grand parti d'action socialiste capable de mener à bien toutes les réformes.

J'espère que cette œuvre s'accomplira.

Il me suffira, je pense, de ces courtes explications pour vous montrer, citoyens, dans quelle voie je veux marcher avec vous.

Pourtant je veux vous dire autre chose encore.

J'ai entendu, au sein de la démocratie ouvrière, des paroles de découragement.

On nous a fait beaucoup de promesses, disent quelques-uns, mais les périodes électorales passées, rien n'est venu.

Je réponds à ces pessimistes: le découragement, dans une démocratie qui lutte, qui veut conquérir la justice sociale malgré les entraves, malgré les embûches du chemin, le découragement, s'il n'est que passager, est une faute. Il devient un crime s'il persiste, car il ne tend à rien moins qu'à causer la déroute des combattants.

Ah! citoyens, vous qui luttez depuis plus d'une génération pour obtenir un peu plus de justice, de réparations sociales, pour conquérir votre liberté et vos droits, si vous n'avez en vue que la satisfaction de vos intérêts personnels, si vous ne travaillez que pour vous-même, vous avez peut-être raison d'être las et de vous décourager; mais si vous avez en vue le but idéal de la justice sociale, si vous pensez aux générations à venir, si vous les voulez plus heureuses, plus fraternelles, vous n'avez plus le droit de vous décourager, vous n'avez plus le droit de déserter le combat. Ce n'est plus votre cause que vous défendez, c'est celle de vos enfants, c'est la cause de l'avenir. Debout, donc, la victoire est à vous!

J'ai moi-même, citoyens, rencontré dans ma vie politique bien des déceptions. Elles ne m'ont pas abattu. J'ai fait, de 1885 à 1889, tous mes efforts pour faire aboutir à la Chambre des Députés quelques lois sociales de protection pour les ouvriers. J'ai réussi quelquefois, notamment en ce qui concerne la loi relative aux délégués mineurs et à la création de la Caisse de Retraites de ces travailleurs.

Eh bien! en 1889, il est venu un marquis, propriétaire de nombreuses actions des Mines de Carmaux. Ce marquis a dit aux travailleurs de la mine: « Si je suis votre député, il y aura du travail pour vous; si je ne suis pas député de Carmaux, je vous renverrai de la mine, il n'y aura plus de travail pour vous ».

Et, un jour, il s'est trouvé quelques-uns de ces mineurs, dont j'avais essayé d'adoucir les peines, qui m'ont insulté; ils m'ont craché au visage et m'ont frappé.

J'aurais eu le droit d'être découragé; mais est-ce qu'un pareil spectacle n'est pas une preuve nouvelle qu'il faut affranchir les travailleurs de si horribles servitudes? Est-ce que ce n'est pas une preuve nouvelle qu'il y a d'abominables misères sociales à secourir?

Oui, certes! Et tant que je pourrai être debout, tant que j'aurai la force nécessaire, je servirai la même cause: la cause des travailleurs.

Oui, je le dis bien haut: tant qu'il me restera un souffle, je l'emploierai à combattre pour les faibles contre les puissants, pour le peuple contre ceux qui l'oppriment, pour la justice sociale contre l'iniquité et contre l'injustice.

Si nos efforts deviennent vains pour nous-mêmes, citoyens, nous aurons du moins la joie que procure le devoir accompli et nous transmettrons notre tâche pure et intacte à ceux qui viendront après nous continuer le bon combat pour cet idéal de justice vers lequel doivent toujours s'élever nos pensées.

✱✱

Au premier tour de scrutin, sur 36.245 électeurs inscrits, 9.156 seulement votèrent. Jaurès obtint 8.406 suffrages. Il fut élu au scrutin de ballottage par 7.194 voix sur 7.421 votants.

Voici, à titre documentaire, les remerciements qu'il adressa à la population (1) :

Electeurs, vous nous avez donné, dimanche, un chiffre de voix qui, à Toulouse, n'avait jamais été atteint dans les élections complémentaires et qui a presque assuré d'emblée le résultat définitif.

Nous vous en remercions cordialement.

Les adversaires systématiques qui, sans provocation aucune, se sont déchaînés contre nous, n'ont pas osé affronter la lutte électorale.

Ils s'imaginent éviter ainsi la constatation publique de leur impuissance définitive; mais, en abandonnant le combat sans renoncer à la polémique, ils ont proclamé eux-mêmes et leur défaite et leur dépit.

Ils espéraient ainsi que la plupart des électeurs démocrates se désintéresseraient d'une élection assurée et que nous recueillerions un chiffre de voix dérisoire.

Vous avez déjoué leur calcul.

Si nous nous étions enfermés dans la question municipale, dissimulant notre programme politique, ils nous auraient accusés de chercher le succès dans l'équivoque.

Nous avons affirmé très nettement nos convictions politiques et nos espérances sociales; mais, en même temps, dédaignant l'exemple qui nous était donné, nous n'avons pas prononcé une parole qui pût envenimer les querelles de parti et nuire à l'œuvre d'intérêt commun que nous voulons poursuivre avec le concours de tous.

La mauvaise humeur de quelques dissidents ne nous empêchera donc pas d'être, au Conseil municipal de Toulouse, les représentants de toute la démocratie républicaine et les serviteurs impartiaux de la Cité.

(Mardi 22 juillet 1890.)

*
* *

Le lendemain de son élection, Jaurès était désigné par ses collègues pour remplir les fonctions de sixième adjoint.

---

(1) Ces remerciements sont également signés: Henri Dupeyron, qui était candidat avec Jaurès, mais c'est Jaurès qui les a rédigés.

Le maire, en le saluant au nom de la municipalité, soulignait une fois de plus le caractère de son entrée au Conseil municipal :

L'arrivée parmi nous de notre nouveau collègue, M. Jaurès, disait-il, est une bonne fortune. Je n'énumérerai pas ses brillantes qualités ; sa modestie ne me permettrait pas de le faire. Mais ce que je puis bien dire, c'est qu'avec son concours nous sommes certains de mener à bonne fin cette grande question de l'Université qui intéresse à un si haut degré tous les Toulousains.

*
* *

Le Conseil municipal dans lequel Jaurès venait d'entrer avait été élu sur une même liste composée en majorité de radicaux-socialistes, parmi lesquels MM. Ournac, Féral, Serres, Laurens, Tranier, Philippe, Jean-Bernard Passerieu, Leygue et de quatre ouvriers socialistes : Charles de Fitte, Déjean, Daydé et Coulon.

Le 1er mai 1892, avec cette même liste *républicaine radicale socialiste* qui faisait, selon *La Dépêche*, « une part équitable à tous les éléments de la grande famille démocratique toulousaine », Jaurès fut réélu conseiller municipal, au premier tour, par 11.787 voix sur 23.121 votants, devançant ainsi, par rang de suffrages, trente-deux de ses collègues.

L'assemblée le nomma de nouveau, d'abord troisième puis deuxième adjoint au maire, avec, comme précédemment, la délégation de l'Instruction publique.

*
* *

Jaurès intervenait assez fréquemment dans les discussions du Conseil municipal.

Sa première intervention se produisit le 30 décembre 1890, au sujet de la suppression des bataillons scolaires.

Au cours de la discussion du budget de la ville, un conseiller protesta contre la suppression du crédit relatif à cette institution. Jaurès, comme adjoint responsable, répondit au nom de l'Administration.

L'opinion de Jaurès, à cette époque, sur cette question qui touche de si près à l'organisation militaire, offre un certain intérêt.

Voici sa réponse :

La transformation que nous projetons a été réalisée dans beaucoup d'autres grandes villes. Lyon, pour ne citer qu'un exemple, a supprimé son bataillon scolaire. Au sein du Conseil municipal de Paris, la question de la suppression des bataillons scolaires a fait l'objet d'une longue discussion. L'honorable M. Lavy demandait cette suppression et sa proposition n'a été repoussée qu'à un très petit nombre de voix. Nous ne pensons pas que le meilleur moyen de préparer les enfants de nos écoles aux connaissances du métier militaire soit de leur faire exécuter, à treize ans, quelques exercices de fusil qu'ils auront le temps d'oublier bien avant d'aller à la caserne. Nous pensons, au contraire, qu'il est préférable de nous attacher à leur donner une éducation sérieuse, et c'est pour cela que nous proposons la substitution de l'enseignement gymnastique au simple maniement du fusil. Les exercices que font ces enfants pour les préparer à la caserne ne sont pas plus efficaces que celui qui consisterait, pour leur apprendre à devenir de bons citoyens, à les faire passer tous les dimanches devant une urne électorale.

*
* *

Dans la même séance, Jaurès fut pris à partie par un conseiller socialiste, Charles de Fitte, à propos d'une subvention à l'Académie locale de législation.

Charles de Fitte posa la question en ces termes :

Je n'ai pas l'habitude de cacher ce que j'ai à dire ; je parle ici, me trouvant sur ce fauteuil, comme je le ferais si j'étais dans la rue, et je trouve que je suis ici pour combattre ce que je trouve être contraire au progrès démocratique. Je pourrais vous montrer les rapports de cette société ; ils sont empreints du plus affreux esprit rétrograde, du plus égoïste conservatisme que l'on puisse imaginer.

A cette conception un peu étroite du « progrès démocratique », Jaurès répondit :

Nous aussi nous avons la prétention de nous montrer ici ce que nous sommes dans la rue. Nous parlons avec autant de franchise et de sincérité lorsque nous sommes sur les bancs du Conseil municipal que lorsque nous nous trouvons ailleurs. Je vous ai déjà déclaré que je ne sépare pas le progrès démocratique et socialiste du développement intellectuel et je dis que si le Conseil suivait la marche que vous voudriez lui faire suivre, vous rendriez à la démocratie le plus mauvais service.

Vous reprochez à l'Académie de législation d'avoir émis sur telle ou tel point des doctrines qui ne sont pas les vôtres. Laissez-moi vous répondre que vous ne pouvez pas rendre toute une Académie de législation responsable des opinions individuelles. Cette Académie est composée d'hommes de tous les partis. Et qu'est-ce que cela peut bien faire qu'un membre ait combattu l'idée socialiste? Les autres ne peuvent pas en être rendus responsables. Quelles que soient les opinions de ceux qui cherchent, travaillent, peu importe, car tous ceux qui travaillent ainsi finissent par le faire pour la cause de la démocratie, que je ne sépare pas de celle de la vérité.

**

L'une des plus retentissantes interventions de Jaurès à la tribune du Conseil municipal fut celle provoquée par un incident survenu à la distribution des prix de 1891.

Jaurès avait fait désigner par le préfet, pour présider cette cérémonie, M. Paget, doyen de la Faculté de Droit, qui était réputé comme le plus républicain des universitaires de Toulouse.

M. Paget profita de la circonstance pour prononcer un discours tendancieux dans lequel il qualifia le socialisme de « folie » et de « spoliation ».

A la séance du 5 août, Charles de Fitte porta l'incident devant le Conseil municipal et donna ainsi à Jaurès l'occasion de prononcer le discours qu'on va lire :

...Je reconnais qu'il est du droit du Conseil municipal de savoir par quel enchaînement de circonstances la présidence d'une fête populaire comme celle de dimanche dernier a été donnée, par une administration socialiste, à un homme qui a choisi avec empressement cette occasion pour injurier le socialisme et les socialistes.

Beaucoup de personnes se sont imaginé que le doyen de la Faculté de Droit avait été délégué à la présidence de la distribution des prix par l'autorité préfectorale, c'est-à-dire sans nous, malgré nous et même contre nous. Il leur semblait extraordinaire qu'ayant accepté d'être proposé pour la présidence d'une cérémonie semblable par une administration qui se dit socialiste, M. Paget se fût empressé de lancer une diatribe contre le socialisme; il leur paraissait extraordinaire, dis-je, qu'au moment où l'adjoint délégué à l'Instruction publique était vilipendé depuis plusieurs années pour avoir soutenu des doctrines socialistes, celui qu'il avait proposé pour présider vint fournir des arguments contre la cause qu'il défendait.

Il est cependant vrai que c'est nous qui avons proposé à M. Paget d'accepter la présidence. Après avoir pris l'avis de M. le Maire et du Conseil d'administration, j'ai écrit à M. le Préfet pour le prier de destiner la présidence, ou mieux, de désigner à cette présidence M. Paget.

M. de Fitte a dit qu'il y avait là un acte d'hospitalité aussi bienveillant qu'irréfléchi. Je lui demande bien pardon. Agissant comme je l'ai fait, j'ai obéi à des raisons sérieuses que je crois bonnes. Je m'étais dit d'abord qu'il y avait un très grand intérêt pour l'enseignement, et pour la démocratie elle-même, à rapprocher l'enseignement primaire de l'enseignement supérieur; ces deux enseignements ont intérêt à rester en contact.

L'enseignement supérieur doit se pénétrer des sentiments et des idées du peuple; l'enseignement primaire a intérêt à se tenir rapproché de la science, de l'idéal philosophique et humain que l'enseignement supérieur peut lui donner. Je suis convaincu que le rapprochement de l'enseignement populaire et de l'enseignement supérieur est nécessaire; c'est pourquoi j'avais pensé que M. le Doyen de la Faculté de Droit, qui a eu l'honneur d'être récemment décoré par le gouvernement de la République, était tout désigné pour présider.

Il y avait un autre motif: M. Paget est vice-président de la Caisse des Écoles; il est très assidu aux réunions et a rendu de grands services à cette œuvre démocratique.

. . . .

Comment, après l'offre qui a été faite à M. Paget par une administraiton municipale socialiste, M. Paget s'est-il lancé contre le socialisme? Je ne peux pas l'expliquer.

Il y a deux hypothèses qui se sont offertes: ou bien M. Paget, seul parmi toutes les personnes qui ont entendu son discours, n'a pas saisi la véritable portée de ses paroles, et je n'insiste pas; ou bien il l'a saisie, et je n'insiste pas davantage. Je connais beaucoup de personnes qui penchent pour la première hypothèse; mais comme je ne suis pas dans les secrets de l'intelligence de M. le Doyen de la Faculté, je ne puis donner une opinion ferme.

On m'a reproché de n'avoir pas répondu. Je n'ai pas répondu parce que je n'ai pas voulu répondre. Ce n'est pas que la chose fût mal aisée, et tous ceux qui, comme moi, ont écouté ce discours, ont pu se convaincre que la réplique n'était pas difficile.

Il est au moins étrange d'entendre dire, non pas seulement que la propriété individuelle, mais que la forme de cette propriété est immuable et sacrée, au moment où une évolution énorme se produit sur l'idée de la vie, de Dieu et du droit.

De plus, il y avait une contradiction saisissante entre la doctrine de M. Paget et la cérémonie à laquelle nous assistions.

Il a combattu le socialisme, l'Etat et l'association. Or, devant qui parlait-il?

Devant des élèves élevés dans les familles par des précepteurs, ou devant des élèves d'une école libre ? Il parlait devant une école d'Etat; il parlait devant les élèves des écoles publiques, écoles instituées par l'Etat, entretenues par lui et mises à la disposition du peuple. Cet enseignement public et gratuit qui est donné aux enfants du peuple est l'enseignement d'Etat et la réalisation du socialisme d'Etat dans l'ordre de l'enseignement; et il est étrange qu'au moment où l'on préside une cérémonie semblable on vienne contredire et insulter le socialisme et les socialistes. Je n'insiste pas, je me borne à déclarer que le lieu était mal choisi pour soutenir cette thèse.

Ecoutant ce discours, je songeais à ces jeunes fillettes, venues là en ceintures roses, habillées de blanc, pour recevoir des prix, et qui pensaient plutôt aux livres rouges ou bleus qui les attendaient.

Je pensais, comme adjoint délégué à l'Instruction publique, que, s'il est nécessaire d'enseigner aux enfants le respect des institutions fondamentales du pays, il est bon de s'abstenir de soulever devant eux des questions brûlantes et controversées.

L'année dernière, lorsque j'ai eu l'honneur de présider la distribution des prix, je me suis borné à indiquer aux enfants quels étaient leurs devoirs envers leurs maîtres et envers leurs familles : et lorsque j'ai visité les écoles, j'ai toujours écarté toutes les questions controversées. Je regrette vivement que, dimanche dernier, celui qui a présidé n'ait pas agi de même.

Devant ce malentendu volontaire, devant ce parti-pris d'attaques auxquelles nous sommes livrés, devant les injures grossières, devant cette perfidie à laquelle nous sommes en proie, nous ne devons point perdre notre sang-froid. Nous ne descendrons pas dans des polémiques prématurées où l'on voudrait nous entraîner ; l'heure viendra où nous pourrons nous expliquer.

Ce ne sera pas devant des personnes qui voudraient nous entraîner, mais devant le suffrage universel. Ce jour-là, nous ferons connaître le bien-fondé de nos doctrines. Nous répondrons à tout ce qui s'est dit et imprimé, à tout ce qu'il y a d'odieux et d'inavouable contre nous. Nous avons fait un dossier que nous saurons produire à cette heure ; mais, en attendant, conservons notre sang-froid et notre dignité.

Encore une fois, il n'y a qu'un incident individuel. Je n'ai pas le droit de parler au nom des autres professeurs, mais j'ai la preuve que l'esprit de négation et de défi qui a présidé au discours de M. Paget n'est pas, tant s'en faut, l'esprit de l'enseignement supérieur, et il ne faut pas qu'un malentendu puisse se produire entre la municipalité de Toulouse et l'enseignement supérieur.

*
* *

Le 3 novembre 1891, le Conseil discute le budget des hospices civils.

Sur un amendement tendant à laïciser le personnel de ces établissements, Jaurès prend la parole pour expliquer son vote. Nous donnons le texte de ses explications d'après la sténographie du *Bulletin Municipal* :

Il faut, sur cette question, parler nettement, s'expliquer d'une façon catégorique. On a l'air de reculer devant cette question qui est très grosse et qui a été posée subrepticement, je veux dire sans que l'Administration ait été prévenue.

M. Sarraute paraissait ne se préoccuper que d'une question d'économie à réaliser ; c'est une question budgétaire qu'il veut discuter et, comme moyen, il propose la laïcisation ou plutôt la suppression complète des sœurs et des aumôniers, ce qui est le maximum de la laïcisation.

Eh bien! il faut savoir si la proposition de M. Sarraute reste une question d'économie ou s'il veut poser le problème de la laïcisation.

. . . .

Mais M. Sarraute dit lui-même que la mesure qu'il propose n'aura pas un résultat d'économie; donc, qu'il écarte la question du débat budgétaire, et l'on se trouve en présence de la question de laïcisation. Je vais m'expliquer sur ce point.

Je dois m'expliquer sur cette question de philosophie sociale; c'est mon métier. Je ne suis pas de ceux qui cherchent, avec le principe théocratique, une transaction quelconque. Mais, à la mesure que veut prendre M. Sarraute, j'oppose des raisons de circonstance et des objections de fond.

M. de Fitte disait : « Le Conseil s'est engagé à voter la laïcisation, « et il est temps, au bout de trois ans et demi, qu'il réveille cette ques- « tion puisqu'il est à l'extrémité de son mandat. »

Je ne trouve pas que ce soit conforme à la sagesse et à la dignité du Conseil. Si le Conseil était convaincu qu'il devait, pendant la période de son mandat, proposer la laïcisation des hospices, il aurait dû le faire dès le début de son mandat, de façon que la laïcisation fût commencée tout au moins pendant qu'il avait la responsabilité des affaires.

. . . .

J'ajoute une autre raison de fond, une raison de politique générale, et, si vous me le permettez, je dirai de philosophie générale.

Je ne crois pas bon, à l'heure présente que le problème social est posé de toutes parts, et lorsque toutes les ressources pour ce problème de la question religieuse ont avorté, de venir soulever cette discussion sous la forme la plus aiguë. Oui, lorsque la République aura fait son devoir en matière sociale, en matière de charité, d'assistance, de philanthropie et de justice, alors on pourra opérer la laïcisation. Oui, lorsque la République aura organisé l'assurance contre la maladie, le chômage; qu'elle aura créé des caisses de retraites pour la vieillesse, lorsqu'elle aura prouvé aux plus ignorants, aux plus superstitieux de notre pays, que l'on s'occupe de la question de justice en matière de bienfaisance, alors oui, vous pourrez parler de laïciser les hospices, et, à ce moment, il n'y aura aucune résistance, on ne se heurtera à aucun malentendu, à des persécutions mesquines. Mais aujourd'hui, devant des avortements misérables, devant le triomphe de l'égoïsme qui fait échouer tous les projets préparés pour l'amélioration du sort du peuple, vous ne pouvez pas soulever cette question. Regardez dans toute l'étendue de la France, regardez à Toulouse en particulier, vous verrez se préparer contre la démocratie, contre le mouvement social, contre les radicaux-socialistes, la fusion des capitalistes et des cléricaux pour marcher contre nous.

Je ne veux pas, en ce qui me concerne, leur fournir des armes, je ne veux pas faire le jeu d'adversaires perfides, et voilà pourquoi, tant que le problème social ne sera pas résolu, je m'opposerai à l'adoption de vœux comme celui présenté par M. Sarraute.

*
* *

A la séance du 25 juin 1892, Charles de Fitte demande la suppression de la subvention allouée au Théâtre du Capitole.

A la thèse de Ch. de Fitte qui, de nouveau, comme dans les précédentes réunions, apporte à la tribune du Conseil la conception étroite et mesquine d'un socialisme étriqué et sectaire fort en honneur, à l'époque, dans les centres travaillistes, Jaurès va opposer, avec une éloquence profonde et une clairvoyance admirable, la thèse philosophique, puissante et large, d'un socialisme naissant, mais déjà soucieux des nécessités et des possibilités sociales.

Il convient de souligner, en passant, cette particularité assez curieuse que c'est toujours Charles de Fitte, représentant officiel du Parti socialiste toulousain à l'assemblée communale, qui amène Jaurès à s'expliquer.

Jaurès est déjà conquis par le socialisme; mais, dès ce moment, comme plus tard, il a horreur de la démagogie et des gestes inutiles auxquels les premiers militants semblaient se livrer et se complaire.

Dans toutes ses interventions, ce qui domine c'est le souci de voir le peuple se libérer, non seulement matériellement, ce qui ne peut être le fait d'un vote du Conseil municipal, mais intellectuellement et moralement.

Charles de Fitte disait : « En votant des subventions à des associations comme l'Académie de législation ou des Jeux Floraux, *nous avons l'air* de faire de la réaction. »

Jaurès répondait : « Qu'importe, si nous développons le sentiment de la science, de l'art et de la vérité. »

Ainsi apparaissait, une fois de plus, toute la distance qui séparait, dans le Parti socialiste, les deux tendances fondamentales : l'une, celle des manuels, qui ne tenait aucun compte des contingences sociales ; l'autre, celle des intellectuels, qui s'attachait au moindre fait et qui, par son caractère sentimental, s'inspirait surtout de la vie telle qu'elle est et des différentes aspirations humaines.

Le discours prononcé par Jaurès au sujet de la subvention au Théâtre du Capitole est tout un programme. Le voici tel que nous l'avons retrouvé dans le *Bulletin Municipal* :

Je suis d'accord avec notre collègue sur la pensée qui l'anime ; mais je ne le suis plus sur la direction générale qu'il entend devoir donner pour résoudre le problème social.

Vous avez dit, et je m'en félicite, que si la ville était réduite à la vie matérielle, elle serait extrêmement pauvre et que vous aviez pour le peuple, pour la démocratie, d'autres ambitions. Nous sommes d'accord là-dessus et je me réjouis que nous ayons la même conception.

Vous trouvez qu'il serait bon de subventionner des œuvres comme les théâtres destinés à élever, au point de vue artistique, le goût public ; mais vous dites qu'avant de le faire, il faut pourvoir aux besoins physiques de la masse. C'est à ceci que je veux répondre.

Cette manière de voir est inexacte, cette théorie vous entraînerait trop loin.

Vous devez considérer qu'en même temps que l'on subventionne le théâtre, les œuvres populaires, nous subventionnons les hospices ; que sous l'administration précédente, qui est la même que celle-ci, le Conseil a fait exécuter de grand travaux pour donner du travail aux ouvriers. Il a tenu à honneur de subventionner l'enseignement supérieur, la Faculté de Médecine, l'Observatoire, qui ne rapportent rien et ne rapporteront jamais rien, mais qui contribuent à la vitalité de la ville de Toulouse.

Le Conseil municipal a été obligé de reconnaître qu'il y avait des œuvres qui développaient le sentiment de la science, dont la masse elle-même se ressent. Pourquoi s'arrêterait-il dans la voie qu'il suit pour les œuvres théâtrales ?

. . . .

Je dis que c'est l'honneur du Parti socialiste de subventionner des œuvres comme la Faculté de Médecine, l'Observatoire, etc., quoique la masse n'en profite pas.

. . . .

Je dis qu'il y aurait une erreur de méthode pour ceux qui poursuivent le développement social du peuple à attendre que les questions d'intérêt matériel soient résolues pour subventionner le théâtre. Oui, nous voulons que le peuple tout entier arrive à pouvoir goûter les joies de la vie qui sont réservées aux privilégiés; nous voulons que, par la véritable égalité sociale, il puisse venir s'installer dans la maison, pas en valet, mais en égal; nous voulons lui livrer la maison entière; nous voulons qu'il puisse s'élever à toutes les joies qui ont été jusqu'ici réservées aux élites; nous devons lui donner, en un mot, toutes les satisfactions que peuvent procurer les intérêts intellectuels.

Je maintiens encore que le meilleur moyen de prédisposer les cœurs à la générosité est d'attirer la population vers le théâtre; on se sent mieux disposé à aider, à secourir ceux qui sont au-dessous de soi. Voilà pourquoi je prie les membres du Conseil municipal de rester fidèles à ce qui a été fait jusqu'ici dans les Conseils qui se sont succédé, c'est-à-dire de voter la subvention. Il en résultera un bien-être en faveur du peuple, et ce sera suivre la vraie politique socialiste.

*

En dehors de ses interventions au Conseil municipal, mais à l'occasion de ses fonctions d'adjoint au maire, Jaurès a prononcé un certain nombre de discours dont le texte n'a pu malheureusement être reconstitué.

Nous avons eu, toutefois, la bonne fortune de retrouver trois de ces discours, les plus importants : le premier prononcé à la distribution des prix aux élèves des Écoles laïques, le 10 août

1890, le second à l'inauguration de la Faculté de Médecine, en présence de M. Carnot, Président de la République, le 20 mai 1891, et le troisième à la distribution des prix du Grand Lycée, le 31 juillet 1892.

Ce sont, on va le voir, de purs chefs-d'œuvre d'éloquence :

Distribution des Prix aux Elèves des Ecoles laïques

MESDAMES, MESSIEURS, JEUNES ELÈVES,

Je veux dire quelques mots esulement pour remercier M. le Préfet des paroles trop bienveillantes qu'il m'a adressées, pour féliciter les excellents maîtres de Toulouse et pour dire la joie que nous donne à tous cette belle cérémonie.

L'honneur que m'a fait la ville de Toulouse en me confiant, dans la limite des attributions municipales, la direction de son enseignement public, m'est particulièrement doux aujourd'hui. Nous assistons vraiment à une belle fête : la ville de Toulouse est ici tout entière, figurée par ses enfants et comme résumée dans son espérance et dans sa fleur; chaque quartier est représenté par son école; chaque école a sa place marquée et ses couleurs distinctes, et si un étranger nous demandait le véritable plan de Toulouse, nous lui dirions : le voilà !

Il est difficile, quand on se trouve devant un enfant, de ne pas se demander tout bas : que sera-t-il et que fera-t-il ? Mais la vie est si fragile et l'avenir si incertain qu'il se mêle toujours à ces questions une secrète mélancolie.

Si l'enfance a dépouillé toute faiblesse pour ne retenir que sa grâce, elle est multitude et toutes ces fragilités assemblées ont la force d'une génération. Dans les écoles d'aujourd'hui, nous entrevoyons la cité de demain; ce sont ces petites mains qui, dans quelques années, cimenteront les pierres, couvriront les toits, ensemenceront la terre, feront aller l'aiguille et les métiers, alimenteront les machines. Voilà ce qui donne à cette fête un charme tout particulier: elle est à la fois enfantine et virile; elle a la fraîcheur de la source et l'abondance du fleuve.

C'est une joie de plus pour les parents de s'apercevoir que leurs enfants, à leur place marquée dans cette vaste cérémonie, sont déjà comme de petites personnes, ils ont mis à les parer aujourd'hui un peu de leur épargne et beaucoup de leur cœur. Enfants, portez avec respect vos jolies petites toilettes; elles représentent ce qu'il y a de plus noble dans le travail du père, ce qu'il y a de plus tendre dans l'orgueil maternel.

Dans ce peuple qu'on dit volontiers insouciant et sceptique, il y a deux choses profondes: le culte des morts et l'amour des enfants. Bien loin de se laisser absorber à l'heure présente, il appartient par le meilleur de son âme au passé où dorment ceux qui ne sont plus, à l'avenir inconnu qu'il voudrait bon et doux aux petits êtres qui grandissent. Il ébauche ainsi, autant qu'il est en lui par le souvenir fidèle et l'affection prévoyante, ce qui sera l'œuvre humaine par excellence, je veux dire la continuation des générations et l'unité des âmes.

Il témoigne par là d'un haut idéalisme dont il faut tenir le plus grand compte dans l'enseignement qui lui est donné. Ceux qui voudraient réduire l'enseignement du peuple à être purement technique et mécanique; ceux qui ne veulent voir dans l'instruction donnée au peuple qu'un nouvel outil de travail et qui en exclueraient volontiers le sentiment, l'imagination, le rêve, la haute pensée, oublient que la vie de famille est le fond même de l'existence populaire et que la vie de famille n'est rien sans le sentiment, la poésie et le rêve, sans cette forme supérieure de la pensée qui s'appelle l'abnégation.

Ainsi, par la pratique des vertus de famille, les travailleurs les plus humbles sont déjà entrés dans un haut idéal et l'enseignement réduit à je ne sais quelle routine purement utilitaire ne serait plus, quoi qu'on en dise, proportionné aux besoins du peuple; il serait inférieur à son âme.

C'est la vie de famille qui nous permettra de donner à la démocratie française une éducation toujours plus haute, sans faire jamais de déclassés. Lorsque l'enfant, qui a appris à aimer son père et sa mère, rentre de l'école avec une vérité de plus que ses parents ignorent, il n'est pas tenté de les dédaigner pour cela; mais au contraire, il leur est d'autant plus reconnaissant de leur rude labeur, de leurs sacrifices quotidiens, qu'il a pu, grâce à ce labeur et à ces sacrifices, s'élever aux joies de l'esprit; il est heureux d'avoir appris quelque chose de nouveau, surtout parce que cela réjouit son père et sa mère; les joies du savoir et les affections de famille pénètrent dans ces jeunes âmes et la science que nous rêvons pour la démocratie française ne sera pas une étrangère, arrogante et dédaigneuse, boudant au foyer domestique et au métier familier. Elle apparaîtra tous les soirs dans la famille populaire sous les traits de l'enfant bien-aimé qui a dans les yeux la lumière de la vérité entrevue et qui, en retrouvant le père et la mère, fait de cette lumière de vérité un nouveau et plus ardent éclair de tendresse filiale.

**

Inauguration de la Faculté de Médecine

Monsieur le Président de la République,

Au nom de la ville de Toulouse, j'ai l'honneur de remettre à l'Etat, en votre personne et en jouissance perpétuelle, les bâtiments de la Faculté mixte de Médecine et de Pharmacie et de la Faculté des Sciences.

Nous sommes fiers de vous montrer tout ensemble nos traditions anciennes et nos œuvres nouvelles. A la Faculté de Médecine, tout est neuf : l'institution et l'établissement, l'âme et le corps; à la Faculté des Sciences, nous avons donné un corps nouveau à une âme séculaire de vérité. De l'autre côté du Capitole, l'antique Faculté de Droit, rajeunie, forme un groupe avec le nouveau bâtiment de la Faculté des Lettres qui s'achève. Bientôt, nous l'espérons, notre Ecole des Beaux-Arts, ce nid étroit et sombre, d'où tant de beaux génies se sont élancés vers la gloire, sera transférée dans le vieil hôtel Saint-Jean, tout plein de souvenirs du passé, et qui accueillera avec joie dans ses robustes murailles les imaginations créatrices de nos artistes de dix-huit ans. Ainsi, Toulouse aura ou construit, ou trouvé un noble abri pour toutes les formes de la pensée, de la science et du rêve.

Car c'est bien Toulouse qui a fait cela. Elle y a été puissamment aidée par le concours bienveillant des hommes publics que nous sommes heureux de remercier ici une fois de plus; mais c'est la ville tout entière qui l'a voulu : toutes les municipalités qui se sont succédé ont travaillé à la même œuvre, et nous, qui en avons hâté l'achèvement, nous devons rendre justice à ceux qui nous ont précédé.

Certes, la plupart des citoyens qui passent dans nos rues ne connaissent jamais de près les bienfaits et les joies de la haute science.

Ils la respectent cependant; ils l'aiment et ils font pour elle, sans hésiter, tous les sacrifices nécessaires. Ils savent qu'elle fait partie du patrimoine de la cité, qu'elle en est la tradition et l'honneur.

Ils savent aussi qu'en élevant la condition générale des sociétés et la civilisation humaine, elle ennoblit la vie de ceux-là aussi qui n'y participent pas directement, comme la marée qui monte soulève ceux-là même qui dorment dans le navire.

Ils pressentent, enfin, qu'un jour viendra où tous les hommes seront admis plus étroitement dans l'intimité du vrai, et dans nos sociétés travaillées d'inquiétudes et de problèmes, il y a au moins une forme de crédit que la démocratie a organisée: c'est le crédit de la science.

` Entre toutes nos institutions d'enseignement, cette sollicitude de la cité est un premier lien; elles se sentent enveloppées d'une même affection et d'une même espérance; mais, en même temps, tous les maîtres de nos Facultés et de nos grandes écoles ont le sentiment très vif de l'unité de leur mission. Certes, ils ne reprennent pas tout à fait la formule de cet étrange concile d'alchimistes exhumé récemment par un des prédécesseurs de M. le Ministre de l'Instruction publique: « le fourneau est un, la voie est une, l'œuvre est un ». Il y a une diversité des recherches et des méthodes.

Mais ils savent aussi qu'il y a une unité supérieure de la science et de l'esprit humain, et tous veulent donner à leurs étudiants, au-dessus du savoir spécial qui fait le médecin, le juriste, le chimiste ou le sculpteur, le sentiment et le besoin de l'universel qui fait l'homme, c'est-à-dire, en France, le citoyen. Et par là, à cette cité en qui surabondent les dons de nature et qui a déjà tant produit presque par la seule grâce de l'instinct, ils inculqueront cette forte discipline intellectuelle qui donne aux qualités natives l'ampleur et la fermeté du génie classique, et qui peut faire de Toulouse un centre admirable de civilisation. Voilà pourquoi, dans les sculptures qui décorent le fronton de la Faculté des Sciences, dans les peintures qui ornent l'amphithéâtre de la Faculté de Médecine, nous saluons avec orgueil, non seulement l'œuvre excellente de nos artistes inspirés, mais le symbole et la promesse de la fusion prochaine de toutes nos puissances intellectuelles et artistiques.

Ce grand effort crée, aux étudiants qui se pressent si nombreux ici, des obligations qu'ils comprennent. Ils ont un devoir d'affection envers la Cité qui met en eux ses complaisances, qui s'égaie de leur gaîté, s'anime de leur espoir, s'illumine de leur jeunesse. Ils ont un devoir de reconnaissance filiale envers la nation, qui, elle aussi, a fait pour eux bien des sacrifices, et qui montre, par la présence de son premier magistrat, que l'éducation de la jeunesse est le premier souci de la Patrie. Enfin, ils ont un devoir de sollicitude agissante envers cette démocratie qui prélève avec joie, sur sa vie souvent réduite et obscure, de quoi bâtir à la science de lumineux palais. Il faut que le progrès de quelques-uns dans la vérité se traduise par le progrès de tous dans la justice; et de même qu'en ces jours de mai le beau jardin qui enveloppe ces demeures envoie, jusque dans les laboratoires et les bibliothèques, les souffles et les parfums de la terre renouvelée, il faut que la haute science et la haute pensée soient comme pénétrées par le renouveau fraternel des sociétés humaines.

C'est ainsi, Monsieur le Président, que tous, représentants de la Cité, maîtres, citoyens, étudiants, confondant dans une ardente espérance la science, le peuple, la Patrie, nous attendons avec confiance la loi qui doit organiser les Universités et donner à l'enseignement supérieur cette unité extérieure et visible qui manifeste et achève l'unité intérieure.

Nous ne voulons pas aujourd'hui devancer de nos vœux le vote de la loi; nous avons rempli et au delà les conditions les plus strictes marquées par elle, et avec nos cinq Facultés: des Sciences, de Droit, des Lettres, de Médecine et de Pharmacie, de Théologie; avec notre Ecole Vétérinaire si prospère; avec notre Ecole des Beaux-Arts si illustre; avec nos étudiants si nombreux et déjà organisés; avec nos multiples Sociétés savantes, vénérables et actives: l'Académie des Sciences, l'Académie de Législation, la Société Archéologique, les Jeux Floraux, la Société de Médecine, la Société de Géographie; avec notre Association des amis de l'Université de Toulouse; avec toutes ces institutions qui protègent en tous sens l'enseignement supérieur et qui la font comme la vie quotidienne de la cité, nous espérons encore une fois et nous travaillons.

Vous voyez nos efforts, vous devinez nos espérances; elles n'ont pas un caractère égoïste et étroitement local; elles font partie de notre culte pour la Patrie, et nous les plaçons sous la garde de la République que vous représentez si simplement et si noblement parmi nous.

Distribution des Prix du Grand Lycée de Toulouse

MESDAMES, MESSIEURS, JEUNES GENS,

Je me félicite beaucoup du grand honneur qui a été fait, en ma personne, à la Municipalité de Toulouse. Il me permet d'abord de remercier, en votre nom, M. Gilbaut de son piquant et curieux discours. La réhabilitation de ces pauvres rêveurs d'alchimistes par la science positive contemporaine est un fait très remarquable et très suggestif. Ils ont bien, en effet, créé la chimie moderne et non pas indirectement et par ricochet; s'ils l'ont préparée, ce n'est pas seulement parce qu'à propos de leurs chimériques recherches, ils ont rencontré des observations de détail, c'est surtout parce que ces recherches mêmes impliquaient le principe de l'unité chimique, qui a été la lumière et la vie de la chimie moderne. Ils n'ont eu qu'un tort, c'est d'élire entre tous les corps un roi, l'or, auquel ils rapportaient tout. C'est la série tout entière qu'ils auraient dû considérer comme un individu chimique dont tous les corps ne sont que des modes particuliers, et alors ils auraient entrevu la possibilité théorique, non pas seulement de convertir certaines substances en or, mais de convertir toute substance en toute substance. Ainsi, à la confusion des esprits lourdement positifs, si les alchimistes se sont trompés, ce n'est pas par excès de hardiesse, mais par excès de timidité. Je serais tenté, je l'avoue, de retomber dans mon péché favori et de réclamer la même équité bienveillante pour d'autres chercheurs d'absolu, pour ces grands alchimistes des sociétés humaines qui, de 1800 à 1848, ont refondu au creuset ardent de leurs systèmes les institutions sociales et les faits sociaux, qui ont voulu convertir en solidarité les brutalités de la vie et de transmuer en or pur le plomb vil des égoïsmes et des appétits. Mais de ces alchimistes-là, il serait prématuré même de dire ici le véritable nom, et je laisse aux distributions des prix de l'avenir le soin de les réhabiliter.

Je suis heureux aussi de constater les beaux succès du Lycée, dont la ville de Toulouse est justement fière. Cette année, vous l'avez comblée. Vous avez eu trente-cinq admissibles à Saint-Cyr, huit nominations au concours général, dont un prix d'histoire, et quatre admissibilités à l'Ecole Normale Supérieure, dont deux pour la Section des Lettres. De mon temps, pour la section des lettres, on ne se préparait qu'à Paris. Il y a là, au profit de Toulouse, un commencement de cette décentralisation intellectuelle et universitaire dont il a été beaucoup parlé. Je n'ai pas assez d'autorité pour oser féliciter de ce beau succès les professeurs du lycée. Je leur demande seulement la permission de m'en réjouir avec eux.

Me voici arrivé maintenant à la partie embarrassante de ma tâche : mes fonctions m'obligent presque, jeunes gens, à vous donner quelques conseils, et je ne sais trop si j'en ai le droit. Il en est un pourtant, un seul, que je puis vous donner sans présomption, sans empiètement téméraire sur votre liberté, car je veux vous avertir précisément et vous presser de sauvegarder toujours votre liberté intime, d'être et de rester des personnes, d'être et de rester vous-mêmes et de développer en vous la vie vraiment individuelle, la vie intérieure et profonde.

Vivre pour autrui, mais vivre avec soi-même, voilà quelle est à mon sens notre double loi, et avec les nécessités extérieures toujours plus pressantes, avec les fatigues croissantes de la civilisation, il n'est peut-être pas inutile de le rappeler. Ce n'est pas, vous m'entendez bien, que je veuille vous convier à une sorte de solitude mélancolique et hautaine, dédaigneuse de l'action et oublieuse de la solidarité. Les temps ne sont plus où cela était possible ou même passagèrement légitime. Il y a eu un moment, au commencement de ce siècle, ou plus exactement dans le premier tiers de ce siècle, où la jeunesse pensante, celle qui avait du génie ou quelque étincelle de génie, semblait se plaire dans un isolement songeur, attristé ou farouche. Par un saisissant paradoxe, le même Napoléon qui avait arraché des millions d'hommes à la tranquillité du foyer et aux songeries idylliques pour les précipiter dans l'action, qui avait perdu les individus dans des masses mouvantes et organisées et qui avait mêlé les peuples et les races avait donné aux âmes humaines l'exemple et le signal de la solitude. Il déchaînait les bouleversements, mais pour réaliser une pensée secrète: et le tumulte de l'histoire répondait au silence de son rêve. Il passait mystérieux et impénétrable jusqu'au jour où sa volonté solitaire éclatait en événements: il était comme un horizon fermé qui se déplace et qui ne s'ouvre que par des éclairs.

Dès lors, par une sorte d'imitation involontaire et instinctive du grand homme tombé, tous les jeunes gens qui pensaient, qui rêvaient, qui, eux aussi voulaient vivre d'une vie illimitée, s'imaginaient que pour conquérir et remplir l'univers, il faut d'abord s'enfermer en soi; et comme un moment le « moi » de Napoléon avait été tout, ils se disaient que pour devenir tout, il faut d'abord dire: « moi ».

Ainsi, tout autour de Napoléon, et surtout après lui, quand il parut à des milliers de jeunes gens, qui n'ont pas tous avoué leur rêve, que la succession était vacante, que le monde était à prendre et qu'il fallait s'en emparer par la gloire et par le génie, il y eut dans les âmes une concentration ambitieuse et douloureuse, qu'on pourrait appeler « la solitude napoléonienne ». Et en même temps que les âmes s'isolaient ainsi par imitation, elles s'isolaient par réaction: au sortir de la contrainte militaire, qui avait discipliné les hommes en bataillons et les bataillons en armées, chacun éprouvait le besoin de se ressaisir, et c'était comme une volupté nouvelle d'être seul. De plus, la nature même, avec la variété et l'infinie douceur de ses aspects, avait été disciplinée, militarisée, caporalisée; les déserts d'Egypte avaient mission d'envelopper, d'une sorte d'étrangeté lointaine, le général qui voulait devenir consul; et les sphinx étaient enrôlés dans le coup d'Etat de Brumaire; la mer avait consigne de porter en Angleterre nos flottilles et nos soldats; les feux des camps, sur les plateaux de la Moravie faisaient pâlir les étoiles, et il semble qu'à la chute de Napoléon, la nature même ait retrouvé sa liberté. Dès lors, c'était comme un enivrement pour les âmes de se rajeunir dans le vieux monde comme en une solitude vierge.

L'homme disait tout bas à la nature: « Ne crains rien, je viens seul et je ne veux pas te tyranniser; je ne porte avec moi ni fracas, ni passion; je viens te voir et t'écouter, et t'adorer en tes vallées profondes; je n'oublie pas la légende héroïque et j'en suis hanté, mais je ne veux pas te l'infliger; moi aussi, je vois enfin des paysages qui ne sont pas inscrits sur des drapeaux et je veux voir des soleils éclatants ou finissants qui ne portent pas des noms de bataille et qui ne figurent pas au bulletin, comme le soleil d'Austerlitz ».

Ils allaient ainsi, se taisant et songeant. C'est alors que, sur la terrasse du vieux château de Combourg, assombrie par la nuit, Chateaubriand, tout jeune, sentait passer des fantômes d'amour en qui les palpitations du vent battaient comme un cœur mystérieux et passionné. C'est alors que Hugo, plus calme et déjà souverain, prolongeait sur la colline ses entretiens royaux avec le soleil couchant. C'est alors que Lamartine soupirait et rêvait,

> *Assis au bord désert des lacs mélancoliques.*

Alors aussi, par une frénésie de solitude, Oberman, le héros de Sénancourt, gravissait ces hautes cimes des montagnes où la couche d'atmosphère amincie et raréfiée ne transmet à l'œil qu'une lumière sombre, si bien qu'en plein jour on voit les étoiles; et là, au-dessus du jour trivial et importun où s'agitait la foule humaine, il goûtait la solitaire tristesse des espaces nocturnes, dans ces régions étranges où notre soleil même fait partie comme les autres du domaine de la nuit. Les génies plus humbles avaient besoin d'isolement comme les génies altiers, et Joseph Delorme gémissait d'être emporté vers la vie, dans un des rares beaux vers qu'il nous ait laissés:

> *Adieu, besoins du cœur, solitude, silence!*

Encore une fois, je ne vous appelle point dans cette solitude des premiers temps du siècle, car ceux-là même qui un moment y ont fortifié leur génie et exalté leur âme n'ont pas tardé à en sortir pour se mêler à l'action et à la vie. Joseph Delorme échappait aux rêveries, aux tristesses et aux consolations intimes et tournait vers les hommes et les choses sa curiosité multiple : il changeait même de nom et s'appelait Sainte-Beuve : la solitude avait tourné au feuilleton.

Lamartine, après avoir été le poète des lacs, devenait le barde des révolutions, et, dans la cour de l'Hôtel de Ville, il haranguait les multitudes du haut de son cheval que, dans sa langue délicieusement surannée, il appelait encore « un coursier ».

Hugo abandonnait son génie au grand courant de la démocratie et du siècle, comme jadis, aux temps héroïques, il eût quitté son île pour descendre le cours du fleuve Océan, et Vigny lui-même communiquait au public des romans à thèse par la porte entrebâillée de sa tour d'ivoire : il ramenait Moïse dans les cités. Si donc nous voulions les suivre pour leur redemander, nous, vivants affairés et surmenés, la paix féconde des solitudes, eux-mêmes nous jetteraient dans le tumulte de l'action.

Du reste, bien des puérilités qui font sourire se mêlaient chez les jeunes gens d'alors, à ce noble besoin d'isolement. Se concentrant en eux-mêmes, ils risquaient de s'exagérer les plus petits accidents de leur vie et de leur âme ; ils prenaient au tragique les petites souffrances d'amour-propre et d'amour, et, tout en enfermant leur génie, ils se révoltaient qu'il fût inconnu ; les moindres pensées et les moindres misères faisaient en eux beaucoup de bruit, comme sous un verre de cristal un vol de mouches captives. Ils s'imaginaient volontiers qu'ils étaient voués à une fatalité exceptionnelle et à des souffrances inconnues amalgamées pour eux seuls par le destin dans le coin le plus sombre de son laboratoire. Il leur semblait porter sur leurs épaules un monde lourd, mystérieux et triste, et ils pliaient sous lui comme s'ils l'eussent en effet porté. Vous rappelez-vous les mauvais vers de Joseph Delorme ?

> *A le voir si voûté, l'on dirait un aïeul,*
> *Et du front chaque jour une mèche lui tombe.*

Je ne souhaite nullement pour vous cette mélancolie dénudée et cette calvitie fatale. Au reste, nous sommes bien guéris, trop guéris peut-être les uns et les autres, des enfantillages de la solitude ; tâchons de n'en pas perdre toutes les sublimités.

La vie a singulièrement resserré devant vous, jeunes gens, l'espace du rêve; la lutte pour l'existence est devenue tous les jours plus rude; toutes les voies sont encombrées et piétinées et vous le savez, et de bonne heure vous faites effort. Dès le lycée, il vous faut presque choisir une carrière et vous y préparer, car à vingt-et-un ans vous serez soldats et il faut que d'abord votre route soit tracée. Ainsi, dans les études mêmes de l'adolescence, le métier vous guette et commence à vous tenir; vous êtes pris déjà par les choses extérieures, et pendant que vous lisez, la nécessité se penche sur votre épaule et mêle son ombre à la vôtre sur le livre ouvert devant vous.

Puis, c'est le régiment avec sa grandeur morale, mais aussi avec sa sévérité nouvelle. Plus de légende et d'épopée héroïques, et sauf quelques échappées coloniales, plus d'aventure et d'imprévu; la force individuelle prise dans un immense engrenage dont la régularité semble faire surtout la force, et comme première vertu, la discipline. Vous êtes saisis et façonnés pour la guerre, et vous ne savez pas, nul ne sait, si c'est la guerre qui tranchera les problèmes: les peuples s'observent et hésitent, ils sentent tous, avec une précision que n'a point connue le passé, qu'une responsabilité terrible pèse sur eux, et, si la crise suprême éclate, ce ne sera pas l'élan chevaleresque et étourdi des volontés individuelles ou même des passions nationales, mais la puissance sombre, et, pour ainsi dire, la nuée du destin, sans autre éclair que la grandeur du sacrifice. Et dans la vie, vous verrez que les formes accoutumées d'activité individuelle sont éliminées peu à peu et que c'est sous la forme collective que semble devoir s'exercer tous les jours davantage la grande action.

Vous verrez dans l'ordre politique, que les partis ne sont plus, comme au temps des doctrinaires, des groupes distingués et hautains, mais des masses compactes qui n'ont presque plus de chefs, même quand elles semblent avoir de passagères idoles, qui ne voient guère dans les volontés individuelles les plus hautes que des instruments de choix et qui pèsent sur elles d'un poids très lourd, soit pour obtenir la satisfaction immédiate d'intérêts particuliers, soit pour réaliser, de façon presque mécanique et impersonnelle, les vastes programmes élaborés par des collectivités puissantes.

Vous verrez dans l'ordre économique et industriel que les vicissitudes de la production, de la spéculation et du progrès même dans le monde entier, pèsent d'un poids grandissant sur les entreprises et les destinées individuelles; vous verrez aussi se multiplier les sociétés, les groupements anonymes, les associations, les syndicats, les ligues, les fédérations; vous verrez aux deux pôles du monde social, du côté de la richesse acquise et du côté du travail quotidien, se former peu à peu d'immenses groupements, d'immenses concentrations d'intérêts distincts, rivaux peut-être, qui s'envoient tantôt des défis retentissants, tantôt de vagues appels de rhétorique fraternelle. Partout, les individualités humaines sont engagées et entraînées dans de vastes ensembles; partout les énergies individuelles sont comme prises dans un mécanisme d'acier.

Est-ce un bien? Est-ce un mal? Et que sortira-t-il de ce mouvement? Je n'ai point à le dire ici. Les uns croient que la disparition des anciennes formes de l'activité individuelle est un péril presque mortel et que l'activité individuelle elle-même y périra. Les autres pensent, au contraire, qu'en poussant jusqu'au bout de ses conséquences ce mouvement d'association et de groupement, on trouvera des garanties nouvelles, plus efficaces et plus étendues, par l'activité individuelle, par le développement individuel de tous. Les uns et les autres sont sincères et l'avenir décidera entre eux. Mais il y a un point sur lequel tous sont et doivent être d'accord et ici et ailleurs: c'est que, plus les conditions accoutumées de l'activité individuelle sont parallèles à la marche des faits et menacées peut-être par l'approche d'une crise, plus les solitudes extérieures qui entouraient et protégeaient quelques individualités sont comme piétinées et foulées, plus il importe aussi, jeunes gens, que vous sachiez créer en vous-mêmes, dans vos consciences et dans votre esprit, des individualités énergiques et résistantes. Il faut que vous appreniez à dire « moi », non par les témérités de l'indiscipline ou de l'orgueil, mais par la force de la vie intérieure. Il faut que, par un surcroît d'efforts et par l'exaltation de toutes vos passions nobles vous amassiez en votre âme des trésors inviolables. Il faut que vous vous arrachiez parfois à tous les soucis extérieurs, à toutes les nécessités extérieures, aux examens de métier, à la société elle-même, pour retrouver en profondeur la pleine solitude et la pleine liberté; il faut, lorsque vous lisez les belles pages des grands écrivains et les beaux vers des grands poètes, que vous vous pénétriez à fond et de leur inspiration et du détail même de leur mécanisme; qu'ainsi leur beauté entre en vous par tous les sens et s'établisse dans toutes vos facultés; que leur musique divine soit en vous, qu'elle soit vous-mêmes; qu'elle se confonde avec les pulsations les plus larges et les vibrations les plus délicates de votre être, et qu'à travers la société quelle qu'elle soit, vous portiez toujours en vous l'accompagnement sublime des chants immortels. Il faut, lorsque vous étudiez les propriétés du cercle, de la sphère et des sections

V. - Quelques signatures de Jaurès 1889-1892.

coniques, que vous vous sentiez frères par l'esprit d'Euclide et d'Archimède et que, comme eux, vous voyiez avec ravissement se développer le monde idéal des figures et des proportions dont les harmonies enchanteresses se retrouvent ensuite dans le monde réel. Il faut, lorsque vous étudiez en physiciens, par l'observation et le calcul, la subtilité et la complexité mobile des forces, que vous sentiez le prestige de l'univers, relativement stable et toujours mouvant, tremblotant et éternel et que votre conception positive des choses s'élargisse dans le mystère et dans le rêve comme ces horizons des soirs d'été où la lumière s'éteint, où l'éclair s'allume et où l'œil même croit démêler les subtiles mutations des forces dans l'infini mystérieux.

Alors, jeunes gens, vous aurez développé en vous la seule puissance qui ne passera pas, la puissance de l'âme; alors vous serez haussés au-dessus de toutes les nécessités, de toutes les fatalités et de la société elle-même, en ce qu'elle aura toujours de matériel et de brutal. Alors, dans les institutions extérieures, en quelque manière que l'avenir les transforme, vous ferez passer la liberté et la fierté de vos âmes. Et, de quelque façon qu'elle soit aménagée, vous ferez jaillir dans la vieille forêt humaine, l'immortelle fraîcheur des sources.

QUATRIÈME PARTIE

Jaurès journaliste

La carrière journalistique de Jaurès a été aussi brillante que
celle de l'universitaire et du parlementaire.

Tour à tour rédacteur à *La Dépêche*, au *Matin*, à la *Revue
de l'Enseignement Primaire*, directeur politique de *La Petite
République* et de *L'Humanité*, presque chaque jour il a écrit
sur les grands événements contemporains et sur les questions
les plus diverses des articles qui resteront comme les plus lumineux et les plus clairvoyants de tous ceux qui ont paru dans la
presse de notre époque.

Mais de même qu'intentionnellement nous nous sommes ef-
forcés, dans ce volume, de ne retenir de la vie universitaire et
politique de Jaurès que les faits relatifs à la période comprise

entre 1859 et 1893, c'est-à-dire celle de ses débuts, nous éviterons, dans ce chapitre qui pourrait être cependant le plus vaste de franchir les limites du plan que nous nous sommes tracé et d'empiéter sur le domaine des historiens qui écriront plus tard l'histoire complète de toute sa vie.

Nous nous bornerons donc à parler ici de la collaboration de Jaurès à *La Dépêche de Toulouse*, cette collaboration étant en quelque sorte l'histoire de ses premiers pas dans le journalisme et surtout celle de l'évolution de sa pensée.

Le premier article que Jaurès a écrit a paru, en effet, dans *La Dépêche*, le 21 janvier 1887.

Depuis, tous les huit jours, jusqu'à sa mort, il n'a cessé de collaborer à ce journal, semant ainsi, le long de sa route, de vastes idées qui sont, aujourd'hui, autant de points de repère qui vont nous permettre de suivre, pas à pas et presqu'au jour le jour, le travail intérieur qui s'est opéré dans son cerveau agité par l'idéal socialiste.

C'est en 1890 que Jaurès, dans un article de *La Dépêche*, a proclamé son adhésion publique au socialisme.

Or, cette adhésion mûrement réfléchie et longuement méditée, a été précédée d'une période de tâtonnements, de réflexions et parfois d'hésitations.

Quand Jaurès entra à *La Dépêche*, il siégeait au centre-gauche de la Chambre.

Il y avait à peine un an qu'il était député et il n'avait eu qu'une fois l'occasion d'intervenir, à la tribune, sur une question sans grande importance : « le droit des communes en matière d'enseignement primaire ».

Mais cette intervention et les discours qu'il avait prononcés pendant sa campagne électorale avaient suffi pour attirer sur lui l'attention publique.

Le fait que le grand journal de la démocratie du Midi avait songé à lui et l'avait attaché à sa rédaction politique, aux côtés de Pelletan, de Ranc et d'Henry Maret, prouve déjà, à lui seul, que Jaurès, qui n'était adhérent à aucun groupe, était considéré comme appartenant en fait à l'extrême-gauche du Parti républicain.

**

En le présentant à ses lecteurs, *La Dépêche* écrivait :

Qui, chez nous, n'a gardé la mémoire de la brillante campagne électorale menée par M. Jaurès? Dans les réunions publiques auxquelles il conviait ses adversaires, le futur député se révéla comme un véritable tribun; il entraîna, il séduisit les populations du Tarn, et peu s'en fallut que M. le baron Reille, le roi de la montagne, ne fût dépossédé de sa couronne et renversé de son siège électif. M. Jaurès saura prouver qu'en lui le journaliste n'est pas inférieur au tribun.

**

Dans ses articles de *La Dépêche*, Jaurès a traité un peu tous les sujets, donnant son opinion, avec une hardiesse de vue et une sûreté de jugement remarquables, sur les questions les plus diverses et sur les problèmes les plus ardus.

Mais qu'il s'agisse de questions en apparence secondaires, comme celles des métayers et fermiers, des délégués mineurs, des élections méridionales ou de questions d'ordre diplomatique, économique, militaire, politique ou social, c'est toujours l'intérêt de la démocratie et du prolétariat qui domine ses préoccupations et les solutions qu'il préconise s'inspirent déjà, même lorsqu'il évite de leur donner une étiquette, de la doctrine socialiste.

*
**

Son premier article est une véritable profession de foi, un programme politique, que les radicaux-socialistes d'aujourd'hui hésiteraient peut-être à signer.

Il est à nos yeux doublement précieux, d'abord parce qu'il est le premier article de Jaurès, c'est-à-dire un document historique dont la valeur, en l'espèce, n'est pas à dédaigner, ensuite parce qu'il a été publié en 1887, presque au début de sa carrière politique, à un moment où, au dire de ses détracteurs, il professait des opinions anti-socialistes et même anti-républicaines.

Nous le reproduisons en entier (1) :

La Politique toulousaine et la Situation

Je n'entends pas faire la moindre allusion aux questions locales, mais indiquer seulement l'esprit général de la politique toulousaine, qui me paraît conforme aux nécessités de l'heure présente.

Toutes les grandes villes de province ont leur physionomie politique marquée et persistante. Marseille, avec son goût d'aventure, semble devenir de plus en plus un centre de socialisme exubérant et sonore. Lyon, où une puissante organisation patronale a su inspirer confiance à une immense population ouvrière, toute semée de petits patrons, représente un demi-radicalisme discipliné; sa députation unie, presque compacte, ne prétend pas, comme celle de Paris, être l'avant-garde de la démocratie, mais l'avant-garde des gouvernements; indépendante et courtoise envers tous, elle est une des forces du Parlement. Bordeaux, comme pour continuer la pensée des Girondins, a la méfiance secrète de Paris; il voudrait faire prédominer dans la politique ce qu'il croit être l'esprit de la province, esprit de progrès sans doute, mais avant tout de stabilité! Comment définirons-nous la politique toulousaine? Justement par l'impossibilité d'en donner une formule étroite. Toulouse, avec une faculté rare de compréhension, n'a jamais accepté la direction exclusive d'une fraction du parti

---

(1) Dans cet article comme dans ceux qui suivent, les passages en italique ont été soulignés par nous.

républicain; debout une des premières pour mener le combat contre le despotisme, elle n'a livré à personne la tutelle absolue de la liberté conquise. A certaines heures, cette facilité d'esprit aisément ouverte aux idées et sympathiques aux hommes, peut être une cause d'indécision et de faiblesse; aujourd'hui elle est un bienfait.

De quoi ont besoin par dessus tout, en ce moment, les républicains? De s'expliquer nettement devant le pays, et de développer leurs vues d'avenir, sans être paralysés d'avance par le parti-pris. La contrainte que subissent dans le Parlement les consciences républicaines est véritablement douloureuse. En face d'une opposition systématique de droite, qui compte près de deux cents voix, vous ne pouvez faire un pas dans la route qui vous paraît bonne, vous ne pouvez vous tourner vers l'avenir, sans vous exposer à renverser un gouvernement ami et à réjouir des ennemis. Vous avez voulu donner un coup d'aiguillon: le soc de la charrue s'arrête. Grave péril! Mais aussi oubliez vos promesses réformatrices; oubliez que dans les difficultés budgétaires c'est de vigueur qu'il faut user, et qu'en matière d'impôt il est temps, plus que temps, de faire résolument œuvre de démocratie et de justice; et vous dégoûtez de la République parlementaire, qui s'userait par les crises, mais plus encore par la stérilité, la portion la plus vaillante du parti républicain! Vous préparez, dans l'abaissement des espérances républicaines, je ne sais quelle dictature de hasard, qui n'aurait, pour devenir populaire, qu'à ramasser et à réaliser en un jour les réformes urgentes sur lesquelles notre prétendue sagesse traîne désespérément.

Voilà pourquoi, nous qui voulons les réformes, mais par la liberté, nous qui entendons marcher, mais sans jamais baisser la tête, préoccupés à la fois d'épargner à la République l'instabilité et l'inertie, nous sommes pris trop souvent entre deux soucis contradictoires, entre la crainte de piétiner sur place et la crainte de livrer nos chefs, si nous les devançons un peu, aux coups de la réaction. *De l'ornière où l'on s'embourbe et du fossé où l'on culbute, qu'est-ce qui vaut le mieux?*

Le parti républicain n'a qu'une chose à faire: s'adresser incessamment à la raison du pays. Il faut d'abord lui montrer sans trève la faute qu'il a commise au 4 octobre, en envoyant à la Chambre près de deux cents monarchistes! Ceux-ci sont un égal obstacle aux réformes nécessaires, qu'ils les combattent ou qu'ils aient l'air de les servir; car les républicains hésitent à donner au gouvernement des indications dont leurs adversaires font une crise: ce qui est progrès pour nous est manœuvre pour eux; ce qui en nous est visage, chez eux est masque. Les hommes des gouvernements à poigne s'associaient récemment à la réforme administrative inspirée par des vues de liberté; devant cette singerie inattendue de leurs idées, les républicains hésitent, si bien que l'opposition réactionnaire compromet nos réformes rien qu'en y touchant.

Nous attendons ces beaux réformateurs au jour prochain où il faudra, en remaniant l'impôt, demander un peu plus à ceux qui possèdent et un peu moins à ceux qui travaillent. Hier, ils se sont jetés vers la gauche extrême; demain, ils s'associeront aux plus timorés des républicains. Que le pays voie, tout d'abord, qu'il a introduit au Parlement, avec les monarchistes, une véritable force de paralysie, et que pour rouvrir le progrès, il doit décidément exclure une opposition sans principes.

Et puis les républicains doivent l'entretenir, non d'une manière vague, mais avec précision, avec netteté, des grandes questions politiques, économiques et sociales que la République doit résoudre. Le pays apprendra par là que les difficultés parlementaires n'absorbent pas la pensée républicaine, qu'elle reste toujours éprise d'idéal: les incertitudes de l'heure présente peuvent parfois faire hésiter notre vote, mais chacun de nous, reste tourné vers ce qu'il croit être la justice; chacun de nous, quand l'occasion lui en est offerte, doit dire au pays comment il la conçoit, comment il entend la réaliser. Il y aura tout d'abord des dissentiments: qu'importe! Rien ne rapproche comme la franchise, rien ne réconcilie comme la lumière; en se pénétrant de clarté, la conscience du pays se pénètrera d'unité: par là s'opérera la vraie concentration républicaine, non la concentration éphémère des votes, mais la concentration durable des esprits. Voilà pourquoi l'œuvre d'hospitalité républicaine qui s'accomplit ici, et qui répond si bien à l'ouverture d'esprit de Toulouse, est en même temps, à regarder un peu loin, une œuvre de concorde républicaine.

Le pays ne peut assujettir ses représentants à l'union factice et contrainte, à la discipline mécanique du scrutin: car cette discipline, il l'a rendue impossible d'avance en traçant aux uns et aux autres des programmes contradictoires, sur lesquels il entend bien qu'on transige, mais non pas qu'on capitule. Il ne peut pas, d'un signe, imposer à la majorité républicaine la concorde: il doit la lui inspirer, en en donnant lui-même l'exemple. Si la Chambre est divisée et incertaine, c'est qu'elle reflète les divisions et les incertitudes du pays: hésitons-nous à voter des économies que le gouvernement combat? De toute part nos amis s'étonnent, nous

objurguent et nous assaillent. Votons-nous, malgré le gouvernement, des
économies que nous jugeons nécessaires? Des reproches en sens inverse
nous arrivent de bien des côtés... Où peut être notre point fixe et notre
règle? Encore une fois, il faut que chacun s'explique nettement avec les
autres, et avec soi-même: si l'on veut l'union, il faut y mettre le prix;
que les uns déclarent ce qu'ils comptent abandonner de leurs impatiences
et les autres de leurs timidités, et le jour où quelques réformes bien précises seront, à des degrés divers, reconnues possibles par presque tous,
ceux-là seraient bien coupables qui ne s'y appliqueraient pas avec ferveur
et obstination. Les œuvres les meilleures, la simplification du mécanisme
administratif, la juste et démocratique répartition de l'impôt rencontreront
toujours, çà et là, des résistances et des colères; mais quand on a pour
soi l'assentiment général du pays, la nécessité et le droit, il faut, comme
le disait Vauban en proposant l'impôt sur le revenu, « se boucher les
oreilles et aller son chemin ».

Par notre vigueur dans les réformes possibles de demain, il apparaîtra
bien aux plus exigeants que nous n'oublions pas les autres: les transactions nécessaires ne doivent pas se tourner en médiocrité et en déception:
frayons-nous tous ensemble une voie vers les sommets, ne les abaissons
pas.

(Vendredi 21 janvier 1887.)

*
* *

Trois mois avant son retentissant discours sur la liberté économique, Jaurès écrivait l'article suivant qui peut en quelque sorte
être considéré comme la préface à son intervention.

La Question agricole et la Question du Pain

Les agriculteurs souffrent d'un avilissement général des prix: ils s'ef-
forcent de les relever par des droits de douane sur les produits étrangers.

Un droit de 3 francs par 100 kilogrammes sur les blés qui entrent
en France a été voté, il y a deux ans: il paraît insuffisant aux intéressés.
Une Commission de la Chambre propose de le porter à 5 francs, et le
gouvernement annonce qu'il appuiera à fond la Commission. C'est dans
quelques semaines que le débat va s'ouvrir.

La question est redoutable, car elle met aux prises, au moins en apparence, l'intérêt des villes et l'intérêt des campagnes: les ouvriers ne veulent pas payer leur pain plus cher, et les producteurs de blé, qui bien souvent sont eux aussi des travailleurs, levés avant le jour, veulent vivre.

Il semble qu'on ne puisse ici ménager l'ouvrier sans laisser souffrir le paysan, et réconforter le paysan sans charger l'ouvrier.

Et sur quoi porterait l'abnégation du paysan? Sur ce qu'il produit le plus, en bien des régions, et avec le plus de peine: le blé. Sur quoi porterait le sacrifice de l'ouvrier?

Sur ce qu'il consomme tous les jours et qui est parfois l'aliment unique du pauvre: le pain.

Une pareille question ne peut être tranchée sans un véritable déchirement d'esprit.

Il est des hommes aimables qui ont résolu d'un mot la difficulté: qu'importe, disent-ils, que le prix du blé hausse quelque peu? A condition que la hausse soit modérée, le prix du pain ne bouge pas. Ce serait admirable, mais c'est inexact: le blé plus cher fait la farine plus chère, et la farine plus chère fait le pain plus cher.

Il est impossible qu'il en soit autrement: la France consomme environ, par an, 115 millions d'hectolitres de blé. Si le prix s'élève de 2 francs par hectolitre, c'est 230 millions de plus que le blé coûte aux boulangers; peuvent-ils porter tout seuls cet énorme impôt? Ils en font part à la clientèle.

Du reste, les chiffres le prouvent; les voici, ou du moins en voici quelques-uns, tels que les donne le *Bulletin du Ministère de l'Agriculture* (5ᵉ année, nº 1) qu'on vient de nous distribuer:

En 1866, le blé étant à 19 fr. 59 l'hectolitre, le pain est à 0 fr. 35 le kil. (1ʳᵉ qualité), 0 fr. 30 (2ᵉ qualité), 0 fr. 26 (3ᵉ qualité).

L'année suivante, en 1867, le blé étant monté à 26 fr. 02, le pain se relève à 0 fr. 45, 0 fr. 39 et 0 fr. 34.

En 1869, chute du blé à 20 fr. 71; chute du pain à 0 fr. 36, 0 fr. 30 et 0 fr. 29; et on peut suivre ainsi, d'année en année, jusqu'en 1885. Toujours aux variations du prix du blé répondent d'une manière presque systématique les variations du prix du pain. Tant vaut le grain, tant vaut la miche. En 1883, 1884 et 1885, le bas prix des blés, qui a si justement affligé les cultivateurs, a fait tomber le pain à des prix qu'on n'avait pas encore vus depuis vingt ans; et aujourd'hui que l'application du droit de

3 francs a légèrement relevé le cours des blés, qui ne sait que le prix du pain est en train de se relever aussi ?

Bien mieux, dans une même année, en France, selon que dans tel ou tel département le blé s'est plus ou moins vendu, le pain a été plus ou moins cher.

Ainsi, dans l'Ariège, en 1885, le blé étant à 17 fr. 33, le pain de 2ᵉ qualité est à 0 fr. 27. Dans l'Aube, blé 17 fr. 76; même pain 0 fr. 30. Dans l'Hérault, blé 18 fr. 15; pain 0 fr. 33. Dans la Haute-Garonne, où le blé n'a été qu'à 16 fr. 93, le pain de 2ᵉ qualité n'a été qu'à 0 fr. 26. Le blé s'est vendu plus cher dans le Tarn que dans le Tarn-et-Garonne: le pain s'y est vendu 2 centimes de plus.

J'ai pris, on le voit, des départements de la région; mais tous les chiffres, absolument tous, nous imposent la même conclusion.

Il n'y a pas d'illusion à se faire, il n'y a pas d'équivoque à chercher : qui renchérit le blé, renchérit le pain.

Et notez bien que ce n'est pas seulement le consommateur des villes qui souffrira du renchérissement: il y a, à la campagne, une multitude de pauvres gens, journaliers, petits métayers, qui ne récoltent pas de blé du tout ou qui n'en récoltent pas assez pour eux-mêmes: ceux-là aussi ont un compte chez le boulanger, et ce compte est d'autant plus lourd, que le vin, ce grand réparateur, faisant défaut depuis quelques années, il faut manger davantage: quand la bouteille ne répond pas, il faut dire au pain un mot de plus.

Je comprends, si ce sacrifice est absolument nécessaire, si seul il peut sauver l'agriculture, qu'on le demande aux pauvres gens; mais je ne comprends pas qu'en le demandant on le nie. Prenez-moi, s'il le faut, un peu de mon bien-être, un peu de mon épargne! mais ne me dites point que vous ne me prenez rien. Si vous grossissez ma dépense, avouez-le; rien n'est de plus mauvais goût que de mettre les gens dans l'embarras, que de grever leur vie et de leur déclarer qu'ils ne perdent rien: s'ils se dévouent pour vous, ayez l'air au moins de vous en apercevoir.

Ce dévouement sera d'autant plus méritoire que la plupart des objets de consommation (sauf la pomme de terre) sont en hausse sensible et presque constante depuis vingt ans : la viande de boucherie (bœuf, vache, veau, mouton, porc) s'est élevée, depuis 1866, de près d'un tiers. Le bois de chêne est monté de 9 fr. 25 le stère à 11 fr. 93; le charbon de bois, de 9 fr. 64 le quintal, à 10 fr. 54, etc., etc., c'est-à-dire qu'il en coûte plus cher au peuple pour se nourrir un peu plus solidement, comme il convient à ceux qui travaillent, et pour se chauffer.

Je sais bien: depuis 1866, les salaires aussi ont monté, et de 1871 à 1883 on peut en suivre, dans presque tous les ordres de travaux, dans la petite et dans la grande industrie, la progression continue. Mais, la crise se prolongeant, il y a eu partout arrêt, et, en bien des points, recul. Les chômages, qui rongent l'épargne et la remplacent par la dette, se sont étendus.

Et c'est en ce moment qu'un intérêt agricole, qui est un intérêt national, semble contraindre les Chambres à hausser le prix du blé et du pain!

Que de fois n'a-t-on pas parlé au peuple des prodiges de la petite épargne quotidienne qui, en ajoutant les sous aux sous, en fait des louis! Il pourrait retourner la chose, et nous parler des prodiges du petit impôt quotidien qui, en prenant les sous après les sous, prend des louis. Dans les temps de gêne, une pièce de dix francs qui fait patienter le créancier, peut être le salut: elle permet d'atteindre, sans sombrer, le jour où le travail revient. Le naufragé s'accroche à une planche en attendant qu'un navire passe. Or, combien de travailleurs, dans les jours de crise, sont des naufragés! Le vieux poète nous disait :

" Que dans un écu d'or peut luire le soleil "

Oui, le beau soleil d'espérance qui réchauffe le cœur redore le front et donne un nouvel élan vers le travail et vers la vie.

Et l'on va peut-être, par un droit sur le pain, ronger cet écu d'or centime par centime, éteindre cette espérance rayon par rayon!

Eh bien! je dirai hardiment aux travailleurs des villes: quelque pénible que soit ce sacrifice, s'il vous est prouvé qu'il est nécessaire, que sans lui le travailleur des campagnes ne peut pas vivre, acceptez-le. Votre intérêt est de ne pas livrer au découragement la démocratie rurale, sans laquelle vous ne pourrez rien, sans laquelle tous vos rêves d'émancipation seront comprimés par une aristocratie d'argent. Votre intérêt est de protéger un travailleur comme vous, qui peine sous le grand soleil, contre la spéculation commerciale qui appauvrit le pauvre et enrichit le riche. Le paysan creuse le sillon; et pendant ce temps il est des hommes qui, d'un coup de télégraphe, aux Etats-Unis ou dans l'Inde, avilissent son travail.

Ne laissez pas les frelons piller les abeilles, car vous aussi vous êtes des abeilles et vous avez affaire aux frelons. *Ne laissez pas rabaisser dans la personne du paysan, la valeur du travail humain*, car elle serait bientôt compromise en vous comme en lui.

Seulement, comme c'est un sacrifice que vous faites, vous avez le droit, vous avez le devoir de faire vos conditions.

Vous n'entendez pas, en payant le pain plus cher, enrichir les capitalistes qui ont placé une partie de leur argent en fonds de terre. Vous n'entendez pas que les propriétaires profitent d'une élévation du prix du blé pour demander davantage à leurs fermiers, davantage à leurs métayers.

Vous voulez que votre sacrifice aille à ceux qui, comme vous, font œuvre de leurs mains, non à ceux qui font œuvre de leur argent. C'est là la première condition essentielle que vous devrez imposer; si des lois spéciales, certaines, assurent le bénéfice de votre dévouement aux petits cultivateurs qui labourent eux-mêmes, aux fermiers, aux métayers, vous consentez: sinon, non. Il en est une autre: c'est que vous serez payés de retour; quand la démocratie des villes aura aidé résolument la démocratie des campagnes, il faut que celle-ci aide résolument celle-là : « C'est le travail qu'en moi tu as soutenu; en toi je soutiendrai le travail. » De ces questions si vastes et où tout l'avenir humain est engagé, nous reparlerons dans huit jours et bien des fois encore. *Ah! travailleurs des campagnes et travailleurs des villes, si vous vous entendiez, si vous saviez, si vous vouliez, demain vous seriez les maîtres du monde.*

(Samedi 29 janvier 1887.)

Parmi les articles que nous avons sous les yeux, mais qui sortent un peu du cadre de notre ouvrage, il en est un cependant que nous ne pouvons résister à l'envie de reproduire, car il conserve plus que jamais un caractère de brûlante actualité. C'est celui que Jaurès écrivait, alors que le monde était troublé et que les diplomaties cherchaient leur voie, sur les alliances européennes :

Les Alliances européennes

Les élections allemandes assurent la majorité à M. de Bismarck : le septennat sera voté. Seulement, cette victoire coûte cher au chancelier:

il n'a maté l'Allemagne qu'en lui faisant peur ; pendant six semaines, il l'a tenue sous la menace de la guerre. Une pareille manœuvre ne se renouvelle point. M. de Bismarck a brûlé toutes ses cartouches électorales. De plus, quoique les socialistes aient perdu plus d'un siège, ils ont, en bien des centres, gagné des voix, et leur haut idéal, leur foi profonde et tranquille les rendront tous les jours plus redoutables. Si, en Alsace, le sentiment français avait paru un instant sommeiller, le chancelier, de sa main de fer, l'a secoué si rudement qu'il s'est réveillé et qu'il est debout maintenant comme au premier jour. Les difficultés restent donc grandes ; et qui sait si, dans cet ennui d'une lutte quotidienne au dedans, M. de Bismarck n'écoutera point le parti militaire qui lui conseille une vigoureuse diversion au dehors ? L'inconnu est ouvert devant nous.

Vous entendrez murmurer plus d'une fois aux profonds politiques de la monarchie : « Ah ! quel dommage que la France n'ait point à sa tête une dynastie ! Elle ne serait pas à cette heure aussi isolée qu'elle l'est. »

— Isolée ?

Je voudrais bien savoir quelle est la nation, en Europe, qui ne l'est point. Est-ce l'Angleterre ? Elle est réduite, faute d'alliance, faute de point d'appui solide sur le continent, à organiser partout le désordre, à *ameuter par les discours de ses ministres, l'Autriche contre la Russie, par les articles de ses journaux, l'Allemagne contre la France. Est-ce l'Italie, qui se demande, inquiète, si elle est oui ou non l'alliée de l'Allemagne, qui cherche anxieusement dans les discours de M. de Bismarck un brin d'amitié ou de complaisance, et qui se fatiguera peut-être un jour d'avances rebutées et d'humiliations inutiles ?* Est-ce l'Autriche ? Mais elle est avec plus de dignité dans la même situation que l'Italie : l'Allemagne est prise entre elle et la Russie, souriant ou boudant tour à tour à l'une et à l'autre. Singulière alliance, qui a ses phases et ses éclipses comme la lune ! Etre le satellite d'un pouvoir à orbite double, et qui brusquement vous laisse dans l'ombre, ce n'est pas avoir un allié. L'Allemagne elle-même n'en a point.

L'Angleterre, impuissante, embarrassée dans le problème irlandais, *reviendra bientôt, sans nul doute, aux mains des libéraux,* qui, s'ils n'aiment point tous la France, ne sont pas au mieux avec M. de Bismarck : lord Granville et M. Gladstone n'ont pu oublier certains procédés. La Belgique et la Hollande, soupçonneuses, le Danemark hostile, la Russie grondante, la France calme et armée, est-ce là pour nos voisins une ceinture de sympathies ? *Ah ! certes, dans une guerre contre la Russie, l'Alle-*

magne pourrait compter sur le concours de l'Autriche-Hongrie; c'est qu'en vérité il n'y a d'autre occasion de conflit prochain entre la Russie et l'Allemagne que l'intérêt même de l'Autriche en Orient : c'est-à-dire que l'Autriche ne donnerait une alliance à l'Allemagne qu'après lui avoir donné une guerre. De ces alliances-là, nous aimons autant nous passer. Quant à la Russie, elle déclare nettement et fièrement, par ses journaux autorisés, depuis une semaine, que ni elle n'a d'alliances, ni elle n'en désire. Elle n'espère les sympathies de personne en Europe que de la France, et elle n'a de sympathies pour personne que pour la France; mais de ces sympathies à une alliance il y a loin. Car toute alliance suppose un but précis : *or, ce but précis ne pourrait être que la guerre,* et la guerre, ni la France ni la Russie ne la désirent. Elles se bornent donc, sans entente et sans traité, à un libre échange de bons offices : la France recommande aux délégués bulgares la déférence envers la Russie, et la Russie évite de s'engager à fond dans la question d'Orient pour surveiller les manœuvres de l'Allemagne du côté des Vosges.

Les confidences officieuses faites récemment par la chancellerie russe pourraient se résumer ainsi : « Il est dangereux d'avoir des alliances en Europe; il est utile d'y avoir des sympathies ». N'est-ce point là justement la formule de la politique française ? La République n'a les mains prises dans aucun engagement précis et réciproque, c'est-à-dire dans aucun intérêt étranger; mais elle a su, par sa fermeté et sa réserve, se concilier l'estime des peuples et exalter en sa faveur, dans l'immense et chevaleresque Russie, le sentiment national. On sait qu'elle a de la sagesse, du courage et des armes; et ces choses-là donnent des alliés ou les remplacent. Quelle dynastie, je vous prie, eut fait mieux pour nous ?

La vérité est, si l'on veut bien méditer un peu l'histoire, que les alliances sérieuses, efficaces, ne sont possibles que dans trois cas. Ou bien des gouvernements plus ou moins absolus se concertent pour étouffer dans leurs Etats les aspirations démocratiques; c'est la Sainte Alliance des rois, la ligue des trônes. De cette ligue, si elle ressuscitait, évidemment notre République ne serait pas. Mais elle ne saurait renaître; il n'est pas une dynastie, depuis le commencement du siècle, qui n'ait dû, plus ou moins, composer avec son peuple, et il n'en est pas une dont le trône ne s'écroulât s'il s'appuyait ouvertement sur l'étranger. Ou bien, en second lieu, divers Etats se groupent pour contenir ou pour refouler une puissance envahissante et dangereuse pour tous: c'est la ligue de Richelieu et des puissances protestantes contre la maison d'Autriche; la ligue de l'Europe contre Louis XIV et Napoléon I**. Pourquoi une pareille alliance défensive ne s'est-elle point organisée en Europe, au lendemain de Sadowa et de Sedan, contre l'hégémonie allemande ? C'est, il faut bien le dire, que pour la première fois peut-être dans l'Histoire, on a vu une nation conquérante s'arrêter après deux victoires. L'empereur Guillaume ne s'est laissé aller ni à l'orgueil démesuré de Louis XIV ni aux terribles fantaisies d'artiste de Napoléon Ier. Il avait d'ailleurs, autour de lui, non plus cette Europe morcelée, disloquée, qui fut pour ses devanciers en grandes rapines une irritante tentation, mais un groupe de nations compactes, résistantes, qui l'invitaient à la sagesse. Voilà pourquoi depuis quinze ans, il y a eu en Europe non des adversaires unis pour abattre sa force, mais des courtisans empressés à solliciter ses faveurs. En ces derniers temps, comme cette sagesse relative semblait se lasser et faire place aux aventures, on sentait poindre vaguement aussi en Europe, entre la France et la Russie, sans qu'aucune parole eut été échangée, une coalition défensive. Il est un troisième cas d'alliance: c'est celui où plusieurs Etats s'entendent pour une action rapide, pour un coup de main: l'Autriche, la Prusse et la Russie pour le partage de la Pologne; la Prusse et l'Autriche pour la spoliation du Danemark; la Prusse et l'Italie pour l'humiliation de l'Autriche; c'est dire qu'en dehors de ces alliances défensives et spontanées, *qui, à l'heure du péril, ne nous feraient point défaut, parce que notre péril serait le péril de l'Europe, toute autre alliance serait une porte ouverte sur les aventures:* est-ce là ce que les grands diplomates de la monarchie voudraient nous offrir ?

Je ne parle point de ceux qui disent : les princes d'Orléans ont des parents dans toutes les cours de l'Europe; cela pourrait nous servir. Quand on ramène la politique européenne à des questions de cousinage, on a le droit évidemment d'être très sévère pour la République française : elle n'a pas en Europe de cousins; peut-être un jour y aura-t-elle des sœurs. La race est abondante et réjouissante de ces petits monarchistes dédaigneux, qui traitent de haut M. Flourens, parce qu'il n'a point des confidences d'alcôve; j'en ai vu, pendant les jours un peu inquiets que nous avons traversés, qui allaient apporter au ministre des affaires étrangères tous les secrets de l'Europe trouvés sous l'oreiller d'une duchesse cosmopolite. Ils avaient vraiment couché avec l'Europe. Sont-ils plus niais que ceux qui nous font espérer de la monarchie des alliances... matrimoniales ? Il en est de plus sérieux qui disent : la Russie, dont nous avons besoin, aime bien la France; mais elle n'aime guère la République. Si nous lui faisions l'amabilité de nous offrir un roi? — Mais, Messieurs, s'il vous plaît, pourquoi tenez-vous à des alliances ? Pour être indépendants de l'étranger, pour être maîtres chez vous. — Voulez-vous donc que nous achetions les alliances justement par la soumission à l'étranger?

Et puis, si la Russie se réglait par des affinités politiques, et non pas ses intérêts de nation et ses sympathies instinctives, qui aimerait-elle par dessus tout ?

L'Allemagne, qui est, après elle, la plus raide autocratie. Qui détesterait-elle le plus ? La France. Or, c'est l'Allemagne qu'elle déteste, et la France qu'elle aime par desus tout. Elle paraît s'accommoder assez bien de la République française; de grâce, ne soyez pas plus difficiles pour la Russie qu'elle ne l'est elle-même — et laissons ces sottises.

N'avez-vous point été frappés de ceci: depuis seize ans, la France veut la paix, avec honneur, mais passionnément; et depuis seize ans l'Europe, de très bonne foi, croit que nous méditons la guerre, ou plutôt elle le croyait encore il y a un mois; elle ne le croit plus. Pourquoi cette suspicion ? Parce que, jusqu'ici, nous nous étions abandonnés à des maîtres, et que ces maîtres s'étaient abandonnés à leur folie. Cette folie de nos maîtres, on nous l'imputait : et l'Empire tombé, on nous croyait en proie à cette agitation troublante de la politique impériale qui, comme un enfant malade, touchait à tout. L'Empire ne nous a pas valu seulement les désastres de 1870, mais encore. pendant seize ans, dans l'Europe presque entière, une survivance étrange de méfiance et d'hostilité. Par je ne sais quel prodige, ce despotisme fou, quoique déraciné de notre sol, nous tenait encore sous son ombre. Cette ombre, c'est à peine si, par une longue sagesse, la République vient de la dissiper; que ceux que leur instinct n'a point d'abord amenés à elle, mais qui aiment leur pays avec clairvoyance, lui sachent gré de cette grande œuvre d'apaisement, de désarmement moral envers la France qu'elle a accomplie en Europe. Pour nous, c'est avec une joie profonde et que nous ne nous lassons pas d'exprimer, *que nous sentons d'accord dans notre âme l'amour de la République et l'amour de la Patrie.*

(Samedi 26 février 1887.)

*
**

Les problèmes extérieurs ne font pas oublier à Jaurès les questions plus terre à terre de la vie sociale.

Dans le pays, la classe ouvrière s'agite, se groupe, essaie de s'organiser en syndicats professionnels, en fédérations. Tout de suite, Jaurès se jette dans la mêlée. L'article qu'il consacre à ce mouvement montre bien qu'il a déjà compris tout le profit que le prolétariat peut tirer de l'organisation et de l'association de ses forces éparses :

Fédération ouvrière

Il se produit un mouvement bien remarquable dans les profondeurs du peuple. Dégoûté de la politique pure et de la stérilité bruyante des ambitions parlementaires, il veut enfin aboutir. Ce n'est pas qu'il se détache le moins du monde de la République; il sait, au contraire, qu'elle est le seul instrument possible d'émancipation; il se rappelle que l'Empire, à son déclin, essayait de persuader aux travailleurs qu'ils pouvaient s'affranchir et s'élever sans reconquérir les libertés politiques. Les ouvriers sentent bien que c'est là un piège que le despotisme leur tendait. *S'il n'est souverain dans l'ordre politique, le peuple est bientôt esclave dans l'ordre social;* ainsi, les travailleurs, non seulement restent attachés à la République, mais ils veulent l'organiser de telle sorte que la souveraineté nationale s'exerce désormais sans entrave. Ils comprennent encore qu'un gouvernement républicain appuyé sur la droite ne leur donnera jamais satisfaction; ils ne se désintéressent donc pas de la politique, mais ils voient clairement qu'elle n'est qu'un moyen, qu'un instrument nécessaire de réforme sociale, et ils ne veulent point que ce qui est un instrument devienne un jouet.

Le but qu'ils se proposent, c'est l'égalité du bonheur entre les hommes, en tant que ce bonheur dépend de l'organisation des sociétés; et c'est pour atteindre ce but, trop souvent oublié par les partis politiques, que les travailleurs, depuis quelque temps, s'appliquent un peu partout à recueillir, à grouper leurs forces éparses.

Qu'on me permette de prendre pour exemple le département du Tarn. Les ouvriers ont compris d'abord qu'ils devaient avoir un journal à eux. Depuis quelques semaines, à Castres, *L'Avant-Garde ouvrière* a été fondée; tous les jours, elle se répand et pousse plus loin sa pointe. Si elle peut se suffire et s'appartenir, si elle sait, s'élevant toujours au-dessus des questions locales, rester l'organe indépendant et ferme de tous les travailleurs, elle est appelée à un grand rôle. Les syndicats ouvriers se multiplient et se développent. A Mazamet, un syndicat, de date récente, rapproche pour le bien commun tous les ouvriers qu'un funeste malentendu religieux et politique avait trop longtemps divisés au préjudice de tous. Il englobe peu à peu tous les travailleurs de l'industrie disséminés dans les villages, faisant ainsi, pas à pas, la conquête de la montagne qui, jusqu'ici, avait été comme fermée aux idées. A Carmaux, à Graulhet, les syndicats ouvriers, dès longtemps fondés, se maintiennent ou grandissent. A Castres, ils végètent encore, mais il y a là trop d'éléments démocratiques pour que des groupes puissants ne se forment pas bientôt. Je ne sais quelle indifférence, résultant de longues luttes intestines, tient ces forces secrètes comme paralysées, mais cette indifférence même est dénoncée avec vigueur par *L'Avant-Garde*; elle se dissipera.

Quelques esprits libéraux voient avec chagrin le développement des Syndicats; ils craignent que l'ouvrier, comme embrigadé, n'y laisse une part de son indépendance. Ils redoutent que, sans le vouloir, nous ne ressuscitions les corporations de l'ancien régime. Non, les corporations étaient organisées au profit de quelques-uns, elles reposaient sur l'idée de hiérarchie. Les Syndicats s'organisent au profit de tous, ils reposent sur l'idée d'égalité. Le bien le plus grand que la Révolution ait donné aux hommes, c'est assurément la liberté. Mais qu'est la liberté sans l'union, dans une société comme la nôtre, livrée aux hasards de la concurrence, aux jeux subtils de la force, aux rencontres incessantes et douloureuses de la pauvreté et de la richesse ? *La liberté sans la solidarité n'est qu'un mot, et la solidarité elle-même n'est rien, si elle reste un sentiment du cœur, si elle ne devient pas une institution.* Le syndicat, c'est la fraternité des travailleurs organisée, c'est l'âme du peuple, orageuse encore, mais vaillante et aimante, qui prend un corps.

Le mouvement de concentration et de fraternité qui emporte les travailleurs ne s'arrête pas au syndicat, il dépasse et les bornes d'une ville et les limites d'une industrie. Beaucoup, parmi les ouvriers, aspirent à une Fédération générale des travailleurs du département; l'idée est excellente, pour deux raisons. En premier lieu, au point de vue purement politique, l'organisation ouvrière doit répondre à l'organisation électorale; avec le scrutin de liste, il est nécessaire que, d'un bout à l'autre du département, les travailleurs puissent s'entendre d'une façon permanente pour régler leur marche, fixer leur programme et concerter leur choix. Ce ne sont pas des décisions purement locales, incohérentes ou même opposées, qui peuvent assurer aux travailleurs, dans la direction politique, leur juste part.

M. Henry Maret disait, ici-même, supérieurement, combien la souveraineté du peuple était intermittente et vaine, comment la médiocrité de son action politique tenait à la médiocrité de son éducation politique. Les représentants de la nation trouvent sur leur chemin ou des solliciteurs qui les flattent ou des rivaux qui les dénigrent, presque jamais des conseillers autorisés qui les éclairent au nom de la démocratie. Comment le peuple pourrait-il encore tracer sûrement la route à ses élus ? Voici, par exemple, la formidable question des impôts. Tous les ans, l'Etat prélève sur la nation trois milliards, c'est-à-dire un huitième du revenu, du salaire, du labeur, des souffrances de tous ; selon qu'on les perçoit et qu'on les distribue d'une façon ou d'une autre, ces trois milliards sont une force énorme d'oppression ou une force admirable de libération. Mais comment, isolés et accablés dans leur isolement par le fardeau croissant de la vie, les travailleurs pourraient-ils s'essayer, même de loin, à l'étude de ces redoutables problèmes ? Groupés au contraire et fédérés par région, ils auront des Commissions d'étude, ils auront aussi ces Congrès d'ouvriers qui, dans quelques grandes villes de France, agitent tant de questions et font descendre dans les profondeurs populaires tant d'idées.

Il y a dans le peuple des cerveaux pensifs que de grands éclairs sillonnent ; ces éclairs, la Fédération ouvrière les fera rayonner en une lumière égale et continue sur toutes les intelligences. Un charmant proverbe nous dit : « Tout ce que plantent les enfants prend vite racine et fleurit ». Dans l'ordre social, il semble bien aussi qu'il sera réservé aux cœurs simples et droits, plus qu'aux politiques de profession, de faire fleurir la justice. Mais encore faut-il que tous ces cœurs se rapprochent et se pénètrent et que la ferveur de justice qui est en eux devienne clarté.

Quand les travailleurs de l'industrie se seront ainsi groupés, une œuvre non moins grande et plus difficile restera à accomplir : il faudra appeler à la vie politique, qui est impossible sans l'association, les paysans de France épars et indifférents. Mais à chaque jour suffit sa peine, et, lorsque les travailleurs de l'industrie seront organisés, un grand pas aura été fait dans l'ordre politique pour substituer la volonté réfléchie de la démocratie aux questions de personnes, aux inspirations individuelles et aux surprises électorales. *Alors, il y aura vraiment des programmes, c'est-à-dire des représentants.* Jusque-là, il n'y a guère qu'un bruit confus montant de la rue ou du sillon : chacun, dans cette rumeur flottante, croit démêler un air différent ; chacun l'interprète et le module à son gré, avec le clairon ou avec la flûte.

La Fédération ouvrière est aussi nécessaire dans l'ordre social que dans l'ordre politique. Je crois qu'elle aura pour résultat définitif tout à la fois l'apaisement et le progrès. Il faut voir les choses en face : les rapports des patrons et des ouvriers, du capital et du travail, deviennent tous les jours plus difficiles. Là même où il n'y a pas de conflits aigus, il y a de sourds malentendus. Les gens de la campagne, quand l'atmosphère pure en apparence est obscurément chargée d'orages, disent d'une façon admirable : « Le temps n'est pas sain. » On peut dire que, dans l'ordre industriel, depuis plusieurs années, le temps n'est pas sain ; cette incertitude pleine de menaces pèse aussi lourdement qu'une lutte ouvrière sur l'industrie nationale. L'arme la plus terrible, ou plutôt la seule arme des ouvriers, c'est aujourd'hui la grève ; il ne sert de rien, comme on le fait communément, de la déplorer ou de la maudire. Les plus beaux sermons glissent, inutiles, par conséquent ridicules, et sur la ténacité du patron et sur la passion de l'ouvrier. On encourt d'ailleurs une responsabilité égale, soit à la déconseiller, soit à la conseiller ; car, d'un côté, on s'expose, en prêchant la soumission, à perpétuer des conditions de travail trop ingrates, et, de l'autre côté, en prêchant la résistance, à compromettre une industrie qui est le gagne-pain de tous à gaspiller en souffrances vaines l'espoir du peuple. C'est aux intéressés à décider ; seulement, ils doivent se placer dans les meilleures conditions de sagesse.

Or, voici comment raisonnent les ouvriers des États-Unis qui ont fondé, au nombre de près d'un million, l'Association des Chevaliers du travail : « Quand une grève est injuste, quand elle a pour point de départ des exigences excessives, de quelque façon qu'elle tourne, elle est un désastre pour l'ouvrier. S'il échoue, il s'est affaibli et châtié lui-même ; s'il aboutit, il a tué l'industrie dont il vivait. Lorsque les ouvriers se trompent, il n'y a que d'autres ouvriers, des camarades, qui puissent les avertir utilement d'une parole loyale et amie que nul ne suspecte. Associons-nous donc et soumettons-nous les uns aux autres nos griefs, nos revendications. Injustes, nous les écarterons d'un commun accord ; justes, nous les soutiendrons d'un commun accord avec la force immense que donneront aux ouvriers en lutte les cotisations accumulées de leurs frères. »

La Fédération ouvrière, en France comme en Amérique, donnera au mouvement des travailleurs tout à la fois plus de mesure et plus de puissance. Il n'y aura plus ni fausses manœuvres, ni chutes, ni étourderies, ni défaites. Quand les souffrants de ce monde sortent du droit, on est attristé ; lorsque, restant dans le droit, ils succombent, on est navré. Par l'union des intelligences, des cœurs et des bourses, les travailleurs sauront mieux rester dans le droit et, y restant, triompher.

Il se peut que, pendant quelques mois ou même quelques années, le patronat voie d'un œil méfiant le groupement des forces ouvrières. Les puissances n'aiment pas à voir grandir d'autres puissances; mais les patrons, éclairés, ouverts, vraiment humains, comprendront vite que tout vaut mieux que l'état d'hostilité muette et désordonnée qui mine notre industrie nationale. Il vaudra mieux pour eux se trouver en face de revendications plus fortes, il est vrai, et plus décisives, mais plus réfléchies aussi et plus sages. Ils sont livrés aujourd'hui au hasard des courants imprévus qui peuvent en quelques jours emporter leur fortune aux abîmes. L'organisation des forces ouvrières donnera aux sacrifices consentis de part et d'autre la valeur d'un contrat sérieux et durable. Quand les travailleurs seront dans l'industrie une puissance reconnue, ils se garderont davantage des entraînements passionnés qui peuvent livrer à l'étranger une part du patrimoine commun. *Il n'y a qu'un moyen de rapprocher les hommes : c'est de les rendre vraiment égaux.* Les ouvriers, qui, dans l'isolement et la détresse, ont pu subir un salaire trop bas, sont tous prêts à de brutales revanches: lorsque, par l'association, les conditions du travail seront débattues en pleine force, c'est-à-dire en pleine liberté, l'apaisement se fera; une sorte de fierté tranquille et joyeuse doublera l'énergie de l'ouvrier, et l'industrie nationale bénéficiera de tout ce que les travailleurs auront gagné en dignité et en puissance.

Je dirai donc sans crainte aux ouvriers: écoutez ceux d'entre vous qui veulent vous grouper en syndicats d'abord, puis en fédération. Etes-vous fatigués dans l'ordre politique, économique, financier, de l'incertitude des programmes, de l'incohérence des efforts, de l'impuissance finale de tous? Associez-vous et méditez en commun, donnez pour assise aux réformes nécessaires la conscience populaire, fortifiée par l'étude. La navette parlementaire va et vient dans le vide, fournissez-lui la chaîne et la trame, je veux dire: des idées précises ordonnées selon la justice. Etes-vous fatigués, dans l'ordre social, de votre isolement, de votre faiblesse, de l'inertie des uns et de l'agitation convulsive des autres ? Cherchez dans l'association tout à la fois la sagesse et la force; pratiquez ce qu'il y a de plus grand au monde: la fraternité humaine dirigée par la raison.

Vous ne vous contenterez pas de grouper les ouvriers massés dans les villes, vous apellerez à vous, vous irez chercher dans les villages et dans les hameaux les tisserands, les charpentiers, les menuisiers, les plâtriers, les maçons. Ceux-là sont le point d'attache par où la ville se relie aux campagnes, et c'est par eux que l'esprit d'ardente démocratie, pénétrant aussi la masse rurale, dissipera les sottes méfiances qui séparent le paysan et l'ouvrier et achèvera la grande œuvre que notre siècle doit consommer avant de finir : la solidarité universelle des travailleurs.

(Samedi 20 août 1887.)

**

A partir de ce moment, presque tous les articles de Jaurès sont consacrés au problème social.

On sent que ses préoccupations vont tout entières vers le prolétariat et que le socialisme l'attire de jour en jour davantage.

Il voudrait bien éviter les heurts, les antagonismes de classes, entre patrons et ouvriers, et il trouve, pour concilier les intérêts des uns et des autres, des accents éloquents et sincères ; mais il ne tarde pas à se rendre compte que les deux classes sont irréconciliables et que les intentions bourgeoises sont insuffisantes pour soulager le peuple.

Ce thème lui donne l'occasion d'écrire une série d'articles au cours desquels on assiste en quelque sorte au travail souterrain qui s'opère dans sa conscience et dont la conséquence logique va être son adhésion au Parti socialiste.

Nous donnons ces articles dans leur ordre chronologique :

Préjugé économique

Il est difficile de toucher aux problèmes sociaux sans s'exposer à de graves malentendus. Qu'on ne m'accuse point aujourd'hui de condamner les grandes fortunes. J'estime que, dans certaines conditions générales d'ordre social, elles peuvent être à la fois légitimes et bienfaisantes. Je veux seulement relever un préjugé qui n'a pas cours seulement dans les classes riches, qui est très répandu aussi dans les classes pauvres. Il consiste à penser que, pour que le travail marche, la fortune doit être concentrée en un certain nombre de mains.

Peu de personnes assurément accepteraient l'idée ainsi formulée ; quand on traduit en langage clair un préjugé obscur qui pèse sur l'esprit, l'esprit ne le reconnaît point, il le désavoue ; mais, au fond, il y adhère. Vous n'ôterez point du cerveau de milliers d'artisans, maçons, menuisiers, journaliers de la terre, qu'il faut, pour qu'ils aient du travail, qu'il y ait, bien au-dessus d'eux, un certain nombre de personnes très riches, ou au moins très aisées, qui puissent dépenser beaucoup.

Cette illusion est bien naturelle. Qui est-ce qui occupe, en effet, toutes les industries de luxe ? Les personnes riches. Qui est-ce qui emploie le plus souvent les divers corps d'état pour la construction, la réparation et l'ameublement des beaux édifices ? Les personnes riches ou aisées. Qui est-ce qui utilise le plus de journaliers ? Les gros propriétaires qui, possédant de vastes domaines et ne les cultivant pas eux-mêmes, ont besoin de louer beaucoup de bras.

De plus, et comme pour faire la contre-épreuve, dans les temps de révolution ou de crise, quand les personnes riches resserrent leurs dépenses et cachent leurs capitaux, il y a suppression du travail et misère du peuple. Lorsque le loyer des maisons et des terres baisse, lorsque les revenus de la bourgeoisie aisée sont amoindris, il y a naturellement diminution de travail et de bien-être immédiat dans les classes pauvres.

Aussi a-t-on vu par exemple, au moment où se posait la question de la surtaxe sur les blés, beaucoup de pauvres gens qui disaient : « Il faut, même au prix d'un sacrifice, accroître le revenu des propriétaires, pour que ce revenu accru redescende sur nous sous forme de travail abondant. »

« Les personnes riches sont imbues jusqu'aux moelles d'une idée qui les flatte, qui les grandit, et qui donne à leur oisiveté même l'apparence d'être bienfaisante. « Si nous n'avons pas assez d'argent, si nous ne pouvons pas dépenser assez, de quoi vivront ceux qui n'ont d'autre ressource que le travail que nous leur donnons ? C'est nous qui faisons travailler, c'est nous qui faisons vivre, c'est nous qui sommes les appuis de la société ; la société a tout intérêt à tenir les colonnes de l'édifice en bon état, bien réparées, bien peintes et bien dorées. »

Est-ce que, devant cette théorie, vous n'éprouvez pas un certain malaise ? Est-ce que vous ne sentez pas confusément qu'il y a là-dessous quelque chose de faux qui inquiète à la fois l'intelligence et la conscience ? Quoi ! la société serait divisée en deux parties, dont l'une, la plus nombreuse, travaillerait toute la vie ; dont l'autre se bornerait à posséder, à dépenser, à jouir ! Et ces deux classes d'hommes seraient aussi nécessaires

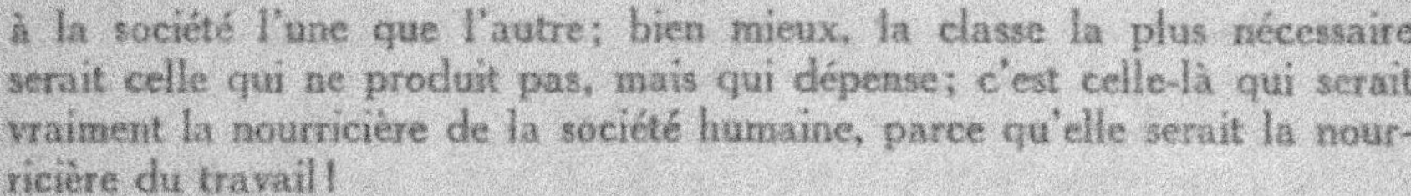

à la société l'une que l'autre; bien mieux, la classe la plus nécessaire serait celle qui ne produit pas, mais qui dépense; c'est celle-là qui serait vraiment la nourricière de la société humaine, parce qu'elle serait la nourricière du travail!

Quoi! le travail, au lieu d'être la puissance maîtresse, la force première motrice et créatrice, ne serait plus qu'un instrument subalterne qui n'acquiert quelque valeur et quelque prix que par les besoins de l'oisif? *Quoi! se croiser les bras serait un geste créateur; dépenser sans produire serait une vertu; jouir sans travailler serait une fonction?* Et, cette oisiveté nécessaire, féconde et presque sacrée, il faudrait l'entretenir aux frais du public? Il faudrait, par des surtaxes qui sont dans l'ordre social actuel un impôt sur le pauvre, par des lois fiscales qui respectent les revenus du riche en frappant les besoins du pauvre, faire vivre artificiellement des hommes qui ne font rien et dont l'utilité, la mission, le devoir supérieur seraient précisément de ne rien faire?

Quelle dérision, et comme je sens avec tristesse que nous sommes bien loin de l'égalité vraie et de la justice, quand je vois d'aussi abominables préjugés, qui sont, pour ainsi dire, le code de l'oisiveté arrogante, enracinés dans l'esprit même des travailleurs!

Oui, il faut, pour qu'il y ait du travail, qu'il y ait des hommes qui dépensent; mais quelle nécessité, je vous prie, que ces hommes soient en petit nombre? Quelle nécessité surtout qu'ils soient des oisifs? Voici, par exemple, un gros propriétaire qui possède huit, dix, quinze, vingt métairies, comme cela se voit dans nos régions beaucoup plus qu'on ne veut le dire. Assurément, cet homme fait travailler, il ne peut pas garder dans ses coffres tout son argent; assurément aussi, si vous accroissez ses revenus par des surtaxes qui profiteront beaucoup plus à lui qui récolte mille hectolitres qu'à chacune des familles qui travaillent ses domaines; si vous ménagez injustement sa richesse, en ne substituant pas à l'impôt foncier qui écrase le paysan l'impôt général sur le revenu, cet homme, ayant plus de ressources, pourra dépenser davantage; il pourra, par suite, faire travailler davantage.

Très bien. Mais supposez qu'au lieu de porter toutes vos forces du côté de l'oisiveté riche, vous les appliquiez à l'émancipation et au triomphe du travail pauvre; supposez que vous abaissiez les hautes barrières de toute nature, qu'il sera aisé de signaler, qui empêchent le paysan de devenir acquéreur et propriétaire légitime du sol. Au bout de quelques générations, ces domaines, occupés aujourd'hui par des familles de paysans pauvres qui ne peuvent dépenser, seront possédés par des familles de paysans aisés qui dépenseront ; et ces familles réunies de paysans propriétaires et aisés dépenseront beaucoup plus que ne dépense aujourd'hui le gros propriétaire oisif, parce qu'elles auront pu tirer du sol beaucoup plus qu'il n'en obtient. Il y aura alors, pour les journaliers de la terre et les artisans, beaucoup plus de travail qu'il n'y en a aujourd'hui ; et, de plus, ce travail, au lieu de servir les fantaisies et les caprices d'un oisif, servira les besoins profonds d'autres travailleurs. Le maçon et le menuisier seront peut-être occupés une fois de moins au château, mais ils seront employés à assainir, à agrandir, à orner un peu les sordides demeures où tant de paysans vivent encore sans lumière et sans air, entre leur fumier et le fumier des voisins.

De même, que les classes ouvrières soient assurées de l'existence ; que de sages lois de mutualité les mettent à l'abri des conséquences de la maladie, de l'accident, de la vieillesse, du chômage prolongé ; que l'État cesse, par des impôts de consommation démesurés, d'absorber le léger excédent de salaire, quand excédent il y a, d'épuiser l'épargne naissante et de resserrer la consommation, les ouvriers alimenteront eux aussi, pour la satisfaction de leurs justes besoins, le travail universel. *Ils s'habitueront à plus de confortable dans le vêtement, la demeure et l'ameublement. Ils s'habitueront à cette élégance discrète et sensée qui doit gérer la demeure de tout homme, doubler le charme de la vie domestique, reposer l'esprit des vulgarités ou des malpropretés du travail, voiler d'un peu de fantaisie la monotonie de l'existence quotidienne et refaire dans la joie, tous les soirs, l'intelligence et le cœur.*

Alors, de tous les points de la démocratie, jailliront des sources vives de travail ; il y aura entre tous les travailleurs une réciprocité constante de services, ils se fourniront les uns aux autres et des produits et du travail. Il y aura comme une douce chaîne continue de travail fraternel.

L'oisiveté riche joue aujourd'hui le rôle d'une pompe aspirante et foulante qui distribue sur la société seulement une partie de l'aisance et du travail qu'elle a déjà retirés à cette société même. Et les hommes du peuple, artisans ou journaliers de la terre, qui s'imaginent que c'est cette richesse oisive qui leur donne du travail, et qu'il faut l'entretenir, ressemblent à de braves gens qui, ayant l'habitude de prendre l'eau au puits et voyant avec terreur baisser le puits, y porteraient de l'eau eux-mêmes.

(Dimanche 19 août 1888.)

Les Classes sociales

La société française, et en général la société européenne, se compose
de trois classes : le prolétariat, la classe moyenne, la classe capitaliste.
Ces trois classes communiquent entre elles par des degrés intermédiaires;
elles n'en sont pas moins parfaitement distinctes; on peut passer par une
série de nuances imperceptibles, du rouge au jaune et du jaune au vert;
le rouge, le jaune et le vert n'en sont pas moins trois couleurs distinctes.

Le prolétariat comprend tous ceux, ouvriers ou paysans, qui vivent
exclusivement du travail de leurs mains; ceux-là n'ont pas un capital qui
leur permette de s'établir et de travailler pour leur compte; ils n'ont pas
non plus, dans l'immense majorité des cas, les moyens de réaliser une
épargne suffisante, pour être à l'abri de la misère que produit une interruption de travail. Leur existence est donc tout entière à la merci du travail du jour et de ceux qui le donnent. *Le prolétariat peut donc se carac-
tériser en deux mots : perpétuelle incertitude de la vie et perpétuelle dépendance.*

Il englobe tous les ouvriers de l'industrie, tous les journaliers de la
terre, tous les valets de ferme. Les métayers n'étaient pas précisément des
prolétaires, car ils étaient assurés par un contrat d'un an de l'instrument
de travail et de la vie pour une année. Mais, à mesure que l'état économique rend plus difficile à la terre de nourrir à la fois et le travail et l'oisiveté, bien des métayers quittent le domaine ayant un arriéré avec le
maître; et cette dette leur remet au cou le collier de dépendance et de
misère.

De plus, l'heure est prochaine où l'invasion des machines, dans le
monde agricole, donnera le pas au capital sur le travail et bouleversera
les conditions patriarcales du métayage. Le prolétariat de la terre, déjà
très vaste, va se développer encore.

J'appelle encore prolétaires tous les petits fermiers, dont le maigre
capital est à la merci d'une mauvaise récolte. J'appelle encore de ce triste
nom tous ces petits employés, à douze, quinze ou dix-huit cents francs,
qui ne peuvent pas, sur leurs petits appointement, prélever une petite
épargne, noyau du capital futur, qui ne sont abrités par aucun contrat à
longue durée, et qui sont livrés à toutes les fluctuations et à toutes les
crises.

La classe moyenne se compose de tous ceux qui, ayant un certain capital, vivent beaucoup moins de ce capital que de l'activité qu'ils y appli-

quent. Ce sont : les petits entrepreneurs, les petits commerçants, les petits industriels, les boutiquiers, qui ont pris racine, qui ont une certaine clientèle. Tous ces hommes de la classe moyenne ont de quoi se monter, acheter un fonds et des machines, louer une usine; mais, s'ils laissaient sommeiller leurs capitaux, s'ils n'en doublaient pas ou n'en triplaient pas l'intérêt du fruit de leur travail, ils seraient réduits ou à la misère ou, tout au moins, à une gêne extrême. Le capital n'est pour eux qu'un moyen de travail personnel et indépendant. Il disparaît en quelque sorte dans le travail.

La classe moyenne comprend encore tous les propriétaires cultivateurs qui ont un domaine suffisant pour y vivre, eux et leur famille. Les paysans propriétaires, qui ne sont pas obligés de travailler pour autrui, appartiennent à la classe moyenne. Les fermiers, qui ont des avances, des capitaux assez résistants, qui sont propriétaires du cheptel, lui appartiennent aussi.

J'y rangerai également ces propriétaires moyens, qui ne travaillent pas précisément de leurs mains, mais qui, par la modestie de leur vie, nourrie surtout du potager, du verger et de la basse-cour, par l'activité quotidienne et minutieuse de leur surveillance, sont en quelque sorte tout près de la terre.

Enfin, la classe moyenne comprend tous les employés assez appointés pour pouvoir faire quelque épargne et attendre sans trouble une place nouvelle, tous les membres des professions libérales et des administrations publiques assimilées à ces professions. Tous ces hommes ne sont pas nécessairement, comme le petit entrepreneur, en possession d'un capital actuel; leur capital a été bien souvent absorbé par les frais d'éducation, mais cette éducation même le représente. A l'inverse du prolétariat, la classe moyenne est caractérisée, au point de vue économique, par une sécurité relative de la vie et par une assez large indépendance.

La classe capitaliste comprend les gros industriels, les gros commerçants, les gros propriétaires vivant du revenu de domaines qu'ils ne visitent même pas, tout ce haut personnel de la banque et de la finance qui a mis la main sur le crédit, sur l'escompte, sur les transports, sur les mines, et, en général, sur les sociétés en commandite et les sociétés anonymes, sur toutes les grandes entreprises industrielles et commerciales, enfin les détenteurs des grands offices de judicature.

Elle n'est pas le moins du monde, comme beaucoup l'imaginent légèrement, composée d'oisifs; personne ne travaille plus et bien peu travaillent autant que M. de Rothschild, et il est de très grands industriels, capitalistes puissants, dont la vie est un perpétuel labeur et une perpétuelle effervescence. Ce qui caractérise la classe capitaliste, c'est ceci : *les revenus qu'elle encaisse proviennent beaucoup moins, quel que soit son travail, de ce travail même que de la puissance brute des capitaux dont elle dispose.*

Je prends un exemple : il est entendu, pour certaines branches de la grande industrie, que le capital engagé doit, en temps normal, rapporter en moyenne 10 % par an; que l'industriel fasse de bonnes affaires et double son capital; son travail propre ne s'accroîtra nécessairement pas pour cela et ses revenus auront doublé.

Qu'est-ce donc qui fonctionne maintenant au profit de l'industriel? Ce n'est pas précisément la puissance du travail, c'est la puissance du capital. L'ancêtre de M. de Rothschild déployait autant d'activité, de finesse, de prévoyance, pour faire valoir à Francfort son petit million, que M. de Rothschild en déploie aujourd'hui pour faire valoir son petit milliard. *Qu'est-ce donc qui fonctionne aujourd'hui pour M. de Rothschild? C'est bien M. de Rothschild, mais c'est surtout le milliard. Mettez à la place de M. de Rothschild un de ses comptables d'intelligence moyenne, et le milliard fonctionnera de la même façon.*

Dans la classe moyenne, le capital était peu de chose à côté du travail; dans la classe capitaliste, la proportion est renversée; c'est le travail qui est peu de chose à côté du capital. Le capitaliste est comme le mécanicien qui tient la manivelle; qu'il s'agisse de lâcher la vapeur à une petite machine de quatre chevaux, ou à une machine énorme de quatre cents chevaux, le mouvement de la manivelle est le même; l'effort du mécanicien est le même; il lui suffit souvent du bout du doigt; et quand bien même le mécanicien serait obligé de déployer toute sa force musculaire, qu'est la force musculaire d'un homme auprès de la force inouïe de la machine qu'il met en jeu? De même, qu'est le travail du capitaliste auprès de la puissance énorme emmagasinée dans les capitaux qu'il déchaîne à son gré? Que deviendrait donc une société où la classe capitaliste, dominant peu à peu et assujétissant les deux autres, absorberait pour la plus large part le produit des capitaux démesurés concentrés en ses mains, sous prétexte que c'est son initiative qui met ces capitaux en jeu?

Cette société ressemblerait à une société où une centaine de mécaniciens, ayant mis la main, même légitimement, sur de monstrueuses machines automatiques capables et seules capables de tout produire, le pain

tout cuit, les vêtements tout confectionnés, les maisons toute bâties, s'appro-
prieraient la totalité du pain, des vêtements et des maisons, sous prétexte
qu'ils tiennent la manivelle de la machine.

Or, ce n'est pas là tout à fait une fiction; le mouvement des sociétés
européennes, depuis bientôt un siècle, peut se résumer ainsi: abaissement
continu du prolétariat, écrasement continu de la classe moyenne par la
classe capitaliste.

Nous verrons, dans huit jours, toutes les étapes de ce mouvement et,
en même temps, par une de ces consolations qu'offre l'histoire à ceux qui
espèrent en la justice, nous verrons que de l'excès même du mal le remède est près de sortir.

(Dimanche 3 mars 1889.)

La Classe moyenne et la Question sociale

J'ai montré que, par le développement du grand commerce et de la
grande industrie, par la puissance croissante du capital, par l'invasion
prochaine des machines dans le monde agricole, la classe moyenne était
menacée de toute part, à la campagne comme à la ville, de déchéance
sociale et de dépérissement. Qu'est-ce à dire, sinon que la classe moyenne
doit, au même titre que le prolétariat, se préoccuper du problème social?

Tout d'abord, il est bien naturel que ces petits patrons qui sont voués
fatalement, eux ou leurs fils, à devenir ou des ouvriers ou des contremaîtres
de la grande industrie, se préoccupent du sort qui est fait aux ouvriers
par la grande industrie. Peut-être que quelques-uns de ces petits patrons
arriveront-ils à sauver leur indépendance, mais c'est à condition que certaines pratiques de solidarité et de mutualité s'introduisent dans la lutte
industrielle; et cela encore fait partie du problème social.

En second lieu, il y a tous les commerçants, petits ou moyens, qui sont
dévorés ou menacés par les grands magasins ou leurs succursales; ils
sont destinés, un jour ou l'autre, au moins pour une grande part, à être
de simples employés dans d'immenses organisations commerciales alimen-
tées par d'énormes capitaux. Ils y seront ou caissiers, ou comptables, ou
voyageurs, ou inspecteurs, ou chefs de rayon, ou commis. *Dès lors, il est
naturel que eux, qui seront peut-être les employés de demain, se préoccupent du sort qui est fait par le grand commerce aux employés d'aujourd'hui.*

Je parlais l'autre jour du Bon Marché; j'y puis trouver un exemple précis de ce que peuvent être les intérêts et les revendications des employés du grand commerce. Sur sa rapide et colossale fortune de 120 millions, Mme Boucicaut a laissé 16 millions à répartir aux employés de tous grades, selon leur traitement et leurs années de service. Il en est beaucoup qui ont été réjouis par l'arrivée soudaine d'un petit capital de dix, quinze, vingt mille francs. De plus, Mme Boucicaut organisait à leur intention des institutions de secours mutuel et de retraite. C'est très bien; mais ce legs qu'elle a fait, elle aurait pu ne pas le faire; et sa générosité même prouve combien est défectueux un mécanisme qui peut ainsi accumuler aux mains d'une seule personne une fortune inouïe et qui n'associe pas nécessairement à cette fortune tous ses collaborateurs.

Mais ce n'est pas tout: les employés de tous les magasins de Paris ont tenu plusieurs assemblées; ils ont tenté de se syndiquer pour remédier à l'excès de travail écrasant qui pèse sur eux. Cet excès est la suite inévitable de la concurrence illimitée. Les magasins restent ouverts le plus possible, se disputant les clients attardés; si bien qu'après avoir vendu tout le jour et une partie de la soirée, les employés sont obligés de passer une partie de la nuit à tout remettre en place et en ordre pour le lendemain.

Il ne reste plus rien, en vérité, dans cette vie surmenée, de ce qui fait le prix de la vie humaine. Si tous les magasins d'une même catégorie adoptaient une heure de clôture raisonnable et uniforme, aucun n'y perdrait, et le fardeau qui écrase les employés anémiés serait allégé.

Or, notez que cet ensemble de mesures, la participation certaine des employés aux fortunes croissantes du grand commerce, la réduction dans des limites tolérables du travail énervant qui leur est imposé, n'aurait pas seulement pour effet d'améliorer et de relever la condition des employés; il aurait encore cet effet indirect, en ajoutant aux charges des grands capitaux, de permettre aux capitaux modestes de prolonger la lutte. Ainsi, les crises et les douleurs qui naissent des brusques transformations seraient singulièrement adoucies, et la bourgeoisie commerçante marcherait à des destinées moins mauvaises par des chemins moins rudes.

Ce n'est pas tout encore; il y a une chose que la classe moyenne des commerçants perd peu à peu sous la pression des grands capitaux: c'est l'espérance d'arriver haut.

Le petit commerçant, le moyen commerçant, jadis, espéraient grandir, fonder une maison, non pas écrasante pour les autres, mais considérable.

Cette espérance était le ressort de leur activité, la joie de leur vie. Or, sous le poids des grands capitaux, ou bien ils végètent, ou, transformés en employés, ils ne peuvent espérer atteindre jusqu'au sommet; les sommets sont occupés, en effet, par des conseils de capitalistes, qui savent bien utiliseé les facultés ardentes d'une partie de la bourgeoisie laborieuse, mais qui lui barreront toujours le chemin.

Le problème ne se pose pas seulement pour le grand commerce, il se pose aussi pour la grande industrie. Elle appartient aux actionnaires, elle est dirigée par des conseils d'administration, c'est-à-dire par des conseils de capitaux: et, quant à tous ceux qui sont pris sans fortune dans cet immense engrenage, ils ne peuvent avoir l'espérance, qu'elle que soit leur ardeur, leur intelligence, leur expérience, d'arriver à la direction suprême ou de l'immense commerce ou de l'immense industrie.

Devant la bourgeoisie laborieuse qui voudrait monter, la puissance brute du capital se dresse; toutes les hauteurs sont occupées ou du moins presque toutes, car le capital anonyme, qui s'est emparé d'abord des plus hautes cîmes, s'installe peu à peu sur toutes les cîmes secondaires qui restaient encore abordables au seul élan de l'intelligence et de la volonté. De même qu'autrefois, dans la marine et dans l'armée, les hauts grades étaient interdits à la bourgeoisie comme au peuple, de même aujourd'hui les hauts grades du commerce et de l'industrie, accaparés par une féodalité nouvelle, sont interdits à la bourgeoisie laborieuse comme au peuple.

Il n'y a pas là seulement, songez-y bien, un problème social; il y a un problème national. Car le jour où ce qu'on peut appeler les hautes fonctions du travail ne pourraient plus être conquises par la seule force de l'intelligence, de la science, de l'activité, de la probité; ce jour-là, faute d'espérance, c'est-à-dire d'aliment, les facultés essentielles de notre race s'épuiseraient.

Notre peuple ferait place à je ne sais quelle immense plèbe traînant, sous la redingote de l'employé éteint comme sous le bourgeron de l'ouvrier dompté, le même désenchantement, le même avilissement. Elle serait, de temps à autre, secouée par des réveils de convoitise et de démagogie furieuse ou plate; elle aurait perdu, avec le respect du travail considéré désormais comme l'esclavage indéfini, le respect d'elle-même et de la vie.

J'entends souvent des esprits superficiels dire: tout le mal vient de l'éducation qui est donnée par l'Université à la bourgeoisie française. On veut faire de tous ces jeunes gens des lettrés, des savants, des artistes, des bureaucrates; on ne leur donne ni le goût du commerce et de l'industrie, ni les connaissances pratiques; par là, on fait des inutiles et des déclassés.

Eh! Messieurs! prenez-y garde; ce qui fait des déclassés, dans la bourgeoisie française, ce n'est pas la puissance de l'instruction, c'est la puissance abusive du capital. Vous leur direz: marchez, allez sur tous les chemins du travail, et, sur tous ces chemins, se dresse comme un obstacle infranchissable, la puissance brute du capital anonyme. Il n'y a guère plus de place, dans la jeunesse instruite et pauvre, pour les hautes ambitions honnêtes, qui, certes, dans aucun ordre social, ne se réaliseront toutes, mais qui même, quand elles restent à l'état de rêve irréalisé, sont le ressort de la vie. Tous ceux qui ont de grandes audaces se jettent dans les opérations et les combinaisons de finance, car c'est là que se ramasse, aujourd'hui, aux dépens du peuple, la force vive de la nation.

Et vous voulez, parce que la bourgeoisie pauvre est abaissée par la puissance abusive du capital, que nous l'abaissions encore par la médiocrité d'une éducation servile? Je ne dis point qu'il ne faut pas accommoder plus exactement l'éducation des classes moyennes aux conditions du temps présent, mais il faut la tenir toujours plus haute. Notre seul espoir, précisément, est que la disproportion s'aggrave encore entre la valeur intellectuelle et morale de la bourgeoisie pauvre et la situation humiliée qui lui est faite par le capital anonyme.

Pourquoi y a-t-il eu une révolution, en 1789, contre la féodalité territoriale et mobilière? Parce que la bourgeoisie française valait mieux que sa condition. Pourquoi y aura-t-il forcément contre la féodalité capitaliste une révolution analogue, que notre devoir est de préparer en la réglant? C'est parce que le peuple des ateliers, le peuple des champs, la bourgeoisie laborieuse et pauvre valent mieux, par le cerveau et par le cœur, que la condition sociale qui leur est faite.

Et c'est parce que la République, en élevant les esprits et les cœurs par la liberté politique et la pleine éducation, accélère l'évolution de la justice sociale, que tous ceux qui ont besoin de cette justice doivent rester obstinément fidèles aux institutions républicaines.

Or, ceux qui en ont besoin sont dans la nation l'immense majorité. Les abus, quelle que soit leur étendue, ne profitent qu'à un petit nombre.

La France, à la veille de 1789, mourait de privilèges, et les privilégiés n'étaient pas 200.000! La féodalité capitaliste qui fait tant de mal à la nation n'est pas utile à beaucoup.

Donc, ce n'est pas de l'agitation violente et exclusive de telle ou telle fraction sociale, c'est d'une sorte de mouvement national que doit sortir la justice.

De même qu'en 1789, le peuple et la bourgeoisie se trouvèrent unis pour abolir les privilèges nobiliaires et les abus féodaux, de même, à la veille de 1889, le peuple et la bourgeoisie laborieuse doivent s'unir pour abolir les privilèges et les abus capitalistes.

(Dimanche 17 mars 1889.)

Le Parti socialiste

Il ne suffit pas de résoudre à la Chambre, à force de sagesse et de bonne volonté réciproques, la question de la concentration républicaine ; il faut aussi se rendre compte de l'état profond des esprits dans le pays. J'ai entendu plusieurs hommes politiques considérables se demander, ces jours-ci, quelle serait dans peu de temps l'attitude politique des classes ouvrières. Il est certain qu'en bien des régions, elles ont paru singulièrement désorientées. Ici, un tiers des ouvriers passait au boulangisme et y restait attaché jusqu'au bout, et leur obstination faisait échouer non seulement le chef de l'opportunisme, M. Jules Ferry, à Saint-Dié, mais M. Goblet à Amiens, M. Fernand Faure à Bordeaux. Là, ils se séparaient brusquement du gros de l'armée radicale et, par une candidature dissidente, laissaient battre, à Limoges, M. Georges Périn. Ailleurs, comme à Carmaux, ils se laissaient enjôler, au moins pour un temps, par la réaction, sans croire précisément à ses promesses et à sa vertu, mais par inquiétude, pour essayer des hommes nouveaux. Presque partout, ils sont restés noblement fidèles à la République, lui faisant les concessions les plus larges, soutenant les candidats les plus modérés. Mais ils ne votaient pas précisément avec enthousiasme, ils accomplissaient un devoir, se disant qu'avant tout il fallait sauver la liberté ; qu'on verrait ensuite.

Donc, la classe ouvrière perdrait bientôt son chemin, elle irait à tâtons tomber dans les tentations césariennes ou les embûches réactionnaires, *si un idéal lumineux ne se levait pas devant elle pour la guider. Cet idéal ce sera, peut-être, le socialisme,* et toute la question est de savoir si l'idée socialiste sera suffisante à réconforter et à rallier les travailleurs, et si, en même temps, elle pourra pénétrer sans secousse et sans trouble jusqu'au fond de la société française.

Le parti socialiste proprement dit n'est pas très fort à l'heure actuelle.

Ecartons-en d'abord ces faux socialistes, ces faux ouvriers, que les vrais ouvriers méprisent, ces fainéants avides, qui couvrent du mot de socialisme leur paresse et leur convoitise.

Dans les dernières manifestations électorales, le parti socialiste n'a tenu ni une place très grande, ni parfois, il faut le dire, une place très brillante; il a eu peu de candidats; en plus d'un point, il a été compromis par des alliances boulangistes, et, parfois même, il a pu être soupçonné de faire, par ses candidatures et ses journaux, le jeu de la réaction. Mais, ici, il faut bien se garder de confondre certains chefs et les soldats. Très souvent, les soldats étaient de bonne foi, quand les chefs n'étaient que des habiles pêchant en eau trouble. Ainsi, on a saisi récemment, dans une circonscription de l'Est, la preuve irrécusable qu'un journal socialiste était payé par la réaction pour faire une diversion utile. Mais beaucoup des ouvriers qu'a trompés ce journal étaient des républicains socialistes de bonne foi. Ailleurs, tel candidat socialo-boulangiste avait fait un marché secret avec la réaction, qui, seule, pouvait le faire passer; mais les braves travailleurs qui votaient pour lui disaient avec leur cœur droit et honnête: « Lui, l'homme de la réaction? C'est un vieux républicain, c'est impossible! » Il y a eu donc, dans ces manifestations électorales, du socialisme, de l'alliage et du mélange; mais il y avait au fond, dans la conscience du peuple qui s'y livrait, beaucoup de sincérité.

C'est le parti ouvrier, le parti possibiliste qui a eu, en ces derniers temps, le plus d'éclat, et aussi de succès relatif parmi les socialistes. Il a cinq ou six sièges, il occupe Montmartre et Belleville, et, surtout, dès la première heure, il a signalé le péril boulangiste, il a lutté énergiquement contre lui. Il a une idée très haute de la République et du rôle des travailleurs. J'entendais dire à un de ses membres, dans une réunion publique: « Qu'est-ce que la République? C'est la forme condensée de la liberté intellectuelle évoluant vers l'égalité sociale ». Ils savent qu'on ne résoud pas toutes les questions à la fois, et ils portent leur premier effort sur la question des heures de travail, parce qu'ils savent que tout progrès vient de la pensée et qu'il faut donner d'abord aux travailleurs le temps et la force de penser. C'est à bon droit que Rochefort déteste depuis des années le parti ouvrier, car ce qui menaçait le plus ses calembredaines, c'est un socialisme sérieux et intelligent. C'est un possibiliste, l'ouvrier Dumay, qui vient de battre Rochefort à Belleville.

Est-ce à dire que le parti ouvrier puisse étendre à toute la démocratie le mouvement socialiste et en prendre la direction? Je ne le crois pas du tout. D'abord, il s'est donné de bonne heure des allures de secte fermée, il est entré en lutte, dans les milieux parisiens, avec les autres socialistes, et sa direction serait malaisément acceptée. De plus, il a proclamé tout d'abord, comme un dogme, le principe de la lutte de classes, et il a été obligé ensuite de nier ce principe par toute sa conduite. Lorsqu'on dit, en effet, qu'il y a entre la bourgeoisie et le peuple un antagonisme irrémédiable; que, seuls, les travailleurs manuels pourront affranchir les travailleurs manuels, qu'est-ce que cela veut dire? Ou bien les travailleurs socialistes n'attendront pas, pour émanciper leurs camarades, que ceux-ci aient été gagnés par la propagande, et, alors, c'est une minorité qui voudra affranchir la nation; elle ne le pourra pas par le bulletin de vote, étant minorité; elle n'aura donc d'autre moyen que la force, la révolution violente; ou bien les travailleurs socialistes attendront d'avoir conquis par la propagande la majorité. Mais, pour pouvoir exercer cette propagande, il faut d'abord qu'ils conservent la République et, pour cela, il faut qu'ils fassent alliance avec la bourgeoisie républicaine. Il faut, de plus, pour faire pénétrer peu à peu l'idée socialiste dans tous les milieux démocratiques, dans les campagnes les plus reculées comme dans les villes, qu'ils acceptent tous les concours, qu'ils utilisent toutes les intelligences généreuses.

Donc, si le parti possibiliste avait raison de demander pour les travailleurs une large représentation, il ne pouvait soutenir longtemps le principe de la lutte de classes; car, ou bien il devait se précipiter dans la révolution violente, ou bien il devait pratiquer, contrairement à son principe, la fusion des classes dans la défense commune de la liberté, dans la recherche commune de la justice.

Les possibilistes l'ont compris, et ils se sont déclarés prêts, contre le boulangisme, à toutes les alliances républicaines. Ils ont donné leurs voix à des bourgeois, et ils ont accepté des voix bourgeoises. M. Dumay et M. Joffrin ont eu beaucoup de voix de la bourgeoisie républicaine.

Puisque, selon le parti ouvrier lui-même, toutes les classes doivent s'unir pour défendre ce germe de justice sociale qui est la République, ne faudra-t-il point qu'elles s'unissent aussi pour le développer? « La République, disent les possibilistes, c'est l'outil; et, tout seuls, nous ne pourrions l'acquérir ». Mais, si, tout seuls, ils veulent s'en servir, ne pensent-ils point que la réaction ranimée envahira de nouveau le chantier de la justice?

Cette contradiction pèse lourdement sur le Parti ouvrier et l'empêchera forcément d'être la grande force de propagande socialiste qu'il aurait pu être.

Je ne vois donc pas que le parti socialiste actuel soit une force organisée suffisante pour éclairer et entraîner la démocratie. Mais l'idée socialiste n'est point liée à l'organisation actuelle du parti, elle est beaucoup plus forte et beaucoup plus vaste que celui-ci. Je ne puis indiquer aujourd'hui les raisons multiples qui me font croire à un développement prochain et puissant du socialisme dans notre pays; nous y reviendrons pour étudier ce mouvement possible dans ses sources cachées et pour voir aussi à quelles conditions il ne dégénèrera pas en une vaine et dangereuse agitation.

(Dimanche 27 octobre 1889.)

***

L'Idéal de Justice

Je disais ici, il y a huit jours, qu'il ne fallait pas mesurer à l'insuffisance du parti socialiste la puissance de l'idée de justice sociale; cette idée, dans notre démocratie, après dix-neuf ans de République, a une grande force cachée, et cette force, elle la manifestera bientôt. Je sais bien qu'à l'heure actuelle les esprits semblent être ailleurs. Les élections signifient avant tout tranquillité, ajournement des questions qui divisent, c'est-à-dire des grandes questions; administration régulière et paisible des intérêts. Après l'agitation factice et énervante du boulangisme, après l'orgie de boucan et d'injures à laquelle tous les ennemis de la République se sont livrés depuis des mois, le pays paraît aspirer surtout au repos; et, certes, ceux-là seraient bien maladroits et bien coupables qui rouvriraient les agitations vaines et les crises.

Mais le pays de France ne saurait se passer longtemps d'idéal.

Or, la liberté étant sauvée, de quel côté pourra se tourner le besoin renouvelé d'idéal, si ce n'est vers la justice sociale? Quand le dernier écho de l'aventure boulangiste et des disputes grossières se sera tu, les beaux rêves se réveilleront d'eux-mêmes au cœur des citoyens libres. Ils

*se diront que, dans un intérêt économique aussi bien que dans un intérêt
moral, il faut constituer tous les travailleurs dans notre pays à l'état
d'hommes; que le vrai moyen d'exciter l'énergie de la production nationale, comme de relever le niveau humain, c'est de développer en chaque
travailleur toute la valeur d'homme qu'il contient; qu'il faut, pour cela,
l'arracher, par la solidarité professionnelle, au servage des faibles isolés
devant les grands capitaux, aux terribles hasards du chômage et à l'écrasement du labeur irrégulier et démesuré; qu'il faut subordonner les lois
brutales de la concurrence aux lois supérieures de la vie et non celles-ci à
celles-là; qu'il faut ménager dans l'existence de tout homme une petite
place pour la vie de famille et pour la vie de l'esprit, et que, dans ces
quelques heures de loisir humain, restituées à tout homme, il faut, par une
éducation incessante et multiple, concentrer tous les rayons de la pensée,
comme on pratique dans la forêt enchevêtrée et sombre quelques éclaircies
où rit la lumière du soleil.*

Les citoyens libres de la République française se diront que l'Eglise
défaillante, après des siècles de domination, leur a laissé l'humanité à
guérir de tous les maux de l'ignorance et du servage, et qu'il faut que
la liberté, pour guérir tous ces maux, se fasse fraternelle. Il est impossible qu'un pareil idéal ne parle pas bientôt à ceux qui marchent déjà
dans la vie; il est impossible surtout qu'il ne parle pas au cœur de la
jeunesse qui va y entrer.

Que feront dans la vie tous ces jeunes gens, qui se pressent maintenant
dans nos écoles de médecine et de droit, dans nos facultés des lettres et
des sciences? Marcheront-ils sans idéal et sans lumière, et quel autre
idéal prochain pourront-ils avoir que la justice entre les hommes? Iront-ils,
comme plusieurs que je connais, dégoûtés par les misères de l'intrigue
politique, par le matérialisme grossier de certaine science, et le natura-
lisme de certaines œuvres, renouveler en eux-mêmes, aux sources évan-
géliques, le sentiment chrétien et les joies chrétiennes? Mais celui-là seul a
une vie intérieure dans les âmes, qui a, en même temps, une vie extérieure dans les sociétés, et l'esprit chrétien ne pourra s'affirmer à nouveau, même dans l'intimité des consciences, que s'il s'applique, au dehors,
à pénétrer de douceur fraternelle l'ordre social.

La jeunesse mettra-t-elle son ambition et sa vie à conquérir et à développer la science? Noble ambition; mais qu'est-ce que la science? Une
puissance et une joie; et, si elle ne s'anime pas de l'esprit de justice, si
elle ne se mêle pas partout à la vie des hommes et à la vie des plus

humbles pour l'alléger et l'ennoblir, elle est un privilège de plus, et, comme tous les privilèges, elle ne tarde point à tarir au cœur même des privilégiés les sources profondes de la joie et de la vie.

Et ces adolescents, qui sont encore sur les bancs du collège et qui commencent à rêver, qui ont l'âme pleine de vagues ébauches, où se tourneront-ils, où trouveront-ils un aliment? Devront-ils se dépouiller d'eux-mêmes de leur puissance de rêverie et de sympathie pour se borner à l'étude photographique, à la froide ou brutale peinture des milieux sociaux? Oh! certes, qu'ils ne reculent devant aucune observation, devant aucune réalité, devant aucune vérité; c'est ne point aimer le monde et l'homme que de s'en cacher à soi-même les tristesses et les vilenies. Mais qu'ils descendent dans la réalité, ayant toujours en eux l'idéal qui doit la transformer lentement.

Je sais bien qu'on leur conseille une sorte de dilettantisme continu. *Les Maurice Barrès ne manquent pas qui veulent persuader à la jeunesse qu'il faut goûter à tout et ne tenir à rien; mais, au point de vue même de la science de la vie, c'est un faux calcul, car l'homme ne peut connaître les choses que quand il y croit, et, après une longue vie de dilettantisme, le dilettante n'a rien vu et ne sait rien.*

Quant aux jeunes gens qui vont entrer dans le commerce et dans l'industrie, pour y continuer ou y développer la tradition paternelle, leur tâche est belle, et je sais qu'elle est rude; avec la lutte universelle, ne pas déchoir est un grand effort. Je sais aussi qu'absorbés presque tout entiers par le souci de la machine industrielle, telle qu'elle fonctionne aujourd'hui, ils n'ont pas beaucoup de temps pour songer à la corriger. Toute innovation dans l'ordre social sera pour eux un embarras de plus; ils porteront tout le poids des transitions pénibles.

Mais aussi, si, dans les années libres de la jeunesse ils ont rêvé à plein cœur la justice, s'ils veulent favoriser le groupement des travailleurs qu'ils dirigent et les éclairer, s'ils veulent les initier peu à peu aux conditions de la puissance économique et les introduire dans cette puissance, quelle belle vie s'ouvre devant eux! Ils se sentiront devenir peu à peu les guides respectés d'une société libre, et ils auront réconcilié définitivement, pour le bien de l'une et de l'autre, la bourgeoisie industrielle et la démocratie.

Le boulangisme a retardé, en l'égarant, le mouvement socialiste; *il est certain qu'il y a eu, au début, dans le mouvement boulangiste, un grand mélange de socialisme dévoyé.* La démocratie, dès quelle s'est aperçue de son erreur, s'est retirée peu à peu du boulangisme; mais, dans ce va-et-vient, ne sachant pas comment traduire ses aspirations, elle a paru se résigner un moment à une politique de simple conservation républicaine; c'est là le sens dominant des élections dernières. Mais ces aspirations, d'abord dévoyées, puis refoulées, ne tarderont pas à se faire jour de nouveau, et ceux qui sauront trouver une issue à ce mouvement, lui marquer sa route et ses étapes, seront avant peu les chefs de la démocratie. L'équivoque boulangiste nous gênait, nous, républicains démocrates.

Sur la revision, où nous cherchions l'avènement du peuple, où le boulangisme cherchait l'avènement d'un homme, équivoque. *Sur le socialisme, qui était pour nous la réalisation de la justice par la science et la liberté,* qui n'était pour le boulangisme qu'un vague sourire de prétendant aux foules amorcées, équivoque encore. Et, dans toutes ces ambiguïtés, nous avions peine à déployer notre politique. Tacite raconte que, sur le sol détrempé de la Germanie, les légions romaines, un jour de bataille, ne purent planter leurs étendards; et, nous aussi, dans la fange et l'équivoque glissante du boulangisme, nous n'avons pu planter le drapeau de nos espérances sociales. Le boulangisme est fini, nous pouvons reprendre hardiment, avec la démocratie, l'œuvre de justice.

La Chambre nouvelle, qui est animée pour les classes laborieuses d'excellentes intentions, s'apercevra que ces réformes pratiques, que ces lois d'affaires dont on parle tant aujourd'hui sont impossibles, si l'on n'a pas un idéal supérieur.

Lois d'affaires tant qu'on voudra, mais fera-t-on, en faveur des classes laborieuses, de simples lois d'assistance et de philanthropie, ou bien fera-t-on des lois d'émancipation, c'est-à-dire des lois qui les préparent peu à peu à la puissance économique?

Lois d'affaires, réformes pratiques, je veux bien; mais se bornera-t-on à remanier quelques tarifs de pénétration imposés par le calcul de la haute banque au travail national, sauf à laisser la haute banque prendre sa revanche le lendemain par les mille moyens dont elle dispose? Ou bien voudra-t-on décidément contenir le pouvoir démesuré de la haute finance et s'appliquera-t-on pour cela à favoriser, à préparer dans le pays de puissantes fédérations du travail industriel et du travail agricole qui puissent, par leur accord, disputer à la finance internationale l'initiative et le gouvernement des grandes entreprises et contenir les ambitions du capitalisme par la force combinée du travail et du capital.

Lois d'affaires et réformes pratiques tant qu'on voudra, les mots importent peu, à moins qu'on ne veuille, en rabaissant les mots, rabaisser

Prière à M. le Bibliothécaire
de la ville de prêter ces livres, à
emporter à M. Delvail professeur,

Jean Jaurès

Le 18 mai 1892

VI. — Autographe de Jaurès 1892.

aussi les choses. Quelque modeste que soit l'œuvre de chaque jour, elle doit être ordonnée en vue d'un but, et si ce but n'est pas toujours très haut et toujours en évidence, l'œuvre s'arrête et se perd.

J'admire ceux qui croient que l'on peut mener à bien des lois d'affaires en supprimant les grands courants politiques, c'est-à-dire les grands courants de pensée et de sentiment dans le pays. Autant dire au moulin de moudre le grain de chaque jour en supprimant les courants atmosphériques et en arrêtant les rivières.

La Chambre ne pourra donc toucher à une seule loi intéressant les travailleurs, si modeste soit-elle, sans soulever le problème social tout entier, et quand il sera nettement posé, il faudra bien le résoudre.

Enfin, le patriotisme même donnera l'élan à l'œuvre de justice. *Tous les Français ambitionnent pour la France un grand rôle dans le monde. Ce n'est point par des aventures guerrières qu'elle le trouvera, c'est en donnant aux peuples l'exemple et le signal de la justice.* Si elle se met à la tête du mouvement social, si elle rallie pour le règlement international des heures de travail dans l'industrie mécanique tous les esprits généreux de toutes les nations; si, en 1892, en même temps qu'elle réglera, pour protéger le travail national, les conditions nouvelles des échanges, elle propose aux peuples de régler de concert les conditions générales du travail, si elle se fait ainsi, pour son propre bien, comme pour le bien des nations, l'initiatrice et l'éducatrice de la justice, elle reprendra bientôt dans le monde, sans combat, le rôle universel que la Révolution française lui a assigné.

C'est ainsi que, par ce besoin d'idéal qui est au cœur de notre peuple et sans lequel les nouvelles générations seraient comme mortes, par la disparition de l'équivoque boulangiste où l'idéal social était compromis, par la force même des problèmes économiques qui ne peuvent être résolus partiellement qu'en étant posés tout entiers, enfin, par les ambitions même de notre patriotisme, l'idée de justice sociale va apparaître au-dessus des partis plus éclatante et plus impérieuse peut-être qu'à aucune époque de notre histoire.

Heureux ceux qui, ayant le sentiment de la grande œuvre à accomplir, peuvent y travailler de près !

(Dimanche 3 novembre 1889.)

Les Misères du Patronat

C'est une erreur grave de croire que le socialisme ne s'intéresse qu'à une classe, la classe des ouvriers, des producteurs manuels. S'il en était ainsi, il remplacerait simplement une tyrannie par une tyrannie, une oppression par une oppression. Lorsque Danton disait: « Nous voulons mettre dessus ce qui est dessous, et dessous ce qui est dessus », c'était le mot d'un politicien révolutionnaire excitant les coivoitises dans un intérêt passager; *ce n'était pas le mot d'un socialiste. Le socialisme vrai ne veut pas renverser l'ordre des classes; il veut fondre les classes dans une organisation du travail qui sera meilleure pour tous que l'organisation actuelle. Je sais bien que les meneurs du socialisme le réduisent trop souvent, par des déclamations violentes et creuses, à un socialisme de classe, d'agression, de convoitise;* mais je sais aussi que la vraie doctrine socialiste, telle que les esprits les plus divers l'ont formulée, les Louis Blanc, les Proudhon, les Fourier, est bien plus large et vraiment humaine: c'est le bien de la nation tout entière, dans tous ses éléments sains et honnêtes, qu'elle veut réaliser.

En fait, si l'on va au fond des choses, le système d'individualisme à outrance, d'âpre concurrence, de lutte sans merci qui régit aujourd'hui la production, fait presque autant de mal à la classe bourgeoise dans son ensemble qu'à la classe ouvrière. Le patronat a ses misères qui ne sont pas les mêmes que celles de l'ouvrier, qui sont moins apparentes, moins étalées, mais qui souvent sont poignantes aussi.

Tout d'abord, les tout petits patrons sont, d'année en année, après bien des efforts et des souffrances, emportés par la grande industrie. Il y avait, en 1860, dans l'industrie française, 180.000 chevaux-vapeur; en 1871, il y en a 315.000; en 1887, il y en a 748.000. Cet énorme accroissement du machinisme correspond à la disparition graduelle de la petite industrie, et elle ne va pas sans souffrances pour d'innombrables petits patrons. Ceux qui luttent encore dans un certain nombre d'industries, comme la coutellerie, la tannerie, sont menacés: ils ne résistent qu'à force d'économie personnelle et de labeurs; ils travaillent avec leur petite équipe d'ouvriers, autant qu'eux, plus qu'eux, pour donner l'exemple; et ils ont, de plus, des soucis que les ouvriers n'ont pas. Il y a des échéances qui pressent, il y a une baisse soudaine dans la valeur des produits, et le crédit peut se dérober.

De même, dans la moyenne industrie, il y a beaucoup de patrons qui sont à eux-mêmes, au moins dans une large mesure, leur caissier, leur comptable, leur dessinateur, leur contremaître; et ils ont, avec la fatigue du corps, le souci de l'esprit que les ouvriers n'ont que par intervalles. Ils vivent dans un monde de lutte où la solidarité est inconnue. Jusqu'ici, dans aucun pays, les patrons n'ont pu se concerter pour se mettre à l'abri, au moins dans une certaine mesure, contre les faillites qui peuvent détruire en un jour la fortune et le crédit d'un industriel. Une grève éclate-t-elle, il n'est pas sans exemple que les plus gros industriels qui la peuvent supporter la voient avec une satisfaction parce qu'elle écrasera les autres et qu'ils recueilleront les dépouilles. *Entre tous les producteurs, c'est la lutte sans merci:* pour se disputer la clientèle, ils abaissent jusqu'à leur dernière limite, dans les années de crise, le prix de vente des marchandises; ils descendent même au-dessous des prix de revient; ils sont obligés d'accorder des délais de paiement démesurés, qui sont pour les acheteurs une marge ouverte à la faillite, et s'il leur survient le moindre revers, le banquier aux aguets veut être payé dans les vingt-quatre heures.

De plus, les industriels moyens sont de plus en plus menacés par la coalition des puissants qui, en se syndiquant, disposent des prix, font la loi sur le marché et éliminent la concurrence. Ils ne jouent pas, ils sont même le contraire du joueur, puisqu'ils bâtissent une modeste fortune peu à peu par le travail, mais il y a au-dessus d'eux des fureurs de jeu, de spéculation. Et ces spéculations, auxquelles la moyenne industrie ne prend aucune part, peuvent la ruiner en un jour. Il plaît au Comptoir d'Escompte de spéculer: il se ruine, et, sans l'énergie du ministre des finances, il y avait une panique générale. Les maisons de banque étaient obligées de rendre d'énormes dépôts. Dès lors, elles devaient exiger le règlement immédiat de tous les comptes ouverts aux industriels, et nul ne peut dire combien de désastres auraient suivi. Ainsi, par le plus déplorable enchaînement, des hommes de travail sont engagés, malgré eux et à leur insu, dans des péripéties de spéculations qui ne les enrichiront pas si elles réussissent, qui les ruineront si elles échouent.

Aussi, moins vite que la toute petite industrie, mais cependant d'un mouvement certain et inévitable, *la moyenne industrie décroît devant la grande industrie et devant l'industrie anonyme.* L'industrie anonyme, inconnue en France il y a soixante ans, représente aujourd'hui environ la moitié du chiffre d'affaires. Et songez, je vous prie, à combien d'efforts stériles, d'inquiétudes et de défaites définitives correspond cette élimination graduelle du patronat moyen.

La grande industrie aussi a ses soucis et ses charges. Il y a de grandes maisons que tous ou presque jugeaient prospères, qui tombent en faillite, en laissant un passif considérable où disparaît quelquefois l'épargne d'innombrables familles pauvres. Ce n'est pas toujours le désordre des chefs qui entraîne ces grandes ruines. Il a suffi quelquefois, à l'origine, d'une démarche imprévoyante; et comme aujourd'hui la grande industrie se complique presque inévitablement de spéculation et de jeu, il n'y a presque plus dans les sucres, les laines, les fontes, de grand producteur qui ne soit un grand spéculateur, il y a de puissantes fortunes qui peuvent être compromises en quelques jours. Ce qu'il y a de plus affligeant dans plusieurs des grosses faillites qui se produisent, c'est que, bien souvent, elles remontent en fait à dix ans en arrière. Depuis dix ans, la maison ne vit plus que d'expédients secrets, et chacun de ces expédients est une capitulation de conscience. L'industriel espère se sauver et il fait des victimes de plus; puis, il en fait encore pour retarder l'heure de la chute inévitable. Sa conscience décroît avec ses chances de salut, et il se trouve ainsi que d'honnêtes gens finissent par laisser leur honnêteté même sous les ruines de leur maison. Il doit y avoir là bien des drames de conscience et des souffrances cachées auprès desquelles toute autre souffrance est peu de chose.

Mais voici ce qu'il y a de plus triste dans la condition générale du patronat. Si tous ces hommes acceptent ainsi de se surcharger de travail, de responsabilités et de soucis, c'est avec le seul espoir de faire fortune, et le plus possible. Il ne s'agit pas pour eux de gagner de l'argent modérément ou suffisamment; il s'agit pour eux et nécessairement de gagner le plus d'argent possible; ils ne pourraient pas supporter la tension nerveuse à laquelle beaucoup d'entre eux sont condamnés, s'ils limitaient leur ambition. Comme ils peuvent tout perdre dans une crise et qu'il n'y a pas de limite à leur ruine, ils ne peuvent pas non plus accepter qu'il y ait de limite à leurs espérances de gain. Des inquiétudes sans mesure d'un côté, des ambitions mesurées de l'autre laisseraient leur âme boiteuse et ils s'arrêteraient en chemin. De plus, s'ils ne se proposaient pas de porter leurs bénéfices au maximum, ils perdraient leur partie dans la mêlée générale; car, à côté d'eux, il y en a d'autres qui, eux, portant leurs bénéfices au maximum, écraseraient bientôt les plus modérés par une accumulation supérieure de capitaux. Un général qui ne pousserait pas jusqu'au bout tous ses avantages, qui arrêterait sa victoire à mi-chemin et ne changerait pas en déroute, là où il le peut, la défaite de ses ennemis, ne tarderait pas à perdre la partie. De même, dans la mêlée des intérêts, l'industriel qui ne prétendrait pas au plus de bénéfices possibles ne tarderait pas être vaincu.

Lorsque les ouvriers accusent les patrons d'être des jouisseurs qui veulent gagner beaucoup d'argent pour s'amuser, ils ne comprennent pas bien l'âme patronale. Sans doute, il y a des patrons qui s'amusent, mais ce qu'ils veulent avant tout, quand ils sont vraiment des patrons, c'est gagner la bataille. Il y en a beaucoup qui, en grossissant leur fortune, ne se donneront pas une jouissance de plus; en tout cas, ce n'est point surtout à cela qu'ils songent. Ils sont heureux, quand ils font un bel inventaire, de se dire que leur peine ardente n'est pas perdue, qu'il y a un résultat positif, palpable, que de tous les hasards il est sorti quelque chose et que leur puissance d'action s'est accrue.

Oui, mais s'il en est ainsi, la condition même du patronat, sa loi, sa vie, c'est d'obtenir de tous les instruments de travail qu'il manie le maximum de rendement net. Or, parmi ces instruments de travail, il y a des hommes, et, je le répète, la condition vitale du patronat dans l'organisation sociale actuelle, *c'est de donner à ces hommes le moins possible, et d'en obtenir le plus possible.*

Les salaires, les heures de travail, tout cela figure sur les livres de comptes avec le prix des matières premières et l'amortissement de l'outillage. La vie, la santé, la joie, la culture intellectuelle et morale de millions de familles, tout cela, dans l'organisation actuelle du travail, qui n'est que combat, n'est plus qu'un chiffre avec d'autres chiffres. Dans notre société mauvaise, le patronat, en alignant des colonnes de chiffres, ne voit pas, ne doit pas voir qu'il aligne des souffrances humaines.

Je sais bien qu'il y a des progrès dans l'hygiène, dans le salaire; mais ces progrès sont imposés par les mœurs générales, par l'opinion, par la politique. Sauf quelques exceptions, ils ne viennent pas, ils ne peuvent pas venir de l'initiative patronale. Où sont, dans l'ensemble du monde, les patrons qui, dans les périodes de grande prospérité, ont songé à instituer des caisses de retraite ? Les compagnies minières qui l'on fait, et bien imparfaitement, ont vu là surtout un moyen nouveau de discipline. Où sont les industries qui ont pris l'initiative de relever les salaires quand elles le pouvaient ? Toutes ont attendu d'y être contraintes par des réclamations concertées. Les heures de travail n'ont été réduites en Angleterre, aux Etats-Unis, qu'après d'immenses mouvements ouvriers ou par des actes législatifs. Quand des industriels gardent leur personnel pendant des périodes de chômage, comme les patrons alsaciens s'en faisaient un titre, naguère, ce n'est pas, ce ne peut pas être, au moins dans l'ensemble, par pure philanthropie; c'est qu'ils ont intérêt à garder rassemblés et bien en main leurs ouvriers pour l'heure de la reprise.

Et ne croyez pas, je vous en supplie, que j'accuse les patrons. Quand les ouvriers les outragent ou les haïssent, les ouvriers se trompent, les ouvriers ont tort. Ce ne sont pas les patrons qui font cette loi, ils la subissent. Et je considère comme une des plus grandes misères du patronat d'être réduit à ne voir au fond, dans les hommes, que des éléments. J'en connais parmi les meilleurs qui sont sans cesse partagés entre le désir de faire pour leurs ouvriers plus qu'ils ne font et la crainte, s'ils le font, d'être accablés par un rival. J'en connais qui sont, comme hommes, charitables, humains, démocrates, et qui comme patrons, cèdent à la loi inexorable du patronat.

Je ne dis pas que les vertus individuelles ne puissent, en quelque façon, réagir sur le système, et les ouvriers font bien la différence de ceux qui sont bons avec eux et de ceux qui ne le sont pas. Mais il ne peut pas y avoir un amalgame profond des vertus individuelles et d'un système de travail qui n'est pas fondé avant tout sur le respect de l'homme. *La production capitaliste fonctionne suivant ses lois comme une machine, et il est impossible aux meilleurs des hommes, le voulussent-ils, de faire passer leur âme dans cette machine.* C'est là ce qui explique le trouble d'esprit et l'incertitude de conscience où j'ai vu quelques grands producteurs. Ils sentent que leurs intentions sont bonnes, qu'individuellement ils ne peuvent pas faire plus qu'ils ne font; et ils s'irritent contre les attaques, contre les hostilités ou les méfiances. Et, d'autre part, ils sentent bien que le système dont ils sont un des rouages est un système de métal qui traite des millions d'hommes comme une matière première. De là, dans l'âme des meilleurs, une sorte d'inquiétude morale, qui vient s'ajouter aux soucis d'une responsabilité continue.

Non, en vérité, le patronat tel que la société actuelle le fait, n'est pas une condition enviable. Et ce n'est pas avec les sentiments de colère ou de convoitise que les hommes devraient se regarder les uns les autres, mais avec une sorte de pitié réciproque qui serait peut-être le prélude de la justice. *Ce n'est pas une œuvre de haine, ce n'est pas une œuvre de classe que le socialisme entreprend en proposant aux hommes une autre organisation du travail; c'est une œuvre humaine, qui profitera aussi bien en définitive à la bourgeoisie qu'au peuple.*

(Mercredi 28 mai 1890.)

*
* *

Nous sommes maintenant au début de l'année 1890. Jaurès a repris sa place à la Faculté des Lettres de Toulouse et il enseigne à ses élèves « l'origine du socialisme allemand », qui va, quelques mois plus tard, devenir le sujet de sa thèse latine.

Il a lu Karl Marx.

Ceux qui ont fréquenté Jaurès à cette époque prétendent que Marx a exercé sur son orientation une influence décisive. Ce qui résulte, dans tous les cas, des articles publiés dans *La Dépêche*, c'est que, même avant, Jaurès avait un penchant pour la doctrine socialiste.

Certes, nous sommes encore loin de la conception exacte.

Pour l'instant, sa pensée hésite, tâtonne, cherche sa voie. Il y a chez lui un mélange de démocrate et de socialiste. Mais son évolution va se précipiter, et c'est à pas de géant qu'il s'achemine vers le socialisme intégral.

Comme il convient à un philosophe, c'est par un article philosophique qui est, en même temps, l'une des plus belles pages de littérature qui se puisse imaginer, que Jaurès adhère au socialisme:

Au Clair de Lune

L'autre soir, à la campagne, je me promenais, tout en causant, avec un jeune ami qui est sorti un des premiers de l'Ecole polytechnique après avoir fait d'excellentes études littéraires et qui a l'esprit aussi précis qu'étendu.

Nous cheminions sur un plateau découvert, bordé à notre gauche par de petits coteaux arrondis qui s'enchaînent les uns aux autres par des prairies en forme de ravins. La pleine lune éclairait l'espace transparent et frais, et les étoiles, pâles et lointaines, avaient une attendrissante douceur. La route, blanche sous la clarté, allait droit devant nous et se perdait au loin dans le mystère de l'horizon, baigné de lueur et d'ombre; elle semblait mener de la réalité au rêve: « Oui, disais-je, ce qui me fâche dans la société présente, ce ne sont pas seulement les souffrances matérielles qu'un régime meilleur pourrait adoucir; ce sont les misères morales que développent l'état de la lutte et une monstrueuse inégalité.

« Le travail devrait être une fonction et une joie; il n'est bien souvent qu'une servitude et une souffrance. Il devrait être le combat de tous les hommes unis contre les choses, contre les fatalités de la nature et les misères de la vie; il est le combat des hommes entre eux, se disputant les jouissances par la ruse, l'âpreté au gain, l'oppression des faibles et toutes les violences de la concurrence illimitée. Parmi ceux-là même qu'on appelle les heureux, il n'est presque point d'heureux, car ils sont pris par les brutalités de la vie, ils n'ont presque pas le droit d'être équitables et bons sous peine de ruine; et dans cet état d'universel combat, les uns sont esclaves de leur fortune, comme les autres sont esclaves de leur pauvreté! Oui, en haut comme en bas, l'ordre social actuel ne fait que des esclaves, car ceux-là ne sont pas des hommes libres qui n'ont ni le temps ni la force de vivre par les parties les plus nobles de leur esprit et de leur âme.

« Et si vous regardez en bas, quelle pauvreté, je ne dis pas dans les moyens de vivre, mais dans la vie elle-même! Voyez ces millions d'ouvriers; ils travaillent dans des usines, dans des ateliers; et ils n'ont dans ces usines, dans ces ateliers, aucun droit; ils peuvent en être chassés demain.

« Ils n'ont aucun droit non plus sur la machine qu'ils servent, aucune part de propriété dans l'immense outillage que l'humanité s'est créé pièce à pièce; ils sont des étrangers dans la puissance humaine; ils sont presque des étrangers dans la civilisation humaine.

« Les mines, les canaux, les ports, les voies ferrées, les applications prodigieuses de la vapeur et de l'électricité; toutes les grandes entreprises qui développent la puissance et l'orgueil de l'homme, ils ne sont rien dans tout cela, rien que des instruments inertes; ils ne siègent pas dans les conseils qui décident ces entreprises et qui les dirigent; elles sont tout entières aux mains d'une classe restreinte qui a toutes les joies de l'activité intellectuelle et des grandes initiatives, comme elle a toutes les jouissances de la fortune, et qui serait heureuse s'il était permis à l'homme d'être vraiment heureux en dehors de la solidarité humaine. Il y a des millions de travailleurs qui sont réduits à une existence inerte et machinale! Et, chose effrayante, si demain on pouvait les remplacer par des machines, il n'y aurait rien de changé dans l'humanité.

« Au contraire, quand le socialisme aura triomphé, quand l'état de concorde succèdera à l'état de lutte, *quand tous les hommes auront leur part de propriété dans l'immense capital humain, et leur part d'initiative et de vouloir dans l'immense activité humaine,* tous les hommes auront la plénitude de la fierté et de la joie; ils se sentiront, dans le plus modeste travail des mains, les coopérateurs de la civilisation universelle, et ce travail, plus noble et plus fraternel, ils le règleront de manière à se réserver toujours quelques heures de loisir pour réfléchir et pour sentir la vie.

« Ils comprendront mieux le sens profond de la vie, dont le but mystérieux est l'accord de toutes les consciences, l'harmonie de toutes les forces et de toutes les libertés: Ils comprendront mieux et ils aimeront l'histoire, car ce sera leur histoire, puisqu'ils seront les héritiers de toute la race humaine. Enfin, ils comprendront mieux l'univers: car, en voyant dans l'humanité le triomphe de la conscience et de l'esprit, ils sentiront bien vite que cet univers, dont l'humanité est sortie, ne peut pas être, en son fond, brutal et aveugle, qu'il y a de l'esprit partout, de l'âme partout, et que l'univers lui-même n'est qu'une immense et confuse aspiration vers l'ordre, la beauté, la liberté et la bonté. C'est d'un autre œil et d'un autre cœur qu'ils regarderont non seulement les hommes leurs frères, mais la terre et le ciel, le rocher, l'arbre, l'animal, la fleur et l'étoile.

« Voilà pourquoi il est permis de penser à ces choses en plein champ et sous le ciel étoilé: oui, nous pouvons prendre à témoin de nos sublimes espérances la nuit sublime où s'élaborent en secret des mondes nouveaux; nous pouvons mêler à notre rêve de douceur humaine l'immense douceur de la nature apaisée. »

« — A la bonne heure, répartit mon jeune ingénieur, mais pourquoi ne parlez-vous pas simplement de progrès social ? *Pourquoi parlez-vous de socialisme? Le progrès social est une réalité, le socialisme n'est qu'un mot.* C'est le nom d'une secte peu nombreuse, emphatique ou violente et divisée contre elle-même: ce n'est pas une force sérieuse de progrès. Il se peut que, graduellement, les solutions que les socialistes proposent soient adoptées, mais ce ne sont pas les socialistes qui les feront triompher. Il n'y aura jamais de gouvernement agissant et légiférant au nom du socialisme. Car un gouvernement, même pour améliorer l'ordre actuel et créer un ordre nouveau, s'appuie nécessairement sur ce qui est. Or, le socialisme se donne l'air d'être une révélation foudroyante et nouvel Evangile cherchant, pour susciter l'avenir, son point d'appui dans l'avenir lui-même.

« En fait, dans la société présente, tous les éléments du problème sont déjà donnés, et les solutions indiquées ou même ébauchées; la solution du problème social est contenue tout entière dans la liberté politique, dans les progrès de l'instruction populaire, dans le droit de se syndiquer reconnu aux travailleurs. Or, la liberté politique existe; l'instruction, et une instruction toujours plus haute, se répand dans le monde du travail, et les travailleurs ont le droit de se grouper.

« Plus instruits, ils participeront d'abord par l'imagination, par l'intelligence, à toutes les grandes entreprises humaines, et quand leur valeur intérieure et personnelle sera ainsi accrue, elle réagira d'elle-même, au dehors, sur le régime social. Par exemple, si tous les enfants du peuple contractent à l'école, dans un enseignement vivant et bien donné, le goût et le besoin de la lecture, il est impossible que ce besoin universel n'assure pas aux travailleurs, dans un travail mieux réglé, quelques heures de loisir pour les joies de l'esprit. De plus, quand ils comprendront mieux tout le mécanisme de la production et de l'échange, quand ils sauront au juste quel est l'état des industries et de leur industrie, quels en sont les débouchés, quel capital y est engagé et quel capital nouveau est nécessaire pour la développer, libres, instruits, groupés, ils pénètreront par la force des choses dans les conseils d'administration des grandes entreprises anonymes, et, ensuite, peu à peu, dans la direction des entreprises moyennes. De là, participation aux bénéfices, et participation à l'autorité, à la puissance économique.

« Mais, encore une fois, tout cela s'accomplira sans formule retentissante *et on se trouvera être au bout du socialisme sans avoir jamais rencontré le socialisme sur son chemin*. Les vieux marins font croire aux néophytes qu'en allant d'un pôle à l'autre on rencontre la ligne, tendue et résistante, à la surface des mers. Non, on ne rencontre pas la ligne, et, à moins de calculs minutieux, on la franchit sans s'en douter: on franchira de même la ligne socialiste.

« Les hommes de 48, que vous paraissez aimer, étaient généreux, mais ils étaient bien agaçants. Ils ne parlaient de l'Avenir qu'avec une majuscule, et ils l'opposaient au Passé et au Présent comme un archange de lumière à un démon des ténèbres. Sans cesse, ils sentaient passer dans leurs longs cheveux et frissonner dans leur longue barbe les souffles de l'avenir. Ils attendaient l'homme de l'avenir, la science de l'avenir, la société de l'avenir, l'art de l'avenir, la religion de l'avenir. Je crois bien qu'ils trouvaient le modeste soleil qui nous éclaire bien médiocre, bien bourgeois, et qu'ils attendaient le soleil de l'avenir.

« Il leur semblait toujours que l'embrasement et le bouillonnement des âmes allait susciter une société nouvelle comme le feu intérieur de la terre peut susciter des sommets nouveaux : et il y avait bien de l'orgueil dans cette espérance, car ils se considéraient d'avance comme les ordonnateurs de la société nouvelle, et les sommets nouveaux devaient être un piédestal. Illusions de la générosité! Chimères de la vanité! La société humaine a comme la terre sa forme à peu près définitive: il y aura des transformations, mais non pas de vastes remaniements. Il n'y aura pas plus de soulèvement social que de soulèvement géologique.

« Le progrès humain est entré dans sa période silencieuse qui n'est pas la moins féconde. Pascal disait en regardant le ciel qui se déploie sur nos têtes : « Le silence éternel de ces espaces infinis m'effraie ». Pour moi, au sortir des périodes électorales, des polémiques de presse et de toute agitation verbale, il me console et me rassure. L'univers sait faire son œuvre sans bruit, sans qu'aucune déclamation retentisse dans les hauteurs, sans qu'aucun programme flamboyant s'intercale dans la tranquillité des constellations. Je crois que la société française est entrée enfin dans cette période heureuse, où tout se fait sans bruit et sans secousse, parce que tout se fait avec maturité : il y aura des réformes et même de grandes réformes, mais qui se feront presque sans être nommées et qui ne troubleront pas plus la vie calme de la nation que la chute des fruits mûrs ne trouble les beaux jours d'automne; l'humanité s'élèvera insensiblement dans la justice fraternelle comme la terre qui nous porte monte d'une allure silencieuse dans les horizons étoilés. »

« — Oh! mon cher ami, que j'ai hâte de vous répondre et que de choses j'ai à vous dire! »

« — Non, non; ne me répondez pas ce soir; regardez et écoutez. Pendant que nous rêvons à l'avenir et que nous disputons, tout ce qui vit, tout ce qui est se livre à la joie de l'heure présente et à l'immédiate douceur de la nuit sereine. Les paysans vont en groupes, pour dépouiller le maïs, au rendez-vous de la ferme et ils chantent à pleine voix; la couleuvre, réveillée, tressaille un moment et se rendort dans le mystère du fourré. Dans les chaumes, dans les prairies desséchées, de pauvres petites bêtes chantent encore; leur musique n'est pas éclatante et innombrable comme dans les tièdes nuits de printemps ou les chaudes nuits d'été; mais elles chanteront jusqu'au bout, tant qu'elles ne seront pas décidément glacées par l'hiver. Du milieu des champs les feux d'herbe sèche resplendissent, enveloppés et adoucis par la clarté de la lune; on dirait que c'est l'esprit de la terre qui flambe et se mêle au rayonnement mystérieux du ciel. Les chiens désœuvrés aboient au chariot attardé qui, éclairé d'une petite lanterne et attelé d'un petit âne, se traîne dans le chemin. La chouette miaule d'amour dans la châtaigneraie; les châtaignes mûres tombent avec un bruit plein et roulent le long des combes. Le petit serpent vert coasse près de la fontaine; le ciel brille et la terre chante. Allez; laissez faire l'univers; il a de la joie pour tous; il est socialiste à sa manière. »

(Mercredi 15 octobre 1890.)

**

Jaurès n'est pas encore adhérent au Parti socialiste.

Les théories de Karl Marx ont inspiré ses critiques de l'ordre social. Il a aperçu le vice fondamental de l'organisme capitaliste et il raisonne déjà, lorsqu'il s'agit de la partie critique, comme le plus orthodoxe des socialistes; mais il éprouve encore quelque difficulté à se débarrasser de son éducation démocratique et il s'imagine, dans sa foi républicaine, que la bourgeoisie, issue de la Révolution, est capable de modifier l'édifice vermoulu de la société actuelle.

Dans son ardent désir de voir le Parti républicain perpétuer la tradition de la Révolution française, il ne voit pas encore la nécessité d'un parti socialiste pour réaliser le socialisme, et il écrit l'article qu'on va lire, qui procède d'un profond idéalisme socialiste, mais qui s'attarde à des illusions sur l'orientation future du Parti républicain:

Le Socialisme de la Révolution française

Quand on considère nos Congrès socialistes si restreints et si agités, celui de Calais, qui semble presque se confondre avec une grève locale, celui de Châtellerault, où les membres du Parti ouvrier se séparent et s'insultent misérablement, et qu'on les compare à cette magnifique assemblée des Trades-Unions anglaises, adhérant définitivement au socialisme, et à ce Congrès de Halle, où tous les délégués de l'Allemagne socialiste, ouvriers aux mains calleuses, commerçants millionnaires, docteurs aux lunettes d'or délibèrent fraternellement sur l'organisation et le programme du parti, on est un moment tenté de croire que le socialisme, possible en Angleterre, puissant en Allemagne, est voué en France à un lamentable avortement. Il n'en est rien et les partis rétrogrades et oligarchiques se réjouissent trop tôt.

Les écoles socialistes peuvent se transformer, les sectes socialistes, après avoir rendu des services momentanés, peuvent périr par l'exclusivisme, *mais il y a en France un immense parti socialiste qui s'appelle tout simplement le parti républicain.* Ni l'Angleterre, ni l'Allemagne n'ont dans leur passé une République démocratique comme celle qui fut proclamée en France en 1792. Dès lors, les espérances d'émancipation des travailleurs anglais et des travailleurs allemands ne prennent pas précisément la forme républicaine, et voilà pourquoi le parti des réformes populaires s'y appelle plus spécialement le parti socialiste. Au contraire, en France, le seul mot de République, tout plein des rêves grandioses des premières générations républicaines, contient à lui tout seul toutes les promesses d'égalité fraternelle.

Il se peut qu'à un jour prochain le vrai parti républicain français, celui qui ne se borne point à accepter la République comme un fait accompli et inévitable, mais qui l'aime comme la forme nécessaire du droit, soit amené à se déclarer tout entier parti républicain-socialiste; il se peut que la République française s'appelle bientôt dans le monde une République socialiste. Pour ma part, je le désire et je le crois, et j'en dirai prochainement les raisons; mais, en attendant, *le parti républicain français, qui se réclame de la Révolution française, est, qu'il le dise ou non, un parti socialiste, car la Révolution contient le socialisme tout entier.*

Je sais bien qu'on l'a contesté et que des doctrinaires exclusifs comme Louis Blanc, qui ne voyait jamais qu'un côté des choses, ont signalé dans la Révolution française le triomphe de l'individualisme. Mais la Révolution française, en tout ce qu'elle a fait, était manifestement socialiste.

Elle l'était en proclamant la République. Aujourd'hui, quand le socialisme réclame contre la détention exclusive des moyens de production par un nombre restreint de capitalistes, l'économie politique orthodoxe lui répond que les travailleurs manuels ne sont pour rien dans la création des grandes entreprises, source de la richesse. Sans doute, dit-elle, les entreprises industrielles auraient été impossibles sans les ouvriers; mais ce sont ceux qui les ont conçues et dirigées jusqu'ici qui en sont les véritables créateurs; les salariés sont la condition de la richesse, ils n'en sont pas la cause et ils n'ont pas droit, par conséquent, à entrer en participation du capital industriel et de la puissance économique.

Or, en France, les défenseurs de la monarchie traditionnelle, de la légitimité, ont toujours raisonné ainsi : Sans doute, disent-ils, sans la foule des paysans et des ouvriers, sans le peuple de France laborieux et brave, jamais la royauté n'aurait pu créer la France moderne et forte; mais enfin c'est une famille, la famille royale, qui, par son initiative, son esprit de suite, son habileté dans la guerre, les alliances, les mariages, a créé peu à peu la France. La foule obscure et imprévoyante a été aux mains de cette famille un instrument nécessaire, mais un instrument. Cette famille a donc à jamais la propriété légitime du pouvoir souverain et elle peut déléguer comme il lui plaît une partie de cette autorité aux grandes familles loyales qui l'ont aidée de près dans son œuvre d'agrandissement et d'unité.

A tous ces raisonnements, la Révolution a répondu que la tradition historique ne pouvait primer éternellement le droit humain, qu'il était impossible et inutile d'aller faire la part dans le passé de tous les éléments qui avaient concouru à la formation de la France, et qu'en fait, du jour où les hommes sentaient s'éveiller en eux le besoin de la liberté, ils avaient droit à la liberté. Qu'a donc fait la Convention en proclamant la République ? Elle a transféré à la nation tout entière la propriété politique de la France qu'une famille entendait se réserver indéfiniment, sous prétexte qu'elle avait dirigé la formation séculaire. Appliquez ces maximes à l'ordre économique, et vous avez le socialisme absolu.

La Révolution a été socialiste dans l'organisation de la famille. Quand elle a supprimé ou presque supprimé le droit de tester du père de famille, elle a substitué la volonté de la nation à la volonté individuelle du créateur de la richesse et elle a réglé dans l'intérieur de la famille la distribution de la richesse, selon les principes d'égalité sociale. A l'heure de la mort, ce n'est pas le père, c'est-à-dire celui qui a créé la richesse, qui a droit sur cette richesse, ce sont les enfants, étrangers le plus souvent à sa formation; c'est dans la famille le socialisme presque absolu.

La Révolution française a été socialiste dans l'organisation de l'enseignement public. La Convention avait institué non seulement des écoles primaires gratuites, mais encore, dans chaque chef-lieu de département, des écoles secondaires gratuites qui portaient le nom d'écoles centrales. Si nous suivions aujourd'hui ses principes, il y aurait gratuité complète dans nos collèges et dans nos lycées comme dans nos écoles, et, en même temps, ce seraient les meilleurs élèves de nos écoles primaires qui seraient appelés à bénéficier de l'enseignement secondaire.

Ainsi, dans la pensée de la Convention, le degré d'éducation que chaque enfant devait recevoir était déterminé, non point par la fortune de ses parents, mais par sa valeur personnelle. Or, il eût été absurde que l'enfant du pauvre, ainsi appelé par une éducation plus haute aux fonctions directrices de l'ordre social, eût été ensuite écarté de ces fonctions par l'absence de capital. Un pareil système d'éducation avait donc pour conséquence immédiate et forcée de subordonner le capital à l'homme, la propriété à la valeur personnelle. Le système d'éducation décrété par la Révolution était donc, en lui-même et dans ses conséquences immédiates, le socialisme le plus hardi qui ait été rêvé.

La Révolution a été socialiste dans l'administration de la chose publique, du domaine public. Ce n'est pas elle qui eût consenti à démembrer la puissance de l'Etat au profit des compagnies de chemins de fer. Elle détestait et brisait tous les monopoles concédés à des particuliers, et elle eût exécuté elle-même, et par les ressources de l'Etat, les grands travaux publics, au lieu de les abandonner aux financiers, qui, depuis Louis-Philippe, ont rançonné la France. La Convention avait ordonné d'immenses travaux d'assainissement dont elle devait être remboursée par des annuités servies par les propriétaires, et, avec une audace qui nous confond aujourd'hui, elle avait chargé ses architectes de rebâtir les villages de France, composés alors presque partout de misérables huttes.

La Révolution était socialiste dans sa conception de la propriété. Avant la journée funeste du 31 mai, girondins et montagnards firent un suprême effort pour se rapprocher et pour discuter ensemble la constitution nouvelle de la République. Vergniaud démontra, dans un discours admirable, que la République française ne devait pas comprimer l'essor de la richesse, du luxe, des lettres, de toutes les joies de la civilisation; qu'elle devait être une nouvelle Athènes agrandie et sans esclaves; et Robespierre acquiesça à ces vues en disant : « Il ne s'agit pas de proscrire l'opulence, mais de rendre la pauvreté honorable », c'est-à-dire de lui donner la sécurité et l'indépendance. Mais, en même temps, girondins et montagnards s'accordèrent à reconnaître qu'on ne pouvait pas abandonner les relations économiques des hommes entre eux aux seules lois du hasard et de la force, et ils approuvèrent ensemble des propositions décisives, qui, consacrées définitivement après le 31 mai, firent partie de la Constitution de 1793.

« ARTICLE 7. — La propriété est le droit qu'a chaque citoyen de jouir et de disposer de la portion de biens qui lui est garantie par la loi. »

Voilà donc que, pour la Convention, la propriété est avant tout non pas un fait naturel, mais un fait social, soumis, par conséquent, au contrôle suprême de la société.

« ARTICLE 9. — Le droit de propriété ne peut préjudicier ni à la sûreté, ni à la liberté, ni à l'existence, ni à la propriété de nos semblables. »

Or, avec le développement du machinisme et du capital anonyme absorbant peu à peu la petite industrie, c'est-à-dire la petite propriété, et pesant d'un poids énorme sur la conscience politique et religieuse des travailleurs, il est évident que l'état et le mode actuel de la propriété en France ne répondent plus aux conditions impératives posées par la Convention.

« ARTICLE 11. — La société est obligée de pourvoir à la subsistance de tous ses membres, soit en leur procurant du travail, soit en assurant les moyens d'exister à ceux qui sont hors d'état de travailler. »

Voilà l'organisation de l'assistance et du travail.

Je n'ai pas même effleuré ce sujet immense; je crois en avoir assez dit pour montrer que la Révolution, dans tout son développement libre, de 1789 à 1795, a été imprégnée de socialisme, et que, du jour où, rompant avec les incohérences de la première heure et le funeste essai de monarchie constitutionnelle, elle proclama la République, elle formula en même temps et d'une manière expresse les vérités socialistes.

Je tire de là deux conclusions. D'abord, c'est qu'il y a en France, malgré des apparences contraires, un immense parti socialiste qui est le parti de la Révolution, et, ensuite, c'est que, le socialisme étant contenu dès l'origine dans l'idée républicaine, *les socialistes les plus absolus travaillent contre eux-mêmes lorsqu'ils s'isolent du grand parti républicain.*

Pour moi, je me sens plus près, par la raison et par le cœur, d'un républicain, si modéré soit-il, qui verra dans la République non seulement le fait mais le droit, que des prétendus socialistes qui ne se réclameraient pas de la République ou qui se tiendraient à l'écart du grand parti républicain. Notre but doit être, non pas de fonder des sectes socialistes en dehors de la majorité républicaine, mais d'amener le parti de la Révolution à reconnaître hardiment et explicitement ce qu'il est, c'est-à-dire un parti socialiste. Avant peu, il y sera contraint.

(Mercredi 22 octobre 1890.)

**

Le voici ardemment socialiste et, comme il est venu au socialisme par la voie républicaine, il voudrait que tout le parti républicain s'engageât sans hésiter dans les réformes sociales.

Il écrit: « A quoi nous servirait-il, à nous socialistes, d'avoir raison, si nous restions à l'état de minorité, si nous nous isolons du grand parti républicain? » Et il publie un nouvel appel aux républicains qui n'ont pas compris, comme lui, que le socialisme est le prolongement de la République:

Il faut aboutir

Il ne faut pas que le socialisme reste à l'état de théorie : il faut qu'il s'applique énergiquement à passer dans les faits. L'opinion publique y aidera bientôt, car, lorsque la Chambre aura voté le nouveau régime douanier, quand elle aura préservé contre les excès de la concurrence étrangère l'industrie nationale et la propriété, le peuple lui demandera : « Que faites-vous maintenant pour les travailleurs, paysans ou ouvriers? » Il ne restera plus d'autre question que la question sociale. Les traités de commerce viennent à expiration et on cherche un régime nouveau : c'est bien. *Mais tous les traités de servitude et de misère sur lesquels repose l'ordre social actuel viennent aussi à expiration dans la conscience publique; et il faudra bien trouver un régime nouveau.*

Pour aboutir, il y a deux conditions nécessaires: la première, c'est l'esprit de concorde entre républicains. *A quoi nous servira-t-il, à nous socialistes, d'avoir raison, si nous restons à l'état de minorité, si nous nous isolons du grand parti républicain?* Voilà pourquoi c'est à nous, autant qu'il est en nous, d'abolir toutes les animosités personnelles qui subsistent entre républicains. Il y a bien assez de préjugés contre nos doctrines; n'ajoutons pas aux malentendus sur les idées, les querelles de coterie et de groupe. Nous sommes dans le vrai, ou du moins nous le croyons; nous avons tout à gagner à la discussion des idées; mais, pour cela, il faut que tous les républicains puissent venir discuter avec nous, sans se sentir comme enveloppés d'une défiance secrète et menacés d'une haine aveugle. Je sais bien qu'il y a eu dans le passé bien des fautes commises; mais le passé est mort. Dans la défaite du boulangisme, il y a une situation nouvelle pour laquelle il faut, non pas des hommes nouveaux, mais des sentiments nouveaux. *Je voudrais que tous les républicains abordassent le problème social avec un cœur renouvelé*, et comme s'ils se rencontraient pour la première fois dans une fraternelle recherche, dans une magnifique espérance de justice. Ce n'est pas une chimère : *j'ai la conviction que les républicains les plus modérés, si ce sont des républicains de principe, s'ils voient dans la République, non un fait, mais un droit, arriveront forcément au socialisme.*

J'ai déjà montré ici que le socialisme était contenu dans la Révolution française, et que le parti de la Révolution française devait aboutir au socialisme nécessairement. *Un régime social bourgeois et capitaliste dans une démocratie républicaine est une inconséquence absolue*, et les inconséquences ne durent pas. Lorsque, en 1879, la Constituante voulut émanciper la nation française des vieilles servitudes, elle était presque tout entière royaliste; elle s'imaginait qu'il était possible de concilier l'ancienne royauté et la liberté nouvelle, et elle considérait la République comme une dangereuse chimère. De là, entre la Constituante et le peuple, de terribles malentendus qui firent couler le sang au Champ-de-Mars. Et, lorsque la Constituante se retira, elle commençait à être animée surtout d'un sentiment de résistance à la démocratie.

Or, moins d'un an après, la Convention proclamait la République avec une foi absolue et une admirable sincérité d'enthousiasme. Et de qui était composée la Convention? Surtout des anciens Constituants. La lumière s'était faite en eux, et, partis de la Constituante royalistes, ils revenaient à la Convention républicains. Qui donc les avait convertis? Leurs propres principes, qui contenaient en secret la République et la firent éclater, comme la République elle-même contient le socialisme et partout le fera éclater demain.

D'ailleurs, la réaction se charge de pousser vers le socialisme les républicains modérés. Quand ceux-ci verront se généraliser ce que j'ai appelé les industries électorales, quand ils verront dans les campagnes pauvres des bandes de journaliers misérables et de mendiants menés au scrutin par quelques hobereaux : dans les centres miniers et métallurgiques, dans toutes les grandes agglomérations ouvrières, la suppression absolue de la liberté politique par le capital; les ouvriers indépendants surveillés, menacés, les autres disciplinés en troupeau, les chefs d'industrie devenant de véritables tyrans servis par de petits tyranneaux à gages; les boulangers républicains ruinés soudain par ordre du maître qui les met à l'interdit, et toute une population à la merci d'un homme et de ses mouchards; quand ils verront les républicains, même riches, que le hasard du voisinage met en contact avec ces organisations électorales, pris dans cet engrenage de servitude, ils seront saisis de colère contre les abus de cette puissance capitaliste qui menace les intérêts de tous, la fierté de tous, et qui se sert, pour opprimer et corrompre le peuple, de l'or qu'elle a extorqué au travail du peuple.

Mais ce n'est pas avec des gémissements ou des exclamations indignées que l'on pourra réprimer ces abus: *il faudra organiser le travail sur une autre base, appeler les représentants des travailleurs dans les Conseils d'administration des grandes Sociétés.* Voilà pourquoi dans les modérés d'aujourd'hui, dans ceux du moins dont le pied n'a pas glissé au bord du marais, nous entrevoyons les socialistes de demain.

Mais il y a pour le socialisme une seconde condition de progrès aussi nécessaire que l'esprit de concorde; c'est l'absolue netteté des déclarations et des doctrines. La concorde n'est pas l'équivoque, bien au contraire. C'est lorsque les querelles de personne ou de groupe prennent le pas sur les programmes et les idées, que les hommes publics sont dispensés de s'exprimer franchement; c'est la discorde qui est mère de l'équivoque. Que les socialistes ne craignent pas de dire leur pensée tout entière, et, suivant le mot de Luther, « d'ouvrir les fenêtres toutes grandes ». *Notre but suprême est de remplacer le capital par l'organisation de la propriété collective, et nous prouverons qu'elle est beaucoup plus respectueuse que l'autre des droits individuels, des initiatives individuelles.*

Ce n'est pas avec des sous-entendus que les socialistes obtiendront l'adhésion des masses, aussi bien des masses rurales que des masses urbaines. J'ai la preuve que les idées socialistes font dans nos campagnes même des progrès sourds dont on ne soupçonne pas l'étendue; et, lorsqu'elles seront obligées de choisir entre l'étroitesse de la politique bourgeoise, le vide d'une politique radicale que le socialisme ne remplirait pas, et le socialisme franc, avoué, entier, il n'est point démontré qu'elles ne viennent pas à celui-ci; c'est la puissance cléricale qui fait dans les campagnes la force de la réaction; et, quand le temps, la liberté, les lois scolaires auront miné la puissance cléricale, les masses rurales seront beaucoup plus près du socialisme que du modérantisme.

En s'expliquant à fond à propos de toutes les questions, sur leur but et sur leurs moyens, sur leurs programmes et sur leurs méthodes, les socialistes obligeront les modérés à préciser leurs idées et leurs programmes sur tous les points. Mieux que la polémique, l'exemple de l'absolue loyauté obligera tous les partis à une loyauté égale. L'autre jour, par exemple, presque tous les républicains de la Chambre ont voté le projet de résolution de M. Gaillard invitant le gouvernement à réformer les impôts dans un sens démocratique; et, peu après, l'*Estafette*, le journal de M. Jules Ferry, disait : « Cette formule est bien vague; chacun prétend que le système d'impôts qu'il propose est le plus démocratique. » Soit. Mais l'*Estafette* concluait : « Puisque c'est un radical qui a déposé ce projet de résolution, que les radicaux nous apportent des projets précis de réformes fiscales. »

Permettez : c'est un radical qui a apporté la formule, mais tous les modérés l'ont votée; et, ce qui est plus grave, le ministère, qui est un ministère modéré, l'a acceptée. S'il n'y avait là qu'une habileté parlementaire, tant pis pour la République; mais j'ose croire qu'il y a là un engagement sérieux.

C'est donc au gouvernement à déposer des projets précis de réformes démocratiques d'impôt; *les socialistes ont depuis longtemps et bien souvent donné leur programme fiscal. Ils demandent que les impôts indirects actuels soient remplacés par des monopoles d'État,* beaucoup moins onéreux pour le consommateur, et que les impôts directs qui, en pesant sur la terre et l'industrie, atteignent par répercussion le paysan et l'ouvrier, soient remplacés par des impôts personnels atteignant les ressources de chacun par l'impôt général sur le revenu et par l'impôt progressif sur les héritages. Cela est bien vieux, mais la misère humaine aussi est une vieillerie, et l'iniquité sociale aussi est une vieillerie; et ce n'est pas notre faute s'il faut toujours offrir les mêmes solutions à des problèmes que l'égoïsme des puissants se refuse toujours à résoudre.

Espérons que les projets de réforme du gouvernement viendront offrir une base nouvelle et solide à nos discussions.

(Jeudi 27 novembre 1890.)

*
* *

La Dépêche rayonne dans tout le Midi et les articles de Jaurès ont un grand retentissement. Plus il approche du socialisme, plus ses opinions soulèvent des controverses. Les adversaires s'inquiètent et de partout surgissent des objections, même des attaques, parfois des insultes. Jaurès répond sans se lasser, continuant toujours sa route vers l'idéal qu'il a découvert et auquel il a donné toute son intelligence et toute son activité. Voici l'une de ses réponses :

Les Préjugés

J'ai eu l'occasion de dire, l'autre jour, au conseil municipal de Toulouse, que nous ne nous laisserions pas émouvoir ni par le parti-pris de certaines insultes, ni par l'indélicatesse de certains procédés. *Nous avons un but précis : c'est de contribuer, par une propagande incessante, au succès du mouvement encore incertain et contrarié qui achemine au socialisme la République française.*

A propos d'événements récents, qui ont passionné les discussions, plusieurs objections m'ont été faites, plusieurs questions m'ont été posées ; les uns m'ont demandé : « Admettez-vous qu'un syndicat ouvrier ait le droit d'intervenir dans le choix du personnel ? Admettez-vous, par exemple, qu'il puisse dire à un chef d'entreprise : vous n'emploierez que des ouvriers syndiqués ? » Je réponds nettement : non. Je ne trouve cela ni raisonnable, ni juste, ni normal ; et voici pourquoi : Dans l'ordre social actuel, les salariés vivent en dehors de l'entreprise, ils n'en connaissent pas exactement les bénéfices et les charges, ils n'en ont pas la responsabilité. Si, par exemple, une faillite se produit, le déshonneur de cette faillite pèse tout entier sur le chef de l'entreprise, il épargne les salariés. Il n'est donc pas juste et sage, dans l'ordre social actuel, que les salariés, n'ayant pas la responsabilité de l'entreprise, en aient la direction.

Mais c'est cet ordre social lui-même qui est inique et absurde. C'est une chose inique que des hommes libres, travaillant dans une entreprise, soient pour ainsi dire tenus en dehors d'elle ; qu'ils n'en connaissent ni les ressources, ni la conduite, qu'ils n'aient, en un mot, aucune part dans la propriété même de l'entreprise. Il est absurde que, dans une démocratie libre, où les hommes sont émancipés politiquement, ils soient des sujets économiques, et que citoyens, c'est-à-dire souverains dans l'ordre politique, ils soient salariés, c'est-à-dire serfs dans l'ordre économique.

Aujourd'hui, les travailleurs, au lieu d'occuper la cité du travail, au lieu d'y avoir leur domicile, sont en quelque sorte campés en dehors des murs. A côté de la cité capitaliste hautaine et close, le prolétariat n'est qu'un immense et misérable faubourg. Devant les revendications du prolétariat et spécialement des syndicats ouvriers, il y a trois politiques à suivre: ou bien on maintiendra les ouvriers indéfiniment dans l'état de salariat par des mesures coercitives, par la résistance d'une constitution oligarchique, par la suspension des lois de liberté et de la loi même sur les syndicats, c'est la politique de réaction et de compression. Ou bien on ameutera les ouvriers contre l'ordre social actuel sans préparer un ordre social nouveau, c'est la politique de démagogie qui veut l'agitation pour l'agitation. Ou bien, enfin, on signalera aux travailleurs les vices et les désordres de l'ordre social actuel, tout en préparant la réalisation de l'idéal nouveau et l'avènement d'un ordre social plus juste, c'est la politique socialiste.

Nous ne demandons pas que les ouvriers aient l'autorité tant qu'ils n'auront pas la propriété, c'est-à-dire la responsabilité. Mais nous demandons que, par une série de mesures préparatoires vigoureuses, par la reprise des monopoles oligarchiques concédés au capital et qui doivent faire retour à la nation, moyennant une juste indemnité: chemins de fer, banques, mines, sociétés d'assurances; par la représentation professionnelle et politique des travailleurs de tout ordre dans une Chambre du travail substituée au Sénat; par l'allègement des impôts de consommation qui rendent impossible tout commencement d'épargne; par la limitation légale des heures de travail; par la constitution d'une caisse des retraites administrée par les associations professionnelles et servant de point d'appui à de vastes sociétés coopératives, les travailleurs groupés deviennent peu à peu, sous le contrôle de la nation, copropriétaires des entreprises commerciales et industrielles.

Ce jour-là, ayant leur part de propriété, ils auront naturellement et raisonnablement leur part d'autorité. Mais, jusque-là, ceux qui leur refusent tous les moyens d'arriver à la propriété n'ont pas le droit de se fâcher qu'ils prétendent avant l'heure à l'autorité. Il n'y a, encore une fois, qu'une politique qui puisse vous permettre d'échapper à la démagogie, c'est-à-dire au gouvernement des irresponsables, sans tomber dans la réaction et l'état de siège, c'est la politique socialiste, qui, en créant partout la propriété, créera partout la responsabilité. *Seule, la politique socialiste pourra supprimer les agitations de la plèbe, non par la force, mais en faisant de cette plèbe, créée par le régime capitaliste, une association d'hommes libres, c'est-à-dire un peuple.*

Une autre question m'a été adressée; on m'a dit: « Est-ce que vous approuvez les syndicats ouvriers qui s'opposent à l'introduction de procédés perfectionnés, comme récemment dans certaines verreries, ou à l'introduction de machines perfectionnées, comme tout dernièrement à Charleville? » Ici encore, je réponds: pas le moins du monde; mais j'ajoute: ceux qui font au socialisme une pareille question commettent une confusion véritablement enfantine.

Les socialistes ne sont pas les ennemis des machines, bien au contraire, ils voient avec joie, et nous l'avons dit en toute occasion, le développement du machinisme. Car, d'abord, la machine, en se substituant au travail musculaire de l'humanité, permettra à celle-ci de vivre d'une vie plus haute et de soumettre la nature à son âme aussi bien qu'à son corps. *Et puis, le développement du machinisme concentre peu à peu la production en un petit nombre de foyers très vastes et prépare par là les cadres même de l'organisation collectiviste.*

Mais les socialistes se hâtent d'ajouter: pour que la machine ne soit pas équivoque; pour qu'elle ne soit pas une puissance du mal en même temps qu'une puissance du bien; pour qu'elle n'asservisse pas le travail diminué et subalternisé au capital démesuré et triomphant; pour qu'elle ne soumette pas la plupart des hommes à quelques hommes; pour que les crises de progrès ne soient pas en même temps des crises de chômage et de misère, *il faut que les travailleurs groupés puissent entrer, sous le contrôle de la nation, en possession de l'immense outillage mécanique.* Voilà ce que disent les socialistes. Et, bien loin de prêcher au peuple la haine des machines, ils enseignent le seul système qui puisse réaliser l'amitié définitive du peuple et de la machine. Les ouvriers cesseraient de voir avec appréhension les machines nouvelles si elles avaient pour conséquence, non pas une diminution de leur travail et de leur salaire, mais au contraire un accroissement de leur force productrice, c'est-à-dire de leur puissance sur les choses et de leur liberté.

Je crois avoir répondu très nettement aux deux questions qui m'étaient adressées, et je suis très reconnaissant à ceux qui veulent bien, soit par lettres, soit en causant, m'exprimer leurs scrupules ou même leurs répugnances. Mais que dire de ceux, fussent-ils des jurisconsultes, qui en présence de l'immense mouvement socialiste qui travaille le monde entier et devant lequel s'inclinent déjà à demi toutes les puissances morales et matérielles de l'humanité, la puissance religieuse avec le pape, la puissance impériale avec Guillaume II, la puissance capitaliste avec les Républiques bourgeoises, ne trouvent que des paroles d'anathème et foudroient le socialisme au nom de je ne sais quel Syllabus juridique?

Eh quoi! vous dites que la propriété individuelle sous sa forme présente est un dogme immuable et sacré? Vous ne savez donc pas que la conception de la propriété a perpétuellement varié dans l'histoire selon les conceptions religieuses, philosophiques, scientifiques et politiques de l'humanité!

Vous ne savez donc pas que *la propriété a passé de la forme indivise des tribus primitives à la forme brutale de la propriété romaine*, qui était toute pénétrée de la dureté orgueilleuse d'un peuple conquérant, et qui a abouti, sous l'Empire, en dehors même de l'esclavage, à cette énorme plèbe déchue des *minores*, des *humiliores*, qui n'avaient même plus l'égalité devant la justice avec les autres citoyens, parce qu'en effet le code d'égalité civile devient vite un mensonge quand il n'est pas soutenu par un code d'égalité sociale!

Vous ne savez donc pas que cette propriété romaine, qui est votre idéal, ruinée par ses propres excès, et comme suspendue dans le vide au-dessus d'une immense foule inerte, s'est effondrée au premier choc, et qu'elle a fait place à la propriété féodale, qui, avec ses infirmités et ses vices, répondait cependant à une conception plus douce et plus chevaleresque de la vie!

Vous ne savez donc pas que cette propriété féodale, à son tour, a été décomposée par le vaste mouvement d'échange, de production surexcitée, auquel ont donné lieu la découverte du Nouveau-Monde et la sécurité plus grande apportée à l'Europe par les fortes monarchies centralisées!

Vous ne savez donc pas que c'est ainsi que s'est constitué peu à peu le système de la propriété capitaliste, qui a grandi pendant le seizième, le dix-septième et le dix-huitième siècles, qui a paru d'abord en harmonie absolue avec l'état social nouveau, parce qu'il amenait au pouvoir une bourgeoisie éclairée et généreuse, mais qui, depuis un siècle, est entrée en conflit avec le peuple lui-même!

Vous ne savez donc pas que c'est ce conflit du système capitaliste, c'est-à-dire oligarchique, avec la démocratie souveraine, qui est l'histoire même et le problème de notre temps? Et, au moment où une évolution universelle et profonde emporte les sociétés et les idées, au moment où, dans l'ordre de la vie, l'idée de la filiation et de la transformation des espèces se substitue à l'idée des espèces distinctes et immuables, où, dans l'ordre religieux, l'idée du Dieu vivant mêlée à toutes les crises de la nature et des âmes se substitue à l'idée d'un Dieu solitaire et inerte qu'un faux spiritualisme avait imaginé; au moment où l'étude même du droit est renouvelée par la doctrine de l'évolution historique et où les plus grands jurisconsultes de notre siècle, depuis Savigny jusqu'à Summer-Maine, ont étudié les transformations de l'idée juridique de la propriété, et de la propriété romaine elle-même, vous déclarez que le mouvement des sociétés est fini! et vous plantez le dieu Terme romain comme une borne officielle dans le champ mouvementé de l'Histoire!

Le socialisme d'Etat, dites-vous, est folie ou crime; rien que cela! et l'alternative est galante. Mais regardez donc autour de vous. Qu'est-ce donc que nos écoles publiques, sinon des écoles d'Etat, entretenues au profit du peuple par le prélèvement forcé de l'impôt sur les propriétés privées? *Qu'est-ce donc que l'assistance publique, sinon du socialisme d'Etat? Qu'est-ce donc que notre caisse des écoles qui habille et nourrit, avec les deniers communaux, une partie de notre population scolaire? Qu'est-ce enfin que ce projet sur une caisse de retraites autour duquel on fait tant de bruit et qui a été déposé par un professeur de droit?*

Et l'Université elle-même, à laquelle nous appartenons tous deux? Par un côté, elle est une institution d'Etat, et d'un autre côté, étant représentée par un conseil élu, le conseil supérieur, qui a des pouvoirs pédagogiques et disciplinaires, elle est une puissante association. Et vous qui condamniez si violemment l'autre jour le socialisme d'Etat et l'association elle-même, vous ne vous aperceviez donc pas que vous condamniez l'Université elle-même, sous son double aspect d'institution d'Etat et d'association?

Demain, je l'espère du moins, il y aura des Universités régionales, il y aura notamment une Université toulousaine. Et que seront ces Universités avec leur patrimoine collectif, sinon des associations de production intellectuelle fonctionnant sous le contrôle de l'Etat? Vous avez condamné, vous avez même flétri, sans y prendre garde, les Universités régionales.

Nous trouvons bon, vous et moi, que, dans l'ordre de l'enseignement, l'Etat intervienne, pour que l'âme de nos enfants ne soit pas abandonnée à tous les hasards d'une concurrence avilissante, et pour que les fonctionnaires même de l'enseignement ne soient pas livrés à l'exploitation du capitaliste sous la forme ignoble du marchand de soupe. Pourquoi donc refusez-vous au peuple qui souffre, et qui est asservi, le droit de chercher pour lui dans l'ordre économique, par le développement de la puissance collective de la nation et des associations professionnelles, des garanties d'indépendance, de bien-être, de sécurité et de dignité, que nous sommes heureux d'avoir pour nous-mêmes? Et parce qu'ils ne sont pas enveloppés dans la majesté de la robe officielle, les humbles n'ont-ils plus aucun droit?

(Jeudi 13 août 1891.)

**

Un article de Francisque Sarcey sur le réveil de la religion donne à Jaurès l'occasion d'écrire une belle page de philosophie qui a provoqué bien des critiques et dans laquelle il est allé jusqu'à dire que « le socialisme sera comme le prélude d'une vaste rénovation religieuse ».

Nous donnons cet article parce qu'il nous a paru intéressant, dans une étude documentaire du genre de celle-ci, de ne laisser dans l'ombre aucune des idées émises par Jaurès:

Le réveil religieux

Il y a quelques jours, M. Sarcey signalait ici même comme un réveil de religiosité. On se plaît à parler de nouveau des choses religieuses. Il ne voit guère là qu'un mode, une passagère défaillance du bon sens français. J'accorde sans peine qu'il y a dans cette sorte de renouveau mystique beaucoup de frivolité, et l'ennui d'esprits blasés. Mais je crois fermement qu'il y a autre chose.

D'abord, il est bien difficile aux hommes de ne pas se poser certains problèmes; les petits incidents de la politique parlementaire ne suffisent pas tout à fait à la curiosité humaine, et en face de l'immense et éternel univers on ne peut pas s'intéresser seulement à l'avenir de la droite constitutionnelle.

Puis, la génération actuelle est triste et plate: elle est absorbée par les luttes pour la vie, et dans sa besogne morne elle n'a guère d'autre régal que les polissonneries littéraires que lui servent d'aimables entrepreneurs. *Elle a donc besoin de joie, et les joies religieuses sont les plus profondes tout ensemble et les plus enivrantes de toutes.*

Enfin, les conceptions scientifiques, comme l'idée de l'évolution et du mécanisme universel, qui avaient été interprétées tout d'abord avec une extrême légèreté comme la négation du divin, permettent au contraire de renouveler et de préciser la religion éternelle avec ses deux affirmations essentielles: la réalité de Dieu et l'immortalité de la personne humaine.

J'essaierai de montrer ici, un jour, si les lecteurs de *La Dépêche* me le permettent, quel est le *Credo* philosophique qui semble résulter aujourd'hui des principales directions de la pensée humaine et du savoir humain. Mais on ne peut méconnaître en tout cas qu'il y ait, au fond de la société présente, des germes de renouvellement religieux.

Deux choses pourront développer ces germes et les développeront certainement: c'est la séparation définitive de l'Eglise et de l'Etat et l'avènement du socialisme. Quand l'Eglise ne sera plus liée à l'Etat par des attaches officielles, quand la religion cessera d'apparaître aux masses routinières comme une institution politique, quand le culte ne sera entretenu que par le zèle des véritables croyants, chacun des hommes se dira forcément dans sa conscience: « Où en suis-je et qu'elle est ma foi? » Cette cohue d'indifférents et de sceptiques, qui pratiquent encore à demi sans croire, sera obligée de s'interroger enfin, et peut-être prendra-t-elle au sérieux ces hauts problèmes religieux sur l'univers, l'homme et la vie, qui ne sont pour elle, aujourd'hui, que des problèmes morts qu'on se pose par habitude et qu'on résout non selon la vérité, mais selon la bienséance.

La séparation de l'Eglise et de l'Etat amènera, pour les consciences molles et presque hypocrites par paresse, une crise de sincérité; il faudra bien enfin qu'elles fassent un effort vers le vrai et qu'elles-mêmes cherchent leur voie.

Quant au socialisme, s'il triomphe, comme j'en ai la ferme espérance, son principal effet sera d'arracher les hommes aux luttes horribles et ignobles où ils usent leur vie et leur conscience. Il donnera à tous quelque loisir et en même temps quelque sécurité pour penser, pour rêver, pour s'élever aux régions mystérieuses. *L'âme humaine redevenue libre, et, si j'ose dire, disponible, cherchera un aliment de vie, et, par là, le socialisme sera comme le prélude d'une vaste rénovation religieuse.*

Ainsi, ceux dont parle M. Sarcey et qui essaient en ce moment de retrouver le divin dans le monde et au-dessus du monde, ne font pas précisément une œuvre vaine, quoique leur action ne puisse être rendue vraiment efficace que par de grands événements politiques et sociaux. Mais s'ils veulent réellement agir un jour, s'ils veulent pénétrer de leur foi au divin la démocratie elle-même, comme Michelet et Quinet en avaient fait le rêve, sans s'humilier sous le joug des Eglises, la première condition qui s'impose à eux, c'est une absolue netteté de pensée et de parole. Ils doivent dire sans équivoque et sans ménagement ce qu'ils croient et ce qu'ils nient.

Il y a des délicats, à l'heure actuelle, des blasés ou des esprits inquiets qui, sans être chrétiens, aiment à s'envelopper de formules chrétiennes et à se donner des attitudes pieuses. Ils trouvent brutale et presque inconvenante l'œuvre nécessaire de laïcité que la République a accomplie; et pour échapper à ce que la politique anticléricale leur paraît avoir de banal et de vulgaire, ils se donnent de petits airs d'orthodoxie. Ou bien ils se réfugient dans un mysticisme vague, semi-religieux, semi-moral, qui ne repose sur aucune doctrine définie ou avouée. Sont-ils dans l'Eglise ou hors de l'Eglise? On ne sait; il s'exhale de leur œuvre je ne sais quoi d'équivoque, et on hésite entre une odeur d'encens et un parfum étrange d'incrédulité raffinée. Je ne veux rien dire de désobligeant pour un écrivain très distingué; mais enfin que croit M. de Vogüé, et où prétend-il nous conduire? Est-il chrétien ou ne l'est-il pas?

Je n'aurais pas le droit de faire cette question s'il ne s'était pas institué ou si on ne l'avait pas institué directeur de conscience. Mais il parle à la jeunesse et il lui conseille d'avoir « la foi ». Très bien! mais laquelle? Et nous avons le droit de poser la même question à tous ceux qui s'inspirent ou se réclament de lui.

Je ne m'inquiète guère, je l'avoue, de ce que deviendront ces néo-chrétiens: ils finiront mal. L'Eglise, qui espère profiter de quelques-unes de leurs formules et de leurs tendances, leur passe quelques vagues flâneries. Mais elle ne tardera pas à les rappeler à la consigne. Pendant qu'ils feront, de chapelle en chapelle, de petites promenades sentimentales et qu'ils arrangeront sur l'autel quelques fleurs de rhétorique, un bedeau les enfermera dans l'Eglise à double tour. Mon très distingué camarade Desjardins, qui dépense infiniment de talent aux *Débats* et qui a conduit quelque temps un petit troupeau d'âmes, vient de recevoir sommation en règle de M. Edouard Rod. Il ne s'agit point de s'attarder à la porte, même d'un air dévot: il faut entrer: le catholicisme ou rien. M. Paul Desjardins ne regrette-t-il pas un peu d'avoir écrit, il y a trois ans: « Peut-être travaillons-nous pour Saint-Sulpice? » Il nous apprend aujourd'hui, qu'il a dit cela « avec un sourire ». Mais, si nous passons notre temps à ébaucher, à expliquer et à retirer des sourires, nous n'avancerons guère.

Mais cela, c'est l'affaire de nos modernes christianisants, et non la mienne. Je déplore seulement qu'ils puissent créer une confusion et donner au mouvement religieux qui se prépare la fausse apparence d'une renaissance chrétienne. Si le mouvement religieux était cela, il ne serait qu'un enfantillage, car la base historique et dogmatique du christianisme a été définitivement ruinée par la critique. *Le vrai problème n'est pas de savoir si l'on peut restaurer et rajeunir le dogmatisme chrétien. Il s'agit de savoir si, en dehors du dogmatisme chrétien abandonné, la conscience et la raison humaine peuvent créer une conception religieuse en harmonie avec l'univers et l'Histoire.* Voilà la question pressante de l'heure actuelle, et c'est l'éluder et la méconnaître que de chercher je ne sais quelle rénovation du christianisme.

Le peuple, avec sa logique simple et sûre, ne se prêterait pas à ces tentatives équivoques. L'élite pensante du prolétariat est sortie du christianisme pour n'y plus rentrer. Ni philosophiquement, ni politiquement, on ne peut séparer le christianisme de l'Eglise; accepter le christianisme, c'est accepter l'Eglise, et l'Eglise est devenue, aux yeux du peuple, une des plus grandes forces d'oppression qui soient au monde; ses amis les plus sages sont obligés de convenir qu'elle a accepté d'être l'alliée des puissances conservatrices et rétrogrades. C'est l'abbé Maury qui disait jadis: « Avec une bonne police et un bon clergé... » Il est trop tard maintenant pour revenir là-dessus; même si on le voulait, on ne le pourrait pas; le courant de l'Histoire s'y opposerait aussi bien que la force des principes.

Si donc le mouvement religieux avait pour le peuple quelque apparence d'un renouveau chrétien, il s'en détournerait avec colère et dégoût comme d'un piège. Le seul moyen de réveiller dans la démocratie sociale l'idée religieuse, c'est de montrer nettement, brutalement, qu'elle n'a aucun rapport avec le dogme chrétien fondamental.

Je lisais récemment dans une proclamation du Parti ouvrier : « Il faut nous affranchir du joug capitaliste et religieux ». Ainsi, la religion n'est plus considérée par la partie agissante du peuple que comme une des formes de l'exploitation humaine. Voilà à quoi ont abouti le christianisme et les Eglises. Voilà l'œuvre funeste qu'il faut abolir; et ce n'est pas avec des mièvreries, des sous-entendus et des élégances semi-chrétiennes que l'on dégagera l'idée religieuse de toute solidarité avec la théocratie oppressive.

Du temps de Louis-Philippe, la philosophie de Victor Cousin et de

Jules Simon pouvait se complaire aux habiletés et aux sous-entendus. Ces philosophes-là n'étaient pas chrétiens, et ils parlaient sans cesse « de leur respect pour la religion ». Ils savaient bien qu'ils étaient compris par les habiles, et quant au peuple, « la religion » était assez bonne pour lui. Les choses ont changé depuis: la démocratie existe et elle a droit à la vérité, à toute la vérité. Les équivoques étaient jadis des élégances: elles seraient aujourd'hui des tromperies.

(Jeudi 7 janvier 1892.) (1).

*
* *

L'évolution de la pensée de Jaurès s'achève.

Nous sommes au seuil de l'année 1892. Depuis cinq ans il collabore à *La Dépêche*, où, chaque jour, s'affirme son adhésion à la doctrine socialiste.

Il est maintenant entièrement acquis non seulement à la partie doctrinale du socialisme, mais encore au programme politique du Parti socialiste.

Au milieu des tendances diverses qui partagent le prolétariat, ses affinités l'attirent naturellement vers les opportunistes du socialisme. La politique des possibilistes le tente; celle du Parti ouvrier l'effraie, car il ne conçoit pas de conquêtes sociales possibles sans la collaboration étroite des républicains.

---

(1) *La Dépêche* n'inséra cet article qu'en faisant ses plus expresses réserves, comme on le verra par cette N. D. L. R. qui y faisait suite:

« Nous avons l'habitude de laisser à nos collaborateurs la plus grande latitude dans l'expression de leurs idées ou de leurs sentiments. Quand la divergence, qui peut exister entre eux et nous, ne porte que sur des points secondaires, nous nous abstenons de la constater.

« Nous devons pourtant faire quelques réserves sur l'article que l'on vient de lire; il nous est impossible, en effet, de croire que le socialisme soit une préparation à un mouvement religieux dans le sens au moins où l'entend notre collaborateur M. Jaurès. Certes, nous estimons, comme lui, que les incidents de la vie parlementaire sont absolument insuffisants à satisfaire la curiosité humaine, mais, au-dessus des Parlements, il y a l'humanité; et les problèmes de sa destinée nous paraissent suffisamment vastes et captivants pour concentrer sur eux toutes les aptitudes et tous les efforts du socialisme ».

Son programme, c'est déjà celui défini par Millerand, à Saint-Mandé, c'est celui des « socialistes indépendants de France », et, plus tard, celui du « Parti socialiste français », dont il fut le grand inspirateur.

Il ne va plus évoluer. Tel nous l'avons connu lors de l'affaire Dreyfus, de la discussion de la loi sur les retraites ouvrières et des débats sur la loi de trois ans, tel il était à cette époque, pensant « qu'on ne peut réaliser un programme social un peu sérieux si on n'a pas une doctrine sociale », mais attribuant tout de même une grande importance à la réalisation de réformes démocratiques et, par conséquent, à l'action combinée des groupements républicains.

Il écrivait :

Programme socialiste

L'autre jour, quand j'ai résumé le programme municipal du Parti ouvrier, l'institution de cantines scolaires et de Bourses du travail, la fixation de la journée à huit heures et du salaire normal dans les travaux communaux, le remplacement des taxes d'octroi sur les objets d'alimentation, etc., quelques amis, démocrates très sincères et radicaux de bon aloi, m'ont dit : « A la bonne heure, vous êtes sorti cette fois des théories vagues et chimériques pour tracer un programme précis et réalisable. » Eh bien! j'ai peur de ne pas mériter tout à fait cet éloge, car je persiste à croire que ces « théories » sont indispensables.

Je crois qu'on ne peut réaliser un progrès social un peu sérieux si on n'a pas une doctrine sociale. Il faut savoir ce qu'on veut et où l'on va. Il faut voir quel est le vice fondamental de la société actuelle, et quels seront les traits essentiels de l'organisation nouvelle. *Or, d'un mot, ce qui caractérise la société présente, c'est le divorce entre la propriété et le travail :* l'immense majorité de ceux qui travaillent ne possèdent pas, et avec le régime actuel des grands capitaux, ils ont des chances tous les jours plus petites d'arriver à la propriété vraie, à celle qui permet à l'homme de ne relever que de lui-même. Voilà le mal. *Le but doit donc être d'amener peu à peu tous les citoyens, par l'intervention de la société elle-même, à la propriété, sous les formes diverses qui s'adaptent aux*

*conditions actuelles du travail. Voilà la substance même du socialisme:
hors de là, le socialisme n'est qu'un mot et un leurre électoral.*

Si on n'est pas pénétré de cette doctrine, si on ne croit pas possible une
société pareille, on pourra tracer des programmes démocratiques : on
n'aura pas la force de les réaliser. *Sans une doctrine, il n'y a pas de
programme.*

Ah! certes, il est beaucoup plus aisé de rédiger et de comprendre
quelques articles d'un programme de réformes, que de comprendre les
relations nouvelles que les hommes auront entre eux dans une société
fondée sur la justice. Il est beaucoup plus facile aussi de lire l'heure
marquée par les aiguilles d'une montre que de comprendre le mécanisme
intérieur de la montre; mais, sans le mécanisme, les aiguilles ne marchent
pas. Ceux qui s'essaient aujourd'hui à expliquer le socialisme font une
besogne ingrate, car ceux-là même qui souffrent le plus de la société
présente sont à ce point submergés par elle, qu'ils n'en peuvent comprendre une autre; *longtemps encore, les théoriciens du socialisme risquent
d'être accablés sous ces malentendus, entre la haine des uns et l'indifférence des autres.*

Mais ils continueront leur œuvre! Car on ne réformera profondément
la société actuelle que lorsque le peuple, même le plus écrasé, aura bien
saisi qu'une société seule différente *est possible!* Ils tendent le ressort
sans lequel les plus beaux programmes ne seront qu'une aiguille immobile
marquant toujours sur le cadran la même promesse vaine, la même espérance inerte.

Ce n'est pas, j'ai hâte de le dire, que les socialistes s'enferment dans
la prédication doctrinale et la propagande systématique. *Ils ont un programme d'action progressive et de réformes graduées.* De même qu'ils
ont un programme municipal, ils ont un programme national précis et
ferme, qui leur permet d'agir légalement, pacifiquement, par le suffrage
universel, et qui leur permet aussi de s'unir à ceux qui, sans adopter leurs
conclusions dernières, sont d'accord avec eux sur les réformes immédiates,
je veux dire les radicaux.

*Le programme pratique, immédiat, du socialisme peut, à l'heure ac-
tuelle, se formuler en quatre articles:*

*1° C'est, d'abord, la journée de huit heures. Plus j'y réfléchis, plus
je consulte les documents relatifs à cette question, plus je suis convaincu
que le Parti ouvrier a eu raison d'inscrire cette revendication la première.
C'est la réforme la plus décisive que permette l'ordre social actuel.*

Elle diminuera le chômage, en obligeant l'industrie, au moins pendant un temps, à employer les ouvriers inoccupés; or, il y a d'habitude un quart au moins des ouvriers qui sont sans travail.

Elle empêchera l'abaissement des salaires en empêchant la concurrence meurtrière que les ouvriers sans travail font aux ouvriers occupés. Le ministre du commerce, M. Jules Roche, qui n'est pas un socialiste militant, constatait l'autre jour, au Sénat, que la limitation légale de la journée de travail pour les femmes avait amené pour celles-ci, en Angleterre et en Amérique, une augmentation de salaire.

De plus, les ouvriers pourront respirer un peu, refaire leurs forces, vivre de la vie de famille, et leur cerveau ne sera plus comprimé par la monotomie d'un labeur sans fin. Ceux qui réclament la journée de huit heures travaillent pour la civilisation. Les socialistes ne flattent pas le peuple: ils ne le peignent pas de couleurs roses. Ils savent et ils ont le courage de dire qu'il y a des travailleurs que l'excès du labeur industriel fait descendre presque au niveau de la brute.

Mais ils ne commettent pas le crime d'en faire reproche au peuple; ils n'accusent qu'un ordre social mauvais et ils veulent, en allégeant d'abord le fardeau de peine qui écrase l'intelligence du peuple, prévenir les violences que la brutalité des foules incultes mêlerait un jour aux réformes nécessaires. Malheur à ceux qui n'écoutent pas les revendications passionnées de l'élite du peuple, de l'élite socialiste: ils préparent le déchaînement de la brute humaine!

Mais je ne puis pas discuter aujourd'hui. Je me borne à indiquer et je constate seulement que, déjà, sur le principe de la journée de huit heures, la plupart des radicaux sont d'accord avec les socialistes:

2° Il y a un second point sur lequel je n'insisterai pas, car, de l'aveu de tous les républicains progressistes, il y a de ce côté un grand effort à faire. C'est la réforme du système d'impôts. Il s'agit, au moyen de quelques monopoles fructueux, comme le monopole de l'alcool, et sans doute aussi le monopole des assurances, au moyen de l'impôt progressif sur le capital et le revenu, de supprimer les impôts de consommation et ceux des impôts directs, comme l'impôt foncier et la patente, qui pèsent surtout sur le travail;

3° Il faut, en troisième lieu, organiser des institutions de prévoyance qui, dans notre société si tourmentée, donnent quelque sécurité aux travailleurs, paysans, ouvriers, employés, qui n'ont pas la garantie du capital! Il faut fonder des caisses à la fois nationales et corporatives pour la maladie, les accidents, la vieillesse et le chômage. En même temps qu'elles préserveront les travailleurs des effets les plus cruels de la misère, elles les habitueront à gérer en commun de grands intérêts, et elles les prépareront au rôle que le socialisme leur destine dans la vie économique des sociétés transformées;

4° Enfin, pour commencer la lutte contre les puissances financières, pour restituer à la nation quatre-vingts millions de bénéfices annuels que perçoivent des actionnaires privilégiés, et pour organiser dans des conditions démocratiques le crédit aux industriels et aux commerçants, il faut faire de la Banque de France une banque d'Etat.

Voilà les articles immédiats du programme socialiste. Nous les examinerons chacun à son heure. Ils n'ont pas été choisis au hasard. Ils répondent aux besoins les plus urgents du peuple et aux préoccupations présentes du pays.

La journée de huit heures est, *sinon un remède, du moins le seul palliatif efficace* à la misère du chômage et de l'encombrement des industries, et une importante Commission de la Chambre, qui était présidée naguère par le Garde des Sceaux actuel, M. Ricard, a adopté le principe de la journée de dix heures, même pour les hommes: première concession décisive à l'dée socialiste.

Le projet de réforme des impôts a été préparé par cent cinquante députés radicaux et socialistes, et c'est une des premières tâches qu'un gouvernement démocratique accomplira.

La question des retraites préoccupe tous les travailleurs; il y a un projet d'ensemble qui va être rapporté par M. Guieysse, et un projet spécial pour la corporation des mineurs déjà voté par la Chambre et qui attend au Sénat.

Enfin, la question de la Banque de France va être posée dès la rentrée de la Chambre; un député socialiste, M. Dumay, a proposé, par amendement, la vraie solution: la nationalisation de la Banque.

C'est donc sur un terrain solide et délimité que va lutter le socialisme. Certes, ce ne sont là pour lui, et il ne le dissimule pas, que des réformes préliminaires, et il n'abdique pas ses ambitions suprêmes, mais il veut lutter contre ses adversaires de tout ordre dans le champ clos des questions précises.

Seulement, les programmes démocratiques ne sont rien s'il n'y a pas une force capable de les réaliser et de les imposer aux égoïsmes rebelles. Or, avec la résistance du Sénat, les hésitations de la Chambre et les intrigues de couloirs, toutes les réformes avorteront si les éléments ouvriers ne sont pas groupés et organisés. *Tant qu'il n'y aura pas une organisation ouvrière puissante et socialiste, les projets de réforme les meilleurs seront comme ces enfants très doux et très beaux qui, étant morts sans baptême, errent dans des limbes tristes et n'entrent jamais au Paradis.*

(Mercredi 20 avril 1892.)

*
* *

Du premier au dernier des articles que nous avons reproduits et qui sont échelonnés sur toute la période de son évolution, tous attestent, à des titres divers, que Jaurès n'a cessé de penser et d'écrire en socialiste.

Même lorsqu'il était obsédé par des préoccupations démocratiques, sa pensée était imprégnée tout entière de socialisme et son argumentation était puisée aux sources mêmes de notre doctrine.

Certes, il a évolué, et ce n'est pas spontanément, sans examen et sans réflexions, qu'il est arrivé jusqu'au collectivisme.

N'est-ce pas là, d'ailleurs, la plus éclatante démonstration de la sincérité de ses sentiments et de la profondeur des liens qui l'attachaient à notre Parti?

On ne lui en a pas moins reproché d'être venu tard au socialisme. Les articles qu'on vient de lire démontrent le contraire.

S'il y avait encore des doutes, l'article qui suit, qui est le dernier de la série dont nous nous occupons, suffira, croyons-nous, à les dissiper:

Réponses et Questions (1)

Je demande pardon aux grands journaux opportunistes ou modérés de Paris et de la province, *L'Estafette*, *Le Temps*, *Les Débats*, *La Gironde*,

---

(1) Cet article a été écrit au cours de la campagne électorale de 1893, entre le premier et le second tour de scrutin, à l'issue duquel Jaurès fut élu député socialiste de Carmaux.

qui ont bien voulu, à propos de l'élection de Carmaux, s'occuper de ma personne et de mon attitude, de ne leur avoir pas répondu plus tôt: je n'en avais pas le loisir. Ils me font plusieurs objections.

Ils me reprochent d'abord d'être venu tard au socialisme, d'avoir attendu qu'il fût une mode et que les événements de Carmaux lui eussent donné une actualité aiguë. *Ils se trompent entièrement; tous les lecteurs de La Dépêche le savent. Si ces graves censeurs daignaient suivre le mouvement de la presse régionale, ils sauraient que, depuis de longues années, je soutiens la cause socialiste; les premiers articles publiés par moi dans La Dépêche, dès la fin de 1886, sont d'un socialisme marqué.*

Mais il y a mieux: comme député, un an à peine après être entré à la Chambre, en juillet 1886, j'ai déposé un projet de loi sur l'organisation corporative des caisses de retraite, et, dans l'exposé des motifs, je disais textuellement ceci: « *Ainsi, nous travaillerons à réaliser l'idée socialiste, vers laquelle tout nous achemine* ». Je disais que nous devrions renouer les grandes traditions de 1848 avec plus de méthode et chercher, par la République, « *l'abolition du salariat, l'affranchissement définitif des cœurs et des bras, la remise graduelle des moyens de production aux mains des travailleurs par la constitution d'un patrimoine collectif* ».

Et, à propos de toutes les lois agricoles ou ouvrières, à propos des fermiers comme à propos des ouvriers industriels, j'ai prononcé, à la Chambre, des discours manifestement socialistes.

Ce qui est vrai, c'est que je n'étais inféodé à aucun groupe et emprisonné dans aucune secte; je ne le suis pas davantage aujourd'hui. *Ce qui est vrai aussi, c'est que je croyais possible d'entraîner au socialisme, sans déchirement et sans lutte, tous les républicains unis. Là était évidemment l'erreur, l'illusion un peu naïve de la première jeunesse.*

Je me suis aperçu depuis que la force de résistance des privilèges et des iniquités sociales était formidable, *que pour beaucoup de prétendus républicains, la République n'était que la substitution de l'oligarchie financière à l'oligarchie terrienne, du grand industriel au hobereau, de la hiérarchie capitaliste à la hiérarchie cléricale, du banquier au prêtre et de l'argent au dogme.* J'en ai conclu qu'il fallait aux républicains socialistes une organisation distincte et qu'ils devaient s'appuyer sur de vastes syndicats ouvriers et paysans, sur de vastes fédérations de travailleurs, tout en aidant à l'évolution du pays tout entier vers la République et de la République tout entière vers le socialisme. Il est permis aux journaux un peu hautains de l'opportunisme et du modérantisme parisiens d'ignorer l'attitude passée et le développement politique du modeste député que j'étais et du journaliste de province que je suis. *Il ne devrait pas leur être permis de défigurer, avec autant de légèreté, mes idées et ma conduite.*

Ils m'ont reproché encore, sur la foi de l'opportunisme albigeois, *d'avoir eu deux socialismes:* l'un pour les ouvriers de Carmaux, l'autre pour les cultivateurs. Et ils ont cru, puisqu'ils l'ont dit, que ma première circulaire, *d'un accent socialiste très véhément,* avait été adressée aux seuls ouvriers de Carmaux et que j'avais réservé pour les cultivateurs la seconde, exclusivement agricole. C'est encore une erreur, et c'est, de plus, un enfantillage.

Le premier appel, celui qu'ils trouvent le plus socialiste, est le seul qui ait été affiché, et il l'a été partout, dans les hameaux de la montagne comme à Carmaux. Il est le seul qui ait été adressé par la poste, comme circulaire aux électeurs, et cette circulaire a été envoyée à tous, absolument à tous, avec le bulletin de vote. Ainsi, les trois mille électeurs des campagnes qui m'ont donné leurs suffrages et qui m'ont permis d'arriver en tête, ont voté en parfaite connaissance de cause.

Enfin, *Le Temps* relève, d'un ton magistral, *une prétendue contradiction entre le socialisme industriel et le socialisme agricole.* Il constate que, dans leur programme agricole, les socialistes veulent protéger la petite propriété, la propriété individuelle, qu'ils veulent la défendre contre l'impôt et l'hypothèque, et il s'écrie: « Mais cela est contraire au socialisme industriel, qui prétend constituer au profit des travailleurs ouvriers, contremaîtres, ingénieurs, une propriété à la fois nationale et corporative qui les affranchisse de la tyrannie et de l'exploitation du capital individuel. Tout cela, dit *Le Temps*, est contradictoire. C'est la nuit et le jour ».

Comme ces graves docteurs du capitalisme sont dupes des mots! Le socialisme n'a aucune préférence systématique pour telle ou telle forme d'organisation du travail. Il cherche simplement, dans les conditions économiques actuelles, telles qu'elles résultent de l'histoire et non de la volonté arbitraire des hommes, *à assurer le plus possible d'indépendance et le bien-être des travailleurs, en leur laissant l'intégralité du produit de leur travail.*

Dans l'ordre industriel, ce ne sont pas les socialistes qui ont détruit la propriété individuelle des moyens de production; ce sont les capitalistes, ou plutôt c'est la force des choses. Depuis la concentration des capitaux et le développement du machinisme, la petite propriété industrielle a presque disparu; les maîtres de forges ne sont plus; ils ont été expropriés par les vastes sociétés métallurgiques; les petites mines ont été accaparées et réunies en de vastes exploitations, etc., etc., c'est-à-dire qu'il n'y a plus, dans l'industrie, des hommes libres, possédant leur outil de travail et gardant le fruit de leurs peines, mais une énorme cohue de salariés vivant sous la domination de quelques privilégiés et travaillant plusieurs heures par jour pour quelques oisifs.

Or, ces salariés ne peuvent arriver aujourd'hui à la propriété industrielle que tous ensemble, par vastes groupements professionnels, sous le contrôle de la nation et par une délégation définie de la richesse publique.

Ce n'est pas, *Le Temps* peut en être sûr, que là même nous voulions tout absorber dans une bureaucratie démesurée. Nous saurons, dans cette immense organisation, qui est imposée par la force des choses, *assurer l'autonomie des groupes et des individus, et notre ambition suprême serait de concilier, dans un état social, à la fois juste et vivant, la solidarité organisée et la liberté.*

Dès lors, pourquoi n'aiderions-nous pas le propriétaire-cultivateur à se défendre contre les forces mauvaises qui le menacent ? *Est-ce qu'il ne réalise pas le type même du socialisme, c'est-à-dire la confusion de la propriété et du travail ?*

Est-ce que *Le Temps* s'imagine que le socialisme est une momie enveloppée de bandelettes doctrinales ? Nous avons des idées directrices, mais nous sommes un parti vivant; *nous comprenons la complexité de la vie, et nous poursuivons notre œuvre de justice, non dans le vide, mais au travers des réalités multiples et diverses de la société présente.* Et voilà pourquoi, sans contradiction aucune, sans aucun abandon, sans aucune atténuation de nos principes, nous pouvons tendre la main et aux travailleurs de la campagne et aux travailleurs de la ville. La même puissance financière et capitaliste les exploite tous également sous des formes diverses: dans l'industrie, par le prélèvement indéfini d'une dîme par les oisifs; dans la petite propriété agricole, par l'impôt mal réparti, par l'usure hypothécaire, par le crédit ruineux et dévorant, par le renchérissement des transports et des engrais, par la spéculation meurtrière sur les blés, etc. C'est partout, sur des terrains différents et avec des tactiques diverses, le même ennemi et le même combat.

Et maintenant que nous avons répondu aux grands journaux opportunistes, nous leur adresserons, à notre tour, une simple question. Admettent-ils que, sous la République, on ressuscite, contre les républicains socialistes, tous les procédés de la candidature officielle ? Admettent-ils que les préfets entrent directement et violemment dans la lutte électorale ? Admettent-ils, quand le candidat républicain socialiste est désigné, que les préfets convoquent les hommes politiques de la circonscription pour lui susciter un adversaire ? Admettent-ils que les mêmes hommes politiques, conseillers généraux ou maires, soient appelés presque tous les jours par la préfecture, semoncés s'ils sont hésitants, réchauffés s'ils sont tièdes ? Admettent-ils qu'on les menace d'une sorte d'excommunication administrative s'ils soutiennent le républicain socialiste, et qu'on leur promette, au contraire, s'ils le combattent, les pires faveurs, par exemple la révocation immédiate des modestes fonctionnaires qu'ils n'aiment point ?

Admettent-ils que la puissance de la nation républicaine soit ainsi prostituée au service des passions et des intérêts d'un parti étroit et haineux, et que, pour de nombreuses familles espionnées et terrorisées, la liberté ne soit plus qu'un mot ?

Et quand, malgré ces pratiques, le candidat républicain socialiste arrive en tête, quand il a, à lui tout seul et malgré une autre candidature socialiste, plus de voix que son adversaire, les journaux qui me morigènent conviendront-ils que la République socialiste fait de grands progrès ?

(Mercredi 11 janvier 1893.)

TABLE DES MATIÈRES

DEUXIÈME PARTIE

TROISIÈME PARTIE

QUATRIÈME PARTIE

HORS-TEXTE

L'ÉMANCIPATRICE
(Imprimerie Coopérative)
3, Rue de Pondichéry, 3
:: :: 4905-7-11   :: ::

9 782329 235370